以包容型人才管理模式
提升员工心理资本和创新行为

YIBAORONGXING RENCAI GUANLI MOSHI
TISHENG YUANGONG XINLI ZIBEN HE CHUANGXIN XINGWEI

方阳春 著

中国财经出版传媒集团
经济科学出版社
Economic Science Press

图书在版编目（CIP）数据

以包容型人才管理模式提升员工心理资本和创新行为/方阳春著．—北京：经济科学出版社，2020.6
ISBN 978－7－5218－1522－1

Ⅰ.①以… Ⅱ.①方… Ⅲ.①企业管理-人才管理-管理模式-研究 Ⅳ.①F272.92

中国版本图书馆 CIP 数据核字（2020）第 070947 号

责任编辑：申先菊 赵 悦
责任校对：靳玉环
责任印制：邱 天

以包容型人才管理模式提升员工心理资本和创新行为
方阳春 著
经济科学出版社出版、发行 新华书店经销
社址：北京市海淀区阜成路甲 28 号 邮编：100142
总编部电话：010-88191217 发行部电话：010-88191522
网址：www.esp.com.cn
电子邮箱：esp@esp.com.cn
天猫网店：经济科学出版社旗舰店
网址：http://jjkxcbs.tmall.com
北京季蜂印刷有限公司印装
710×1000 16 开 18.5 印张 300000 字
2020 年 6 月第 1 版 2020 年 6 月第 1 次印刷
ISBN 978－7－5218－1522－1 定价：86.00 元
(图书出现印装问题，本社负责调换。电话：010-88191510)
(版权所有 侵权必究 打击盗版 举报热线：010-88191661
QQ：2242791300 营销中心电话：010-88191537
电子邮箱：dbts@esp.com.cn)

本书系教育部人文社科规划项目《包容型人才开发模式对员工创新绩效的影响：基于心理资本的中介作用》（项目批准号：14YJA630008）；国家社科一般项目《包容型人力资源管理实践驱动企业创新机制和对策研究》（项目批准号：15BGL099）；浙江省发展和改革委员会重大招标项目《我省大力培养企业科学家的对策思路研究》等研究项目的阶段性研究成果，本书的出版获得浙江工业大学全球浙商发展研究院、浙江省新型高校智库民营企业开放创新研究中心、浙江工业大学管理学院工商管理学科、浙江工业大学社会科学研究院的大力支持。

序 言

《以包容型人才管理模式提升员工心理资本和创新行为》一书是方阳春教授集多年研究成果之大成的力作,是一本既有理论深度又吸取新时期人力资源管理和人才战略实施经验,并且很有现实感和针对性的专著。作为第一个读者,我总结本书有以下特点:一是选题具有时代感和针对性。当下中国正处在向现代化冲刺的关键时期,"创新"是我国实现跨越式发展的唯一出路,而人才是创新的主体,是中国现代化的决定要素。从人才管理角度研究创新的实现,抓住了问题的关键。二是核心观点具有新颖性。作者在总结和借鉴前人研究成果的基础上,对人才开发和管理模式进行深入研究,完整界定了"包容管理"这一新概念,并结合人才开发的实践,对包容型管理的必要性、重要性和实施路径做了充分阐述,为实现包容型管理提供了范式参照和经验参考。三是调查严谨扎实,研究结论可信。该项研究得到了国家社科基金和省部级多项课题的支持,课题组成员深入实际、调查研究,获取了大量数据和案例,发表了大量论文。在此基础上撰写的专著既有理论高度,又有实践基础,相信各位读者能从中得到启迪。作为阳春的导师,我为她取得的研究成果感到高兴!并期待阳春及其团队继续奋发进取,积极回应社会需求,不断取得新的研究成果。

2020 年仲夏于杭州

前　言

《尚书·君陈》有载："有容乃大"，一语道破了中国传统优秀文化"包容思想"的大魅力。无独有偶，幸福是地球人的共同追求，幸福指数和人才竞争力指数排名前列的西方国家如芬兰、丹麦、加拿大和瑞典等都非常重视包容及其包容文化建设。当今时代，随着经济社会日益全球化，跨界融合的常态化、新生代员工成为职场主力军、员工日益多样化和员工需求的逐渐提升，"把包容理念融入现代管理"正日益成为大家关注的热点和焦点，得到了党和政府的高度重视和大力支持。

发乎于自然，求真于理性。我之所以会关注和研究包容型人才管理模式，缘于几段管理实践和自身的管理体验。2000年，初出茅庐的我研究生毕业来到了知名高科技企业——中国普天集团东方通信股份有限公司工作，在那里我碰到了一位非常善于包容管理员工的徐晓莉总经理，她对员工尊重而认可、信任员工、重视对员工的培养，让员工愿意追随她并且努力工作，员工在她的包容领导下快乐工作、自信成长。2002年我再次回到浙江大学攻读博士学位，碰到了一位和蔼可亲、平易近人的导师姚先国教授，他是学生心目中可亲可敬的师长，他以他的包容仁爱之心集聚整合了一批人才（包括跨学科跨界人才）完成组织目标。2009年，我作为企业管理人力资源管理的教师加入了浙江工业大学教育经济管理学科宣勇教授团队，本以为我作为跨学科成员会被边缘化，结果宣教授非常包容，善于用人所长，让我研究专业技术人才队伍建设和专业化大学校长的胜任特征模型等人力资源管理问题，让我作为跨学科成员在团队中找到了存在感和成就感。有了这些管理观察和体验，我发现这些优秀的管理者身上都有一种包容气质，就开始思考"如何把'包容'理念运用到管理实践和研究中"这一问题。

2013年，我开启了包容管理研究之路。经过一年多的详尽调查研究，《包容型领导风格对团队绩效的影响——基于员工自我效能感的中介作用》发表在2014年第5期的《科研管理》杂志上，先后被引199次。2018年8月The Impact of Inclusive Leadership on Employees Innovative Behaviors: The Mediation of Psychological Capital 在SSCI杂志 Frontiers in Psychology 发表，并同时对外公布了我们开发的中国本土化的"包容型领导风格量表"。2015年开始我带领我的团队成员，从"包容型领导风格"研究延伸到"包容型人才管理模式"研究，探讨如何通过包容型人才管理提高员工的心理资本和创新行为。心理资本对一个人的成长和成功起着关键作用。在创新驱动发展战略背景下，激发人才的创新行为尤为重要。因此，经过5年的研究积累，本书也就瓜熟蒂落、水到渠成了，其中有3份相关对策报告获得省级领导的批示和相关部门的采纳。

所谓包容型人才管理模式，就是把传统的"包容文化"和现代的"包容理念"有机融合到引才、用才、育才、激励人才等人才开发工作中，以多元化人才队伍建设吸引人才，以发挥人才优势使用人才，以注重培养来育才，以公平和双赢激励人才，以理性包容员工的创新思想与失败激发人才创新激情，从而全面提升员工的"能力—动机—机会"的一种创新型人才开发模式。包容型人才管理模式是向人本的回归，人本管理是大势所趋，也能体现工业心理学的鼻祖雨果·芒斯特伯格1912年在《心理学和工业生产率》提到的心理学在工业中的三个作用：（1）帮助发现最适于某项工作的人员；（2）决定在什么样的心理状态之下，每个人才能达到最高产量；（3）在人的观念中形成最有利于企业利益的思想。这些，正是我们这本书积极回答的问题。

本书共二十章，分理论基础篇、包容型人才管理模式对员工行为影响的实证研究篇、包容型人才管理模式案例研究篇和包容型人才管理模式对策研究篇四部分内容，相关研究不能详尽载出敬请谅解。

国之兴盛，全赖乎人才。综上所述，包容型人才管理模式是"包容管理"的前提和基础，是"包容管理能力"进步的阶梯，是推动"包容管理能力现代化"的必由之路。身处我们这样一个日新月异的伟大时代，理论研究没有"天花板"，没有尽头。目前，对"包容管理"的研究，我们仅从"包容型领导风格"的研究延伸到"包容型人才管理模式"的研究，后续将开展"包容氛围"研究，我和我的团队对包容管理的深入研究还有很长的路要走。

希望本书能吸引更多政界和学界人士去关注和研究包容管理，希望能为企业实践界提供包容型人力资源管理的新理念、新思路和新方法。希望包容型人才管理模式让人性变得更和善、更仁爱，更能激发人的潜能，激励人才为组织目标、社会进步和祖国富强而奋斗，让我们生活的世界变得更加贴心、更加美好、更加和谐、更加幸福——毕竟，我们面对的是一个全新时代。

方阳春

目　录

第一篇　理论基础

第一章　包容型人才管理模式 / 3

第一节　包容的内涵和包容思想的研究 / 3
第二节　包容型人才管理模式的内涵、特点和理论基础 / 10
第三节　包容型人才管理模式是破解人才发展体制机制障碍的有效途径 / 16

第二章　包容型人才管理模式结构探索与量表开发 / 20

第一节　研究设计 / 20
第二节　范畴提炼与模型构建 / 21
第三节　量表的验证 / 26
第四节　研究结论 / 30

第三章　心理资本文献综述 / 31

第一节　心理资本的内涵和结构 / 31
第二节　心理资本的前因与后因变量分析 / 33
第三节　心理资本的中介和调节作用分析 / 36
第四节　提升员工心理资本的基本途径 / 38
第五节　心理资本的研究展望 / 39

第二篇　包容型人才管理模式对员工行为影响的实证研究

第四章　包容型人才管理模式对心理资本和创新行为的影响 / 43

　　第一节　理论基础与研究假设 / 44
　　第二节　研究方法 / 46
　　第三节　实证研究结果 / 48
　　第四节　研究结论与讨论 / 51

第五章　包容型人才管理模式对员工工匠精神的影响 / 53

　　第一节　理论基础 / 53
　　第二节　研究设计 / 55
　　第三节　实证分析 / 57
　　第四节　研究结论与讨论 / 60

第六章　包容型人才管理模式对高校教师工作绩效的影响 / 62

　　第一节　理论基础与研究假设 / 62
　　第二节　研究方法 / 65
　　第三节　数据分析 / 66
　　第四节　研究结论与讨论 / 69

第七章　包容型人才管理模式对员工工作投入的影响——基于责任知觉的中介作用 / 72

　　第一节　研究背景 / 72
　　第二节　研究假设 / 73
　　第三节　研究方法 / 76
　　第四节　实证分析 / 77
　　第五节　研究结论与讨论 / 81

第八章　包容型领导风格对员工心理资本的影响 / 84

　　第一节　研究背景 / 84

第二节 研究设计 / 85
第三节 实证分析结果 / 87
第四节 研究结论与启示 / 90

第九章 包容型领导风格对团队绩效的影响——基于员工自我效能感的中介作用 / 93

第一节 理论与研究假设 / 93
第二节 研究方法 / 98
第三节 实证分析 / 99
第四节 研究总结 / 103

第十章 包容型领导风格对新生代员工创新行为的影响 / 106

第一节 理论基础与研究假设 / 107
第二节 研究方法 / 110
第三节 实证研究结果 / 110
第四节 研究总结 / 113

第十一章 包容型领导风格对公务员职业倦怠的影响 / 115

第一节 理论基础与研究假设 / 115
第二节 研究方法 / 118
第三节 实证研究结果 / 119
第四节 研究结果与讨论 / 122

第十二章 包容型氛围对科技人才创新行为的影响 / 124

第一节 研究设计 / 126
第二节 实证分析 / 128
第三节 研究结论及启示 / 130

第十三章 包容型人才管理模式对新生代员工离职倾向的影响——工作激情的中介作用 / 132

第一节 研究设计 / 133

第二节　实证分析结果 / 138
　　第三节　研究结论及启示 / 142

第十四章　包容型人力资源管理实践对员工创新行为的影响
　　　　　　——基于创新自我效能感的中介作用 / 145

　　第一节　研究设计 / 146
　　第二节　实证分析 / 151
　　第三节　研究结论与讨论 / 155

第十五章　包容型人才管理模式对创新激情和行为的影响研究 / 158

　　第一节　引言 / 158
　　第二节　研究设计 / 159
　　第三节　实证分析结果 / 162
　　第四节　研究结论和未来研究方向 / 165

第十六章　驱动浙商创新的企业家胜任特征模型及其验证研究 / 168

　　第一节　引言 / 168
　　第二节　驱动浙商创新的企业家胜任特征模型构建 / 169
　　第三节　驱动浙商创新的企业家胜任特征模型验证 / 175
　　第四节　研究结论与讨论 / 183

第三篇　包容型人才管理模式案例研究

第十七章　企业人力资源管理案例 / 187

　　第一节　A 公司：打造共创共享共担的平台，促进企业和员工
　　　　　　共同发展 / 187
　　第二节　B 公司：以人为本的包容氛围 / 189
　　第三节　H 集团：新员工三年内不定岗 / 190
　　第四节　J 公司：实行"一日总经理"制度 / 191
　　第五节　P 公司：把沟通指标列入考核指标 / 192

第六节　S公司：师生文化 / 192
第七节　X集团：文化与人才双驱动 / 193
第八节　Z集团：用人所长 / 195

第四篇　包容型人才管理模式对策研究

第十八章　杭州市吸引全球高端科技人才创新创业的机制研究 / 199

第十九章　浙江省大力培养企业科学家的对策思路研究 / 215

第一节　企业科学家在创新驱动发展战略中的重要性 / 215
第二节　浙江省企业科学家队伍建设的现状 / 216
第三节　建立"五位一体"的企业科学家培养模式 / 218
第四节　培养企业科学家的对策思路 / 220

第二十章　包容型人才发展战略推动浙江制造业创新和高质量发展的对策 / 234

参考文献 / 252
后记 / 279

第一篇

理论基础

第一章

包容型人才管理模式

第一节 包容的内涵和包容思想的研究

一、中国传统"包容"文化

包容是中华文明的历史启示（袁行霈，2007）。包容文化在中华传统文化中始终处于重要地位，贯通了中国思想史的始终（张占仓等，2018）。中国有古语"海纳百川，有容乃大"。海纳百川，出自晋·袁宏《三国名臣序赞》"形器不存，方寸海纳"，意为"没有物质形状的困扰，即使方寸之地也可容纳海一样大的东西"，强调心胸宽大。包容，最早语自《汉书·五行志下》"上不宽大包容臣下，则不能居圣位"，其意为统治者想要长治久安，则要宽大为怀，包容臣下。包容后来见于明朝李东阳《大行皇帝挽歌辞》"草木有情皆长养，乾坤无地不包容"，强调大自然的包容。《尚书·君陈》中记载，有容，德乃大等。宋朝苏轼在《上神宗皇帝书》写道"若陛下多方包容，则人才取次可用"，其意为领导者如果愿意包容员工的失误，那人才将会用之不竭。

中国传统的包容文化是中华民族随着自然、社会变迁，在历史文化传承中不断积累、总结、丰富和完善的一种综合性的文化产物。中国可以说是世界包容文化的发源地，这是由中国的历史特征决定的。作为一个多民族、多人口的国家，"以和为贵"是促进发展的必要理念，"和"就要求包容。中国传统文化中，《易经》中"阴中有阳，阳中有阴，阴阳互补，天地人和"的哲学观，也是包容思想的体现。《礼记·中庸》中"万物并育而不相害，道并行而不相悖。小德川流；大德敦化。此天地之所以为大也。"其中就蕴含了开放、包容的文化基因，其本质就是求同存异、取长补短、相互借鉴、互利共荣。从《周易》"天下一致而百虑，同归而殊途"、儒家所倡导的"和而不同"思想，到战国时期的百家争鸣、汉代的兼综众家、魏晋时期的会通儒道再到近代的西学东进，都体现了包容思想在中国传统文化中的重要地位。中华传统文化历来追求"包容互鉴""求同存异""和而不同""合作互惠"。包容是中华文化的一大特色，也是中华文化中宝贵的品质。清华大学人文学院教授邹广文在《论中国文化的厚德、开放与包容》一文中，将包容定义为"宽容""接纳"。

二、包容理念在宏观管理中的应用

包容共享，既是社会管理的精神内核，也是实现社会活力有序的根本所在，包容体现在社会管理上，就是社会资源和社会机会的公平分配和合理配置，实质就是社会公平（郑杭生，胡宝荣，2014）。包容性增长、包容性创新、包容性发展、包容性金融和城市的包容性成为当今经济社会的热词，都把"包容理念"融入现代经济管理中。

1. 包容性增长

包容性增长关系人本发展、转型发展与持续发展（黄祖辉，2011）。包容性增长理论包括经济增长、权利获得、机会平等和福利普惠四个层面的基本要义（杜志雄，肖卫东，詹琳，2010）。包容性增长最基本的含义是公平合理地分享经济增长，它包括三方面维度：机会平等的增长、共享式增长与可持续发展的平衡增长（汝绪华，2011）。包容性绿色增长是一种追求经济增长、社会公平、成果共享、资源节约和生态环境良好的可持续发展方式（吴武林，周小亮，2018）。通过对中国1978—2009年经济增长的包容性进行考察和测度，发现中国过去30多年的经济增长的包容性不容乐观，仅是"基本包容"，要真正实现包容性增长任重而道远（魏婕，任保平，2011），因此需要基于包容性增长下改革政府绩效考核评价体系（周长城，韩俊强，2013）。

2. 包容性创新

包容性创新是企业构筑长远竞争优势的战略工具（Kelly et al.，2009）。包容性创新是指通过创新实现消除贫困者权利的贫困和所面临的社会排斥，并在此过程中实现机会均等和公平参与，使包括贫困人口在内的所有群体都能参与经济增长并做出贡献，同时合理分享增长成果（吴晓波，姜雁斌，2012），让所有的人群参与并受益于创新活动（Singh，2014），通过将社会底层人群纳入创新系统，挖掘金字塔底层民众的自身需求、动力、创造力，通过体制机制创新减少社会排斥，向贫困者提供公开参与、公平享受经济、科技发展成果的机会（赵武，王姣玥，2015），是企业面向金字塔底层市场进行多元价值创造的全新创新形态，通过为穷人提供平等参与市场的机会而缓解与降低贫困（邢小强，周江华，仝允桓，2013）。包容性创新有显著减贫效应（陶爱萍，常丹砚，蒯鹏，2019）。

3. 包容性发展

包容性发展是一种经济增长、机会均等、劣势减少和成果共享的发展。包容性发展包括五点基本要素：机会共享、成果共享、统筹兼顾、民主开放、兼收并蓄（裴丽，姚荣，2011），强调发展主体的人人有责、发展内容的全面协调、发展过程的机会均等、发展成果的利益共享（高传胜，2012），建立以民生福利为核心并有阶层差异的包容性发展测量评价指标体系（周小亮，刘万里，2012）。社会凝聚从一定意义上体现社会包容程度，是民众社会生活质量的重要组成部分（邢占军，李莎，2011）。需要逐步革除阻碍农民工市民化的各种体制机制，积极探索包容性社会政策体系的建构方案（解丽霞，徐文蔚，李泉然，2019）。

4. 包容性金融

包容性金融能增加居民收入和消费来促进居民幸福感提高（谢罗奇，王宇航，2011）。设计有效的普惠金融制度必须解决金融排斥问题，使金融体系对社会发展有价值、有贡献的资金需求项目提供一种公平的融资机会（何德旭，苗文龙，2012）。包容性金融对地区经济具有显著的增长效应（王修华，赵亚雄，2019），对收入分配状况有显著影响，能有效降低收入分配的不平等状况（程相宾，张小滨，2019），缩小城乡收入差距，而在农村金融包容水平低的地区，该效应更为显著（王修华，关键，2014）。

5. 城市的包容性

城市的包容性从流动人口享受与本地居民同等公共服务和社会保障的程度来度量，城市包容性有助于促进流动人口创业，对创业层次有正向影响（周颖刚，蒙莉娜，林雪萍，2020）。采取城市人口规模的限制措施，并且特别针对低技能劳动力进行限制，将导致效率与公平兼失的局面，不利于实现包容性增长（陆铭，高虹，佐藤宏，2012）。立足社会质量理论，从公民权、劳动力市场、服务和社会网络四个方面对社会包容水平进行了测量，采用8省份48个城市的调查数据，结果显示我国城市社会包容水平与经济发展水平并不存在显著的线性相关关系，社会包容水平整体不高，且存在明显的省际差异和户籍性质差异（卢小君，韩愈，2018）。因此建议推进高效、包容、可持续的城镇化（国务院发展研究中心和世界银行联合课题组，2014）。包容性住房政策也引起学界的关注，20世纪70年代，美国马里兰州和加州一些地方政府开创了包容性住房政策，在一些地方取得了成功，并逐渐扩散到美国其他地区，然后扩散到全球其他国家（易成栋，黄友琴，李玉瑶，2019）。

三、包容理念在中观和微观管理中的应用

(一) 包容型领导风格

包容型领导风格研究最初是在教育领域，西方学校强调要能够包容不同学生的差异化特征（Vitello & Mithaug，1998）。包容型领导风格是一种特殊的"学习型领导"，它能够使每个学生融入集体生活，对学生的差异性和多样性进行交互式管理（Rayner，2009）。哈德和埃德蒙森（Nembhard & Edmondson，2006）最早从企业组织管理学角度提出包容型领导风格的概念，他们认为包容型领导管理风格以员工为核心，善于听取员工建议并且认可员工的贡献。霍兰德（Hollander，2009）从领导者与员工依存关系的角度探讨了包容型领导风格，将包容型领导风格定义为一种可以双赢、双方具有共同目标和期望的相互依存的关系，强调员工（followership）在这一关系中的重要作用，关注员工对领导的感知。卡梅利（Carmeli，2010）认为，包容型领导应划分为三个维度，即开放性（openness）、有效性（availability）和易接近性（accessibility）。包容性领导强调"以人为本、统筹兼顾、发扬民主"（朱其训，2011）。包容型领导风格包括领导包容员工的观点和失败、认可并培养员工、公平对待员工三个维度（方阳春，2014）。内布哈德（Nembhard，2006）等发现包容型领导对下属心理安全感和工作绩效有影响。希拉克（Hirak，2012）等认为，相比高绩效工作团队，领导者的包容行为对低绩效工作团队成员心理安全感存在更强的正向影响。劳（Law，2012）通过实证研究发现，在多元化组织中，包容型领导能预测员工的责任感、同事之间的协作性、多元化好处以及工作团队的有效性。吕（Lui，2013）研究发现心理安全感和领导—成员交换关系是包容型领导与员工创造力行为之间关系的中介变量。格罗特（Grote，2013）研究发现包容型领导能够增强员工感知到的心理安全，心理安全进而促进团队内部的敢言行为。刘文英（2013）通过实证研究发现，包容型领导会影响员工的心理安全感和领导成员交换关系，当员工感到领导信任在乎时，会将自己作为组织的一部分，积极建言。尹（Yin，2013）提出包容型领导能够显著提升员工的建言行为。包容型领导风格与团队的绩效呈显著正相关（方阳春，2014），对心理资本具有显著影响（方阳春，等，2016）。马跃如等（2014）实证研究发现包容型领导对员工离职倾向具有负向影响。程伟波（2014）通过实验数据分析发现，包容型领导对反生产工作行为、员工离职率以及员工犬儒主义产生负向影响。石冠峰、梁鹏（2015）调查发现，包容型领导对员工建言行为有正向影响，员工归属感在包容型领导与员工建言之间关系有中介作用。景保峰（2015）发现包容型领导会通过内在动机和心理可得性的中介作

用影响员工的创造力。刘泱、朱伟、赵曙明（2016）等表明，包容型领导和员工主动行为之间显著正相关。戈里亚（Goria，2016）等指出，包容型领导风格能促进员工参与，提高组织绩效和多样性。包容型领导对员工服务创新具有显著的正向影响，心理安全感起到部分中介作用（肖小虹，张亚军，程志辉，2017）。梁祺等（2017）揭示了包容型领导对员工建言行为和团队绩效产生积极的跨层影响。包容型领导和工作幸福感显著正相关，互动公平起部分中介作用（张征，古银华，2017）。一些学者（Wang & Li et al.，2018）研究认为通过员工情绪的调节可以促进员工从错误中学习，而性别可以调节包容型领导和员工情绪的直接关系，性别还可以调节包容型领导与员工从失败中学习的能力，比如女士比男士更容易受领导的影响。其他一些学者（彭伟，金丹丹，2018；Yang & Zhang et al.，2018）等人的实证结果显示包容型领导对追随者的创造力具有积极正向影响。包容型领导与下属的任务绩效呈现倒"U"形关系（Zheng, Yang, Diaz, Yu, 2018）。包容型领导正向影响知识员工失败学习，心理资本起部分中介作用，批判性思维起到正向调节作用（张昊民，宗凌羽，2019）。一些学者（Wang & Guo et al.，2019）从团队研究角度发现团队建言对包容型领导与团队创新有中介作用，工作压力调节了包容型领导与团队建言的关系。

（二）包容型组织氛围研究

近些年，关于包容型氛围的研究逐渐受到重视。对包容型氛围的重视意味着组织已经意识到多元化带来的冲突以及潜在的问题，如团队冲突、离职倾向等问题需要在更广泛的组织层面加以解决（Guillaume et al.，2014）。许多学者开展了关于组织包容型氛围的研究，尤其是在具有多元化员工的工作环境中。西井等（Nishii et al.，2014）介绍了关于包容型氛围所需要的组织背景要素。首先，要建立一个公平的竞争环境，保证组织不会使社会偏见与地位差异持续下去。其次，组织应实施涉及所有成员适应的"整合战略"（integrations strategy），而不仅仅是面向组织内具有较低地位的个体。最后，应采取鼓励包容决策的方法，保证所有的员工都能够参与其中。唐尼等（Downey et al.，2014）发现包容实践在多元化实践与组织信任和工作投入之间关系间起调节作用，他们发现包容管理实践促使组织内部产生了一种信任氛围，而且只有当包容管理实践存在时，多元化管理实践才能产生员工信任，这个研究表明多元化和包容管理实践之间存在显著的交互作用。巴拉克等（Barak et al.，2016）分析得出，人力资源管理实践中的多样性管理并不是完整有效的人力资源管理策略，但可以肯定的是，多样性管理增加了员工包容性感知，进而促使员工产生积极行为。阿什伯恩等（Ashburn et al.，2008）指出，只有组织在面对和解决内部歧视的问题时，才可能创造出包容型的组织氛围，这被称为面对偏见反映模型（confronting prejudiced responses，

CPR),他们认为即使组织内部对歧视采取零容忍的策略,也难以完全解决内部的歧视事件。为此,他们开发了一个五步骤的解决流程,从发现歧视事件为开始,到实际采取行动解决歧视为终止。一些学者(Li et al.,2015)使用 57 个团队和三阶段收集数据研究了包容型氛围对员工创造力的调节作用,研究发现当团队具有高度多元的文化时,高度包容的组织氛围会增强团队内部信息共享和成员的信息阐述。然而,当包容型组织氛围水平较低时,上述的两种行为又会降低或消失。需要注意的是,团队信息共享与团队创造力相关联,员工信息的阐述能力与个人创造力紧密相关,这体现了包容型组织氛围在文化多样性团队中的重要意义。

值得一提的是,虽然多元化氛围与包容型氛围有一定交叉,但二者也存在着显著差异。沃尔波等(Volpone et al.,2012)将员工心理多元化氛围(psychological diversity climate)定义为"员工对组织致力为所有成员提供平等机会的包容组织环境程度的评估"。相比之下,包容型氛围是一种集体观念,允许员工的行为方式与其自我认知身份相一致,并且员工可以参与决策、表达自我观点(Nishii,2013)。西井(2013)指出,包容型组织氛围会降低性别多样化团队中的关系冲突水平,他的研究发现,具有较高性别多样性和低包容性氛围的企业中存在较高的关系冲突,而具有高度包容氛围的企业中性别多样性与关系冲突负相关,因此包容氛围缓和甚至扭转了性别多样性与关系冲突之间的关系。安德鲁斯等(Andrews et al.,2014)发现性别、民族多样化程度较高的组织与员工感知到的包容型组织氛围积极相关。同样的,西井和朗万(Nishii & Langevin,2009)研究了与年龄相关的组织包容实践,研究发现年龄较大的员工在具有包容型氛围的组织中任职经理时,会受到更少的年龄歧视。综上所述,以往的多数研究表明包容型组织氛围在组织或团队管理中的重要意义。

萨巴瓦尔(Sabharwal,2014)将组织包容定义为:高层领导对营造包容氛围的承诺,员工可以影响组织的决策过程,员工能够得到公平的待遇。高层领导的包容承诺和员工影响组织决策过程均可以影响组织绩效。有趣的是,员工得到公平的对待维度并没有影响组织绩效。他认为多样性的管理并不能促进组织绩效。大亚(Daya,2014)通过了解南非的员工对包容的看法,发现高层领导的领导风格、组织氛围、招聘流程是否公开透明、员工能否得到晋升与成长等,都是组织进行包容管理时不可忽视的组成部分。特伦布莱(Tremblay,2017)研究了幽默型领导对员工感知组织包容的影响,发现过度的幽默感会促使员工产生不被尊重的想法,进而削弱了员工对包容的感知,此外他还指出,包容管理与员工的组织公民行为相关。詹森斯等(Janssens et al.,2008)指出包容型工作场所接受成员差异并给予员工相同的待遇。加列戈斯(Gallegos,2014)为领导构建包容组织提出了一些建议，即领导需要清晰地描述出适当行为的规则和界限，为创建尊重包容的组织管理氛围奠定基础。另一个建议是构建可以理解差异的组织环境，领导应表现出支持内部员工差异化的行为。最后，组织领导应关注女性职工与其他民族员工的招聘、晋升和离职行为，这将有助于营造包容型的组织文化。哥特西斯等（Gotsis et al.，2016）提出了一种包容型的管理模式，通过这种管理模式领导可以将包容型的组织管理实践转化成工作组内的包容氛围，进而使得边缘化的员工产生组织认同、组织公民行为和工作幸福感。包容型组织管理实践都注重提升组织内边缘化员工的地位和认同感。总之，对包容型人力资源管理实践的研究强调高层领导构建和支持组织内部所有员工能够得到尊重和公平对待的组织氛围，而组织领导者的关键作用在于解决组织中的歧视问题，同时建立边缘化员工与群体成员之间正常的流通渠道。

（三）组织包容感知

感知到的组织包容是指个体层面的员工对组织包容的看法（Pearce et al.，2004）。巴拉克等（Barak et al.，1998）开发了一种包容—排外模型（inclusion-exclusion model），包含了三个部分，参与工作组、参与过程决策以及能够获取信息和资源。在前人观点的基础上，巴拉克（Barak，2000）进一步提出了包容型理论模型，即多元化的组织文化将有助于感知组织包容，从而促使员工产生工作满意度、组织承诺、个体幸福感以及工作绩效等。许多研究测试了莫尔·巴拉克的包容理论模型，如莫尔·巴拉克等（Mor Barak et al.，2001）比较了两家互联网技术（internet technology，IT）公司在美国和以色列的并购情况，并发现了在多元化影响包容感知方面的异同。具体而言，在这两家企业，男性员工和老员工感知到的组织包容感更强，但种族、工作类型以及学历高低水平仅仅在美国的样本中，与组织包容感知相关联。然而，他的包容概念模型在美国和以色列的样本中都得到了支持，也表明该模型具有跨文化的普适性。芬德勒等（Findler et al.，2007）指出，包容与多元化之间的关系十分复杂，在他们的研究中，包容并没有带来组织承诺和工作满意度，且女性员工感知到的组织包容水平显著低于男性员工的感知水平。阿奎维塔等（Acquavita et al.，2009）在一项社会工作者研究中指出，员工在组织中感受的包容或排斥感与其工作满意度相关。莫尔·巴拉克等（2008）发现包容感知对员工的组织承诺和工作绩效具有重大影响。反直觉的是，在一项关于群体多样性的研究中，裴等（Bae et al.，2017）发现，群体中性别差异与员工组织包容感知呈负相关，且男性的负面感知比女性的感知更强烈。有趣的是，任期与组织包容感知呈显著相关，且这种积极关系对于长任期的员工而言，比短任期的员工更强。

第二节 包容型人才管理模式的内涵、特点和理论基础

一、包容型人才管理模式的内涵

人才的开发,必须"包容"(吴德兴,2011)。包容是吸引人才、留住人才、用好人才、激励人才的重要环境因素。模式是解决某一类问题的方法论,即把解决某类问题的方法总结归纳升华到理论高度以解决系统性问题的工作方法。包容型人才管理模式是一种把传统的"包容文化"和现代的"包容理念"有机融合到引才、用才、育才、激励人才等人才开发工作中,以多元化人才队伍建设吸引人才,以发挥人才优势使用人才,以注重培养来育才,以公平和双赢激励人才,以理性包容员工的创新思想与失败激发人才创新激情,从而全面提升员工的"能力—动机—机会"的一种创新型人才开发模式。

包容型人力资源管理概念最早是贝内特、布鲁姆和罗曼(Bennet,Blum & Roman,1994)从员工援助计划角度提出的。这几年学术界开始关注包容型人力资源管理概念,提出人力资源管理中必须融入"包容"思想(Midtsundstad,2011;Theodorakopoulos et al.,2013;Lau,2012)。人力资源管理的"包容"将不同社会背景、不同人口背景的员工包含在组织工作和非工作生活中,从而让员工完全地参与整个工作流程并贡献出所有的力量(Pelled,Ledford & Mohrman,1999;Roberson,2006;Miller,1998),让员工同时感到组织的归属感和个体的独特性(Shore,2011)。包容的人力资源管理,给员工提供了平等的、有价值的机会和和谐的环境,让有能力的员工能够完全展现自己的能力,表达自己的心声,从而为组织做出贡献(Avery et al.,2008)。高宏(2012)和邓亚兰(2012)分别提出基于战略的包容人力资源管理系统、包容性人力资源开发环境概念。奥芙曼和巴斯福德(Offerman & Basford,2014)指出,组织包容可以融入一些最佳的人力资源管理实践。第一,组织应该发展多元化的人才,他们指出保留多元化的人才往往面临更大的挑战,因此需要组织内部多方支持,如高层领导意识到重要性并给予支持。第二,领导应该重视消除组织内部的各种歧视(Rowe,1990),这些歧视可以是语言、行为或是组织氛围方面的。第三,他们应该利用多元化人才来提升组织绩效,多元化的人才最初旨在为特殊群体成员增加社交机会,但现在组织可通过内部多元化的员工与多元化的客户维持更好的关系,因此,多元化的人才队伍被上升为组织战略的一部分。第四,他们应该在组织绩效管理系统中嵌入合适的包容管理体系。第五,他们应该注重培训员工,帮助他们提升工作相关的技能。第六,领导应注重营造组织内部包容文化。罗伯森

(Roberson, 2006)进行了一项定性研究,随后又做了实证研究来区分多样性与包容管理实践的量表,结果表明包容管理实践包含了工作安排协调和程序冲突管理,这让涉及非核心的员工能够在组织中参与决策。唐等(Tang et al., 2015)对12家中国公司的经理人和员工进行了访谈,将肖尔等(Shore et al., 2011)提出的概念框架与中国背景相结合,认为包容型人力资源管理实践包含了七个方面,分别是信息共享和多样化思维的团队建设活动、优化组织内部员工建言和沟通机制、参与决策和小组讨论、营造公平系统、直接上级的关心和支持、包容不同的观点和失败以及员工适应组织。

二、包容型人才管理模式的特点

与传统的人力资源管理实践不同,包容型人才管理模式不局限于人力资源管理的传统模式,更多地侧重通过构建包容型的组织氛围来有效管理和培育员工,达到员工与组织可持续发展的目的。进一步讲,包容型人才管理模式是组织为了给员工构建包容的工作环境、提供优质的工作资源而采取的一系列人才开发工作。依据资源保存理论,它代表了一种优质的情景资源,可以经由个体感知、内在动机等因素进而影响员工的态度与行为。

包容型人才管理模式以包容理念把"能力提升—机会提升—动机提升"三种人力资源管理实践整合为一个系统,提供驱动创新的包容型人才开发系统模型,强调人才开发的"包容性"和"系统性",与传统人才开发模式相比具有三个特点:

第一,包容型人才管理模式特别注重社会、用人单位与人才之间的依存共赢关系。它将人才上升为推进产业创新和社会发展创新的核心资源与主体,必将达到合作共赢的目的。

第二,包容型人才管理模式强调多元化人才队伍、机会均等、能力建设、成果共享等。在人才的管理过程中,包容型人才管理模式十分注重公平公正,消除歧视,发挥各人才的自身独特优势,建设多元化人才队伍,构建包容的创新氛围。

第三,包容型人才管理模式从能力提升、机会提升、动力提升三个方面整合了多种人才开发模式的优势,可以全面激发人才的创新激情,提升人才的创新行为。包容型人才管理模式涵盖了人力资源管理的各个环节,在人才发展体制机制中,全面地提升了人才的"机会—能力—动力"。

三、包容型人才管理模式的关键要素

包容型人才管理模式涵盖五大维度:重视公平和共赢、理性包容人才的创新思想与失败、人才优势的发挥、注重人才培养、多元化人才队伍建设等。"机会提升—动机提升—能力提升"三者是一个有机的整体，包容型人才管理模式的"五大维度"作为实现上述"三大提升"的重要手段和主要途径，应协调发展，才能把包容理念和谐地贯穿于引才、用才、育才、激励人才等一系列人才开发实践中。这一模式包含三个方面：首先，为人才的创新活动提供最佳机会，通过多元化方式加强人才队伍建设，利于人才的异质、碰撞创新火花，理性包容人才的创新思想与失败，给人才"试错"机会，减少创新后顾之忧；其次，重视公平和共赢，为人才提供创新动力，满足他们的尊重和成就需求，提升他们的创新激情和动机；最后，强调通过人才优势的发挥、注重人才培养等方式来增强人才的创新能力。

四、包容型人才管理模式与传统人力资源管理实践的异同

20世纪中期美国学者彼得·德鲁克提出"人力资源"概念以来，国外学者开始意识到对企业人力资源管理的意义。20年代80年代末，从国内学者将人力资源管理实践概念引入我国以来，学者们基于中国情景对人力资源管理展开研究。然而，赵曙明等（2019）指出，学者们针对该领域的研究倾向于传统的定性方法，实证研究是相对匮乏的。值得一提的是，国内外学者针对人力资源管理实践的研究愈发重视，但多依据主观构建研究框架来梳理文献内容，因而对于不同类型的人力资源管理实践，学术界并没有形成统一的定义。梳理文献表明，已有的人力资源管理实践可以分为社会责任导向型、工作—家庭平衡型、可持续型、创新导向型、承诺型以及包容型人力资源管理实践等几大类。各类人力资源管理实践的具体的核心内涵、代表人物、时间等具体内容见表1–1。

表1–1　　　　　　　　人力资源管理实践的不同类型

人力资源管理实践类型	核心内涵	代表人物	年份
社会责任导向型人力资源管理实践	为促进外部社会责任计划的实施，组织通过实施HRM影响员工态度和行为	纽曼（Newman）	2016
工作—家庭平衡型人力资源管理实践	组织为帮助员工改善工作家庭关系，实现工作家庭平衡而采取的管理实践	施特劳布（Straub）	2011
可持续型人力资源管理实践	组织通过采取人力资源管理实践来获取可持续竞争优势的人才	恩纳特（Ehnert）	2014
创新导向人力资源管理实践	通过在人力资源管理实践各个环节加入支持创新的元素，以促进员工的个体创新	希普顿（Shipton）	2017
承诺型人力资源管理实践	组织通过采取人力资源管理实践发展组织与员工之间的长期交换关系	竹内（Takeuchi）	2007

续表

人力资源管理实践类型	核心内涵	代表人物	年份
合作型 人力资源管理实践	为了发展团队合作和丰富跨职能的合作技能而对内部人力资本进行的管理	洛佩兹 （Lopez）	2009
包容型 人力资源管理实践	组织在人力资源管理实践中能够公平对待员工、包容多样性员工、鼓励员工参与决策等	列克 （Lieke）	2012

梳理文献可以发现，虽然各单项人力资源管理实践（HRMP）的核心内涵存在区别，但各单项 HRMP 之间也存在着一致性。总体来说，传统的 HRMP 倾向于从招聘与甄选、公司培训、绩效考核、薪酬与福利等模块对员工进行管理（Delaney，1996）。具体而言：首先，传统的 HRMP 注重员工与组织的匹配，即招聘时注重控制个人与组织文化价值观的匹配程度；其次，传统的 HRMP 会以员工和企业的长久发展以及培育专用性人力资本为目标，对组织内部的员工开展团队协作，个人技能发展之类的培训；最后，在绩效薪酬方面，传统的 HRMP 将个人或团队绩效作为薪酬策略制定的标准，通过薪酬策略来激励和管理员工。从单项的人力资源管理实践的细分来看，不同的人力资源管理实践将不同管理目标直接融入进传统的人力资源管理模块中，如社会责任导向型人力资源管理实践、创新导向型人力资源管理实践（Newman，2016；Shipton，2017），皆以目标为导向实施相应的人力资源管理模式。特别是包容型的人力资源管理实践将包容的理念融入人力资源管理实践中，侧重于通过招聘计划、教育和培训、职业发展等方式管理和发展多元化的员工。如有关年龄、性别、决策包容的包容型人力资源管理实践（Boehm，2013；Hwang，2015；Travis，2010），将包容理念融入人力资源管理的模块中，以期增加和保持组织中员工的多元化，提高组织绩效。包容型人才管理模式，在包容型人力资源管理实践基础上，强调通过重视公平和共赢、理性包容人才的创新思想与失败、人才优势的发挥、注重人才培养、多元化人才队伍建设，提升人才的"机会—能力—动力"，提高人才红利和包容文化红利。

五、包容型人才管理模式的理论基础

（一）社会认同理论

亨利·塔菲尔、约翰·特纳将社会认同理论定义为"个体从他感知到的自身所属团体那里得来的自我形象以及作为团体成员所拥有的情感和价值体验"。社会认同理论的核心是个体期待在融入社会某一群体中的时候能够获得特殊的身份，获得社会群体身份上的认同和情感上的肯定。瞿皎姣、赵曙明（2018）的研究指出社会认同理论在说明了个体与群体建立起认同机制的过程中会伴随产生消极的社会分类，而个体所拥有的知识具有抑制此种消极作用的效果，这些知识对于个体融入社会某一群体具有重要作用，其背后的内涵，即共享、尊重、公平，旨在尊重个体的多样性价值，这不仅可以促进社会分类的良性发展，还可以让个体的多样性价值得到进一步的发挥。

（二）社会交换理论

霍曼斯（Homans，1958）提出社会交换理论，他研究指出：任何人际关系，其本质上就是交换关系，交换是社会行为的基础。他认为交换的内容，不仅包括物质商品，还包括其他具有价值的内容，例如名誉、地位、认可。霍曼斯指出个体会不自觉通过比较奖励和成本的结果来做出最终的决定。贝格和卡拉布（Berger & Calabrese，1975）研究指出人们会根据潜在的奖励和成本以及实现这些奖励需要付出多少成本来确定交换的行为。依据社会交换理论，员工非常重视能否通过组织得到回报和社会交往（Blau，1986），在与组织交换的过程中，当员工感知到组织实施的人力资源实践活动和投资自身时，员工个体与组织的社会交换关系就会产生。当组织开展的人力资源管理实践活动能够让员工体验到交换的价值时，员工就会产生积极的社会行为。

（三）公平理论

美国心理学家约翰·斯塔希·亚当斯（John Stacy Adams）在社会交换理论的基础上于1965年提出公平理论，这一理论又被称为社会比较理论。这一理论的研究对象是个体动机和感知之间的关系，是一种激励理论，该理论认为个体感知到的激励程度主要是来自参照对象的投入产出比例，个体追求的是在交换的过程中投入、产出比例上的平等，不是绝对的利益平等。结合公平理论，组织中实施的人力资源管理实践活动是否遵循了公平的原则至关重要，员工个体会将自己的投入和产出比与组织中的其他人进行比较，通过比较结果来决定自己的行为方式（罗宾斯，1997）。包容型人才管理实践以公平作为最核心的要素，其能够满足员工对组织心理体验的需求。

（四）自我决定理论

自我决定理论是一种关于人类自我决定行为的动机过程理论，由美国心理学家德西和瑞安2000年提出。该理论认为人是积极的有机体，具有自我实现、自我成长的潜能，每个个体都具有先天性的、内在的、建设性的发展自我的倾向，寻求自我的整合。自我决定理论认为外部环境能够影响个体自我成长的天性，个体只有在充分了解个人需要并认清环境信息的基础之上才能有效地选择行动。也就是说个体自我成长和外部环境两者之间存在辩证关系。外部环境既可能促进也可能阻碍个体自我实现。自我决定理论指出社会环境中的人具有多种不同的基本心理需要：能力需要、自主需要、关系需要。能力需要主要指个体控制环境的需求。自主需要是自我决定的需求，是个体充分了解自身需要并认清外部环境的基础之上，自由选择行为的需求。自主需要和能力需要是导致内在动机最直接的因素。但人们的行动并不局限于自身需要的满足，他们有时也会考虑他人的需求，并为此采取行动，这种行为是由个体的关系需要导致的。即个体希望获得来自外部环境中其他人的理解、支持和关爱。

（五）资源保存理论

资源保存理论最初由霍布福尔（Hobfoll, 1988）提出，目的是解释个体在压力情境下的行为。该理论最重要的前提之一是时间、条件、精力、个人特征以及能量等能够让人觉得有价值的东西和途径都是一种资源，而生活中的个体就是被这些资源包围着，个体拥有并且运用这些资源；另一个理论前提是不同的个体拥有和可以运用的资源不同，但是共性在于每个人的资源都是有限。因此，资源保存理论认为个体总是在竭尽所能的保护、获取、建构他们的资源库，如果这些资源流失或者存在流失的可能性，那么对于个体来说，这都是一种很大的生存资本的威胁。据此，霍布福尔提出了资源保护的首要性假设，即当个体面临可能会失去资源或者已经发生了实际的资源损失时，个体会在第一时间采取措施来阻止资源的持续性减少。

六、包容型人才管理模式的重要意义

在全面深化改革、经济转型升级和创新驱动发展战略背景下，企业对人才的需求越来越迫切。构建包容型人才管理模式，提升员工心理资本，推动员工的创新绩效，积极影响员工的态度、才干和行为，促进企业的创新和可持续发展，发挥人才红利和文化红利。

（一）包容型人才开发是建立人才强国、促进科技创新、全面深化改革和经济转型升级的重大战略举措

目前，我国政府高度重视"人才强国"战略，根据党的十七大精神，中共中央、国务院出台了《国家中长期人才发展规划纲要（2010—2020年）》和一系列人才优惠政策，各省份出台大量吸引人才的优惠政策，人才争夺战如火如荼地进行着。2019年1月21日，德科集团、欧洲工商管理学院和塔塔通信（Tata Communications）联合发布了2019年《全球人才高质量发展指数》，我国列第45位，在金砖国家中仍领先其他4个国家，但较上年下降2位。中国社科院人口与

劳动经济研究所与社会科学文献出版社发布的《人口与劳动绿皮书》预测中国总人口将在2028年左右出现负增长。在我国"人口红利"优势逐步减弱时，如何通过人才开发质量的提升抵消人才规模减小带来的负面影响，成为当前急需解决的问题。

全面深化改革需要人才保障，转型升级需要加大人力资本投资（姚先国，2009）。而中国传统管理缺乏包容（曾伟，2009），目前最大的挑战是如何实现包容型制度（张子宇，2012）。包容型人才管理模式，是破解人力资源管理瓶颈、将人才大国转化为人才强国、适应多元化人才环境、建立集聚人才体制机制、实现创新驱动发展战略的关键突破口。

（二）弥补了现有理论的不足，拓展"包容"人才开发理论，明确包容型人才管理模式影响员工行为和组织创新的机理

随着学术界和实践界纷纷提出"包容性增长""包容文化和价值观"等理念，但对包容型人才管理模式缺乏系统的研究，实践的需求远远超过理论的研究。同时，中国人力资源管理需要提升员工的心理资本（Luthans et al.，2008）。本书将包容文化与人力资源管理基本职能加以整合，提出包容型人才开发模型，探究包容型人才管理模式对员工心理资本和创新绩效的积极意义，验证员工心理资本在包容型人才管理模式对提升员工心理资本、创新行为和工匠精神，对降低员工离职率等的积极意义，丰富包容文化、心理资本和员工创新理论等。

第三节　包容型人才管理模式是破解人才发展体制机制障碍的有效途径

一、包容型人才管理模式洞悉人才的成长规律

2010年5月26日，习近平总书记在全国人才工作会议上的讲话指出："深刻认识、自觉遵循人才成长的规律，切实提高人才工作的科学化水平"，创新体制机制不能"拍脑袋"，不能盲目改变人才政策和体制机制，要在洞悉人才特点和成长规律的基础上，革新人才体制机制和人才政策，吸引、留住和激活创新人才。因此，人才发展体制机制必须洞悉人才的成长规律，根据人才的特点和发展规律有针对性地设计人才的管理体制机制。

二、包容型人才管理模式构建人才的"机会—能力—动力"系统机制

不言而喻，人才作用的发挥是实现创新驱动发展的决定性步骤，人才发展体制机制的创新不能只停留在人才的引进创新方面，还应当把重点放在人才的开发、使用和激励方面，如何最大限度地发挥好人才的作用，实现人才的良性运作是人才发展体制机制创新必须解决的重要命题。

一些学者（Jiang et al., 2012）发现，机会提升、能力提升和动力提升三种人力资源管理系统都能显著提升绩效。整合"机会—能力—动力"三种人力资源管理体系，将会大幅提升员工的"机会—能力—动力"。人才的开发和使用需要有"机会—能力—动力"三个维度的保障和支持。首先，政府和用人部门必须为人才搭建创新和施展才华的平台和机会，例如，通过拓宽晋升渠道、建立创新创业园等形式为人才提供空间支持和发展支持。其次，要重视人才能力的发挥和持续提升。需要关注人才的优势，根据其优势合理安排工作，及时关注其培训需求，适时组织有针对性的培训提升人才能力。最后，在创新机会和创新能力具备之后，必须通过一系列激励措施提高人才的动力。有动力驱使的人才才能最大限度地发挥他们的作用，这种动力可能出于对利益的需求、自身价值的实现、服务社会的愿望等。人才发展体制机制应通过改进人才的使用机制、人才培养支持机制、人才评价机制、人才顺畅流动机制、强化人才创新创业激励机制等手段增强人才创业的积极性和动力。

总之，"机会—能力—动力"是环环相扣、紧密联系的三个维度，缺一不可。其中，机会是前提和基础，没有包容的创新环境、创新平台和平等参与机会，人才就没有创新用武之地。能力是人才开展创新活动的核心要素。创新活动是在一定的知识体系的基础之上，结合人才的经验积累，在创新思维的引导下开展的发现和解决新问题的过程，是人才综合能力的集中展现。动力在创新活动中起着重要推动作用，影响着人才能力的发挥程度，可以通过采取各项激励手段得到进一步提高。

三、选择包容型人才管理模式就是选择符合时代发展需求、理念先进的创新人才开发模型

创新人才开发模型的选择应当与创新人才的特质相匹配。与其他人才相比，创新人才具有稀缺性、专业性、增值性、职业承诺比组织承诺高、研发投入周期长和绩效不确定性等特征。它们的可替代程度较低，不能套用其他类型人才的开发模式，而必须从创新人才的特性和适合创新人才的作用发挥的环境角度出发，

建立起具有针对性的、独具特色的创新人才开发模式。

一般而言，创新人才十分注重自我价值的实现，具有极强的职业承诺，需要团队合作。因此，创新人才开发模型的构建必须高度重视多元化人才队伍建设，重视人才主体性作用的充分发挥，倡导人才和组织、社会间的合作共赢。创新人才的成长需宽松的科研和工作环境，要允许失败和不同创新思想的存在、在失败中吸取成功经验，要综合各种思想进行创新。

实践证明，创新人才开发模型的选择应当与创新人才的特质高度契合，要在充分掌握创新人才发展规律的基础上，基于包容的理念，从"机会—能力—动力"提升三个方面进行综合考虑，结合创新人才的特质和作用发挥的环境需求，以提高创新人才的创新积极性，以最大限度地发挥创新人才作用为根本目的而进行科学合理的选择。所以，能够整合"机会—能力—动力"三方面的人力资源管理体系的包容型人才管理模式应运而生。

四、包容型人才管理模式破解体制机制障碍的逻辑分析

（一）包容型人才管理模式提供人才自主发挥的机会

包容型人才管理模式强调政策制定部门和用人单位要充分听取人才的想法和意见建议，充分了解人才的心理期望和实际需求，尽可能为人才提供作用发挥的理想平台，通过建立创新创业园区和项目等途径，为人才开展创新活动创造良好的环境。应给予人才更多的科研创新自主权，鼓励人才自主开展创新活动。包容型人才管理模式强调有机包容人才的研究兴趣和研究成果，给予一定的资金补贴和技术支持，激励人才主动实现创新成果转化。理性包容人才的失败，帮助他们查找失败的原因，在一定程度上减轻人才的后顾之忧，促使他们突破传统的研究思维和研究方法，"甩开膀子大干"，创造出具有重要社会价值的科研创新成果，服务于经济转型和创新驱动发展战略。

（二）包容型人才管理模式重视培养人才的能力

这一模式要求政府和用人单位要树立全球视野和战略眼光，充分开发利用国内国际人才资源，完善更加开放、更加灵活的人才培养、吸引和使用机制，确保人才引得进、留得住、流得动、用得好。人才引进要与本地区产业经济发展需求相适应，建立一支结构合理、品质优良的创新人才队伍，推动各行业间创新人员相互交流，各产业间协同创新，资源共享。在创新活动中挖掘人才潜能，借鉴优秀的研究思路和研究方法等，拓宽人才的知识面，提高人才的科研创新能力。重视人才的培训需求，及时开展针对性培训，如邀请相关专家开展专题研讨、

干中学、导师制和专业技术培训等，在学习、交流和实践中提高人才的素质。

（三）包容型人才管理模式强调激发人才动力

这一模式重视发挥人才的优势，做到人尽其才，使人才的自我价值得到体现。依据不同类别、不同层次人才的贡献程度和发展需求，对员工提供具有匹配性的工作和待遇，满足各层次、各类别人才的要求。政策实施过程中应该做到程序公平、结果公平，通过公平对待人才，使人才觉得自己被尊重，积极开展创新活动。这一模式强调协同创新，推动创新成果共享，人才在创新活动中不断拓宽自己的知识面。这一模式不是一味地榨取人才的劳动力和创造力，而是强调人才与组织、社会共赢，人才价值得以提升，组织和社会得以发展。这一模式通过人才优势的发挥、公平对待人才、成果共享、实现共赢，激发人才动能，提高人才的工作积极性。

第二章

包容型人才管理模式结构探索与量表开发

包容型人才管理模式是中国情景下组织促进员工努力工作的重要管理方式，自包容型人才管理模式构想被提出以来，已逐渐成为组织行为与人力资源管理领域的研究热点。研究表明，包容型人才管理模式对员工工匠精神、工作幸福感、工作投入等变量产生积极影响，尤其在促进员工创新行为、创新绩效以及创新质量方面具有更强的预测效力。虽然相关研究已经表明了包容型人才管理模式的价值，但是有关包容型人才管理模式的文献依然停留在早期阶段，这在一定程度上影响了有关包容型人才管理模式的理论与实践发展。随着越来越多的学者提出包容性的氛围，包容性领导、包容性实践等组织情境因素能够影响到员工的包容性感知以及包容性环境的构建，并进一步对员工的态度和行为产生一定的影响 (Shore et al., 2011)，但是，这些研究多从理论角度对包容型的组织情境变量给出分析，并未对相关概念及结构给出清晰界定。与此同时，以往关于包容型人才管理模式的研究也未对相关维度进行统一界定，导致研究者对包容型人才管理模式具体包含什么这一基本问题依然存在困惑。为此，本章将通过规范的程序提炼包容型人才管理模式的相关构想，并编制包容型人才管理模式量表进行信度与效度检验。

第一节 研究设计

梳理文献可以发现，以往针对包容型人力资源管理和人才管理的研究多倾向于从理论方面构建相关维度，但缺乏深入的定性和定量实证分析。为此，本章按照扎根分析研究的思路对包容型人才开发模式结构和量表进行深入探究。

一、数据来源

选择6家快速发展的典型企业（阿里巴巴、华为、腾讯、格力、小米、新东方），对这6家企业的企业家的85篇讲话稿以及相关资料进行搜索，并将相关材料整理以供后续的开放式编码。

二、研究工具

本章主要采用扎根理论方法进行包容型人才管理模式的结构模型构建和量表的开发，通过对已有资料进行三个步骤的分析，提炼包容型人才管理模式的量表构念。①从原始的企业家演讲稿资料中提取出最初重点原始语句，对提取出来的重点语句进行开放式编码，进行范畴化。连续比较分析原始的演讲稿资料和提取出来的概念，对概念进行补充，使理论更加丰富；②进行主轴编码，即分析并建立各个概念间的相互关系，构建概念与范畴之间的逻辑关系；③进行选择性编码，分析由主轴编码得到的范畴并进行理论构建，形成理论模型。

第二节 范畴提炼与模型构建

一、开放式编码

在开放式编码阶段，本章通过分析企业高管的演讲稿，得到若干个原始重点语句，然后将各个原始重点语句进行概念化和范畴化，初步得到原始的概念群和范畴群。从每篇讲话稿中抽出与包容型人才管理模式相关的原始重点语句，从中提炼出初始概念。因为初始概念数量比较多，也可能存在相互交叉的关系，所以文章将初始概念进行分类并组合，删去重复频次低于2次的初始概念，对于重复频次在3次及以上的初始概念进行范畴化。得到初始概念和若干范畴如表2-1所示。为了节省篇幅，文章只在每个范畴内截取2~3条原始语句及相应概念。

表2-1　　　　　　　　　　开放式编码范畴化

初始范畴	原始语句（初始概念）
企业跨越身份、地域等的限定多渠道引进优秀人才	A2 我们来自五湖四海，我们没有本位主义的保护主义，大家都是平等的（跨越地域） A6 毫无疑问，国际化必须从国际化的团队开始（关注多元化团队）

续表

初始范畴	原始语句（初始概念）
企业在引进人才过程中重视人才队伍的多元化	A19 我们在穷国、战乱国家去获取世界级优秀人才（重视多元）以及吸纳了外来优秀人员加入公司（重视引才） A13 要团结一切可以团结的人，共同打天下（团结多元化人才）
员工不会因为性别、地域和学缘等异质性被排斥	A21 当年公司最早的电源团队的一个主力曾经是牙科医生（不因学历背景排斥） A7 这些人只要愿意从事通信技术，到了我们的员工群体里面，他们的思想就会在周围有所发酵（接受多元化人才）
造成失误时，相关领导能在情感上给员工理解和指导	A9 当员工有动力但是能力和经验不足时，应当尽量考虑员工的长期发展，安排有启发性的工作，慷慨地做员工的"教练"（给予员工理解） A52 说对了，你来指挥指挥，即使打败了，发现只不过是在某一个阶段的错误，给他指出来，再调一调，也许这个人就出来了（给予指导）
企业能够理性包容员工的观点和失败	A33 有些人可能现在不合格，但是愿意努力，可以让他先上来，给予两年宽限时间，不要担心他犯错，在作战中去认证（包容员工成长） A62 因为公司只有大胆启用年轻人，才能保持它更强大的生命力。不要怕年轻，不要怕他犯错误，犯错误才能成长（给予犯错误机会） A73 容忍失败，允许适度浪费，鼓励内部竞争和试错，不尝试失败就没有成功（包容失败）
工作发生过错、失误相关领导会问明缘由不会随意加以指责	A56 要用各种方法激励员工，多正面肯定，少负面批评，不要动不动就负向问责（不随意指责员工） A62 用人，他可能是70分，我可能是90分，我授权的时候，我就要忍受这个20分的差距。必须忍受，我也能忍受（弄清差距原因） A35 用人错了，那就是失察，仍是领导人的责任（领导反思失败）
我的相关领导包容员工建议或决策导致的失败	A25 利益分配不对，功劳是自己的，错误是部下的，这样的分配方式不可能有团队（领导反思自身行为） A27 我们因为创新、因为去尝试一个新的事情犯错，应该给我们的年轻人更多的包容心，更好地帮助他们，因为很多新的业务，他往前冲，但是很多结点没有想清楚，我们应该更好地帮他们想清楚，给他们补漏洞，而不是挑毛病（想清错因，帮其补漏）
相关领导经常给员工提供指导或建议	A22 公司设立了导师制度。导师会毫无保留地向你传授他的经验，也会耐心地帮你解答疑惑，请运用好这个宝贵的资源，积极主动和导师进行定期或随时随地沟通和交流，让他帮你快速融入团队（导师制传授经验） A65 我相信，人这一辈子，很多时候需要有人跟你讲真话，需要有人在关键时刻跟你讲真话（讲真话） A4 主管要加强对员工的指导，尤其是新员工，更要热情指导（给予指导）
企业非常关心员工的成长，注重对员工的培养	A7 公司有非常成熟完善的学习发展体系。不同岗位、不同发展阶段，都会有相应的专业技能及管理课程培训（完善的学习发展体系） A25 对员工培养，应该通过疏而不是堵的方式解决问题（培养员工） A38 你如果给他放那个位置，却不授权给他，那他永远投入不了。你要把他放在那个位置上，还要授权给他，然后就培养他（通过授权的方式培养）

续表

初始范畴	原始语句（初始概念）
企业（部门）会公开认可和表扬员工所取得的成绩	A49 在公司，只要你能主动积极地投入到工作中，并把每个阶段的工作出色达成，公司会看到，一定会给予肯定和相应的回报（肯定员工成果） A31 我去了一个代表处，听说这个代表才26岁，一年升了4级，升到18级，非常鼓舞士气。我很高兴人才辈出，破格提拔就是这样，新生力量不断上升，代表着一种正气不断上升（破格提拔肯定员工成绩）
我的相关领导善于听取员工好的建议和思想	A26 鼓励你能主动积极说出自己的建议和想法，清晰表达自己的观点（鼓励员工表达意见） A5 我们喜欢的人，是提意见、有建设性意见并且有行动的人（重视有想法的员工） A65 一个领导在带领团队的过程中，应该鼓励每一个人开放地听取并接纳别人的正确意见，鼓励建设性的冲突和辩论，引导团队达成共识（听取员工意见，引导共识）
所在企业善于发现各个员工的优势	A42 多关注他人的优点，每个人都发挥自己的优势（发现员工优点） A46 那些一次就将事情做好，表面上工作很轻松的员工，是潜能很大的苗子，党委及各级组织要帮助他们成长（重视潜能员工） A17 招到优秀的人之后就要给最大的空间，我既然认为你是最优秀的人，我就让你充分发挥，尤其这样一个高科技公司是一个自由、开放的空间，这样创造性才能够发挥出来（鼓励优秀人才发挥优势）
所在企业能根据员工各自优势合理安排他们的工作	A29 要敢于早一点把合适的人提到相应的位置上（合理匹配岗位） A15 干部要能上能下，不合适的干部要调到他能胜任的岗位上（依据干部能力安排工作）
所在企业经常鼓励各成员在工作中能扬长避短	A51 我们只允许员工在主航道上发挥主观能动性与创造性，不能盲目创新，发散了公司的投资与力量（工作范围内施展技能） A63 公司的用人政策就是要鼓励优秀员工在公司尽快找到发挥专长的平台，吸收一批批优秀青年奔向公司（注重发挥优势平台） A33 对不适合担任管理岗位的人员，可以调整到其适合的业务岗位上工作（依据员工能力扬长避短设定岗位）
我的相关领导能够给予员工一定的决策权	A45 给予做事的机会，自主决策权、成就感（重视员工自主性） 给他们创造一个良好的机制，能够让这些创新在萌芽的时候，有机会冒出来（营造自主氛围） A34 当员工能力很高又是专家，且员工积极自主时，可以尽量授权给员工（授权高能力员工）
企业能够公平地对待各个员工	A27 我们要重视那些有成功实践经验，并无私奋斗的员工，优先选拔他们，这就是我们不能让雷锋吃亏的假设（不让员工吃亏） A16 继续对优秀人员的及时准确评价，加快优秀才俊晋升的考核与选拔（公平考核与评价） A20 对所竞投的职位岗位责任明确，对所辖工作有策划的员工提供均等的机会（员工在企业内部所获机会均等）
企业能够考虑到各个员工的需求和利益	A13 你的幸福需求，我都会记在心上（注重幸福需求） A30 我们要加强对骨干员工的评价和选拔，使他们能在最佳的角色上、在最佳的时间段，做出最佳的贡献并得到合理的报酬（了解骨干员工需求） A36 基层员工首先要各尽所能，按劳分配，多劳多得（关注员工利益）

续表

初始范畴	原始语句（初始概念）
企业已经建立了员工与企业共享收益的机制	A47 包下邮轮让2000名老师进行航海之旅的行动，对于我们新东方人来说，一点儿都不奇怪，因为这符合新东方的文化气质（与员工收益共享） A39 员工该拿的钱一定要给他拿，除了正常该拿的钱之外，如果他有贡献的话你还是要给特殊的收益（注重激励员工） A25 要员工为企业卖命，也需要帮助他更好地实现个人价值（给予员工应有的收益）

注：A××表示第××篇企业家演讲稿的原话。末尾括号中的词语表示对该原始语句进行编码得到的初始概念。

二、主轴编码

主轴编码主要是分析和建立各个范畴之间的相互关系。将开放式编码过程中所提取的初始概念进行比较，从原始语句中提炼归纳与包容型人才管理模式相关的核心概念，并归纳出五个范畴。各主范畴及其对应的开放式编码范畴如表2－2所示。

表2－2　　　　　　　　　主轴编码形成的主范畴

主范畴	初始范畴	关系内涵
多元化人才队伍建设	企业跨越身份、地域等的限定多渠道引进优秀人才	不限身份、地域引进优秀人才
	企业在引进人才过程中，重视人才队伍的多元化	广纳人才，求贤若渴
	员工不会因为性别、地域和学缘等异质性被排斥	以员工德才为标尺引进人才，不排斥异质员工
理性包容员工观点和失败	造成失误时，相关领导能在情感上给员工理解和指导	在情感上给予理解使员工感知到组织的包容
	企业能够理性包容员工的观点和失败	包容员工的观点和失败是建设包容型组织的关键
	工作发生过错、失误，相关领导会问明缘由，不会随意加以指责	在出现问题时，相关领导能查明情况不随意指责是负责的表现
	我的相关领导包容员工建议或决策导致的失败	通过包容失败给予员工更多试错机会
重视员工培养	相关领导经常给员工提供指导或建议	及时有效地给予指导可以帮助员工发现问题，解决问题
	企业非常关心员工的成长，注重对员工的培养	关心员工的成长，构建注重员工培养的组织氛围
	企业（部门）会公开认可和表扬员工所取得的成绩	认可并表扬员工所取得成果，提升员工的获得感
	我的相关领导善于听取员工好的建议和思想	鼓励员工建言，培养员工责任心与领导力

续表

主范畴	初始范畴	关系内涵
注重员工优势的发挥	所在企业善于发现各个员工的优势	善于发现优势才有可能促使员工发挥优势
	所在企业能根据员工各自的优势合理安排他们的工作	保证员工在工作中合理运用自己的优势
	所在企业经常鼓励各成员在工作中能扬长避短	注重扬长避短才能保证优势合理发挥
	我的相关领导能够给予员工一定的决策权	给予员工决策权，使优势得到施展
注重与员工公平共赢	企业能够公平地对待各个员工	构建公平的组织氛围
	企业能够考虑到各个员工的需求和利益	在构建制度或规则时考虑到员工各个层面的需求和利益
	企业已经建立了员工与企业共享收益的机制	组织与员工共享成果收益，培养员工对组织的归属感和责任心

资料来源：根据85篇企业家演讲稿整理所得。

三、选择性编码

通过对五个主范畴比较发现，可以用"包容型人才管理模式"这一核心范畴来概括这五个范畴的关系，即它们都是企业实施包容型人才管理模式的直接表现：较好的包容型人才管理模式将包容的理念融入传统的人力资源管理模式当中，要求组织采取多元化人才队伍建设、理性包容员工的观点和失败、注重员工培养、注重与员工公平共赢、重视员工建议与决策的管理方式。

四、理论饱和度检验

将另外选两家企业（顺丰、吉利汽车）的企业家访谈资料按上述流程重新编码并进行理论饱和度检验，并未发现新的概念和范畴及其联结关系，这表明本章所归纳的范畴和核心概念达到了理论饱和。

五、量表内容充分性检验

内容充分性是衡量所设题项能否较好反映构想理论内容范围。借鉴以往研究，研究者邀请高校四位人力资源管理专业硕博士生对初始量表题项进行评价。在评价前，研究者向他们介绍了包容型人才管理模式的定义以及五个维度的内涵，请他们将打乱的题项分配到相应的维度中去。按照已有的内容充分性方法检验的建议，本章初始量表对应的维度可以直观清晰地反映相应的内涵，因此不需再对量表题目内容进行修改。表 2-3 展示了包容型人才管理模式量表的初始题项。

表 2-3　　　　　　　　　　包容型人才管理模式初始题项

维度	编号	题项内容
多元化人才队伍建设	F11	企业跨越身份、地域等的限定多渠道引进优秀人才
	F12	企业在引进人才过程中，重视人才队伍的多元化
	F13	员工不会因为性别、地域和学缘等异质性被排斥
理性包容员工的观点和失败	F21	造成失误时，相关领导能在情感上给予员工理解和指导
	F22	企业能够理性包容员工的观点和失败
	F23	工作发生过错、失误，相关领导会问明缘由，不会随意加以指责
	F24	我的相关领导包容员工建议或决策导致的失败
重视员工培养	F31	相关领导经常给员工提供指导或建议
	F32	企业非常关心员工的成长，注重对员工的培养
	F33	企业（部门）会公开认可和表扬员工所取得的成绩
	F34	我的相关领导善于听取员工好的建议和思想
注重员工优势发挥	F41	所在企业善于发现各个员工的优势
	F42	所在企业能根据员工各自的优势合理安排他们的工作
	F43	所在企业经常鼓励各成员在工作中能扬长避短
	F44	我的相关领导能够给予员工一定的决策权
注重与员工公平共赢	F51	企业能够公平地对待各个员工
	F52	企业能够考虑到各个员工的需求和利益
	F53	企业已经建立了员工与企业共享收益的机制

第三节　量表的验证

通过包容型人才管理模式量表的试测，对数据进行信度检验、探索性因子分析和验证性因子分析，验证量表的结构。

一、预测试与初始量表的提纯

（一）预测试及数据收集

预测试主要是评估原始量表的质量，为原始题项修订提供依据以编制正式的量表。本章中，预调研量表采用李克特五点量表法记分。预测数据主要采用线上渠道收集，研究者使用"问卷星"调研平台发放预测问卷，并允许受访人员转发相关问卷。共收回 187 份问卷，剔除包含缺失值以及答题分数明显趋同的问卷，共保留 175 份预调研问卷，有效回收率为 93.6%。

(二) 初始量表提纯

本章按照以往量表开发思路进行研究。

1. 对量表进行克朗巴哈（Cronbach's）α 系数的检验

吉尔福德和本杰明（Guilford & Benjamin, 1965）指出，量表的 Cronbach's α 系数大于 0.7 时，表明量表具有较好的信度。本章中包容型人才管理模式初始量表的 Cronbach's α 值为 0.896（>0.7），因此量表总体信度较好。

2. 研究者按照丘吉尔（Churchill, 1979）的建议对各题项信度进行检验

即通过 SPSS 计算校正的项总相关性（CITC 系数），若该题项的 CITC 值大于 0.5，则应予以保留。本章中有 F24、F34 两个题项 CITC 系数小于 0.5，故删去。接着利用 KMO 和 Bartlett 球形检验法判断数据是否支持做因子分析，计算发现 KMO 值为 0.828（>0.7，$p<0.001$），表明所收集数据适合做因子分析。

3. 对初始量表进行因子分析

采用主成分分析法，设定特征值大于 1，选取最大方差法进行正交旋转。根据潘煜等（2014）的做法：（1）剔除交叉载荷高于 0.4 的题项；（2）删去因子载荷或公因子方差低于 0.5 的题项。分析结果表明，F44 题项存在交叉因子载荷，且交叉载荷值高于 0.4，故删去该题项。对剩余所有题项再次进行因子分析，依然提取了 5 个因子。所有题项的因子载荷介于 0.688 ~ 0.910 之间，公因子方差介于 0.657 ~ 0.873 之间，且累计解释方差量达 79.9%，具有较好的解释力。表 2-4 展示了该量表探索性因子分析的结果。

表 2-4　　　　　　　　　　探索性因子分析结果

题项	旋转后的因子载荷				
	1	2	3	4	5
F13	0.910	0.044	0.138	0.086	0.127
F12	0.902	0.081	0.133	0.108	0.127
F11	0.896	0.049	0.185	0.104	0.102
F42	0.052	0.881	0.062	0.140	0.177
F41	0.019	0.849	0.122	0.198	0.137
F43	0.110	0.833	0.156	0.221	0.087
F21	0.143	0.169	0.841	0.153	0.184
F23	0.218	0.080	0.841	0.144	0.110
F22	0.126	0.106	0.835	0.189	0.208
F52	0.068	0.142	0.143	0.886	0.165

续表

题项	旋转后的因子载荷				
	1	2	3	4	5
F51	0.171	0.226	0.124	0.855	0.063
F53	0.077	0.218	0.222	0.728	0.153
F33	0.072	0.149	0.173	0.062	0.852
F32	0.054	0.145	0.148	0.219	0.825
F31	0.364	0.122	0.180	0.108	0.688
因子命名	F2	F4	F1	F5	F3
特征值	5.58	2.22	1.47	1.35	1.18
累计解释方差变异	18.16%	34.32%	50.28%	65.79%	79.96%

注：F1 多元化人才队伍建设；F2 理性包容员工观点和失败；F3 注重员工培养；F4 重视公平和共赢；F5 注重员工优势发挥。

二、验证性因子分析

为了进一步验证包容型人才管理模式量表的构思效度，本章采用最大似然法，通过 AMOS22.0 进行验证性因子分析。为此，本章将验证 5 个模型：模型 1 为 5 个二阶因子（多元化人才队伍建设、理性包容员工观点和失败、注重员工培养、重视公平和共赢、注重员工优势发挥），15 个一阶因子；模型 2 为 4 个二阶因子（多元化人才队伍建设、理性包容员工观点和失败、注重员工培养、重视公平和共赢+注重员工优势发挥），15 个一阶因子；模型 3 为 3 个二阶因子（多元化人才队伍建设、理性包容员工观点和失败+注重员工培养、重视公平和共赢+注重员工优势发挥），15 个一阶因子；模型 4 为 2 个二阶因子（多元化人才队伍建设+理性包容员工观点和失败、注重员工培养、重视公平和共赢+注重员工优势发挥），15 个一阶因子；模型 5 为 1 个二阶因子（多元化人才队伍建设+理性包容员工观点和失败+注重员工培养、重视公平和共赢+注重员工优势发挥），15 个一阶因子。卡方值的大小表示整体模型包含的变量相关关系矩阵与实际资料的相关关系矩阵的拟合度。卡方值越小，表示两者差异越小。卡方自由度比介于 1~3 之间时，表示假设模型的拟合度可以接受，RMSEA 值在 0.05 以下时可以接受，GFI、NFI、IFI、CFI 大于 0.9，表示模型拟合度好。

从表 2-5 可以看出，5 因素模型（模型 1）（卡方值 = 117.270，卡方自由度比 = 1.466，RMSEA = 0.040，NFI = 0.948，IFI = 0.983，CFI = 0.983，TLI = 0.977）均好于其他四个模型的拟合度指标，因此包容型人才管理模式量表的 5 个因子之间具有良好的区分效度。图 2-1 展示了 5 因素模型（模型 1）的路径分析。

表 2-5　　　　　　　　　假设模型的拟合度参数

模型	因素	卡方值	CMIN/DF	RMSEA	NFI	IFI	CFI	TLI
模型 1	5 因子：F1；F2；F3；F4；F5	117.270	1.466	0.040	0.948	0.983	0.983	0.977
模型 2	4 因子：F1；F2；F3；F4+F5	151.190	1.867	0.055	0.933	0.968	0.967	0.957
模型 3	3 因子：F1；F2+F3；F4+F5	207.830	2.535	0.073	0.907	0.942	0.941	0.925
模型 4	2 因子：F1+F4+F5；F2+F3	217.429	2.588	0.074	0.903	0.938	0.938	0.922
模型 5	1 因子：F1+F2+F3+F4+F5	238.957	2.655	0.076	0.894	0.931	0.930	0.919

注：F1 多元化人才队伍建设；F2 理性包容员工观点和失败；F3 注重员工培养；F4 重视公平和共赢；F5 注重员工优势发挥。

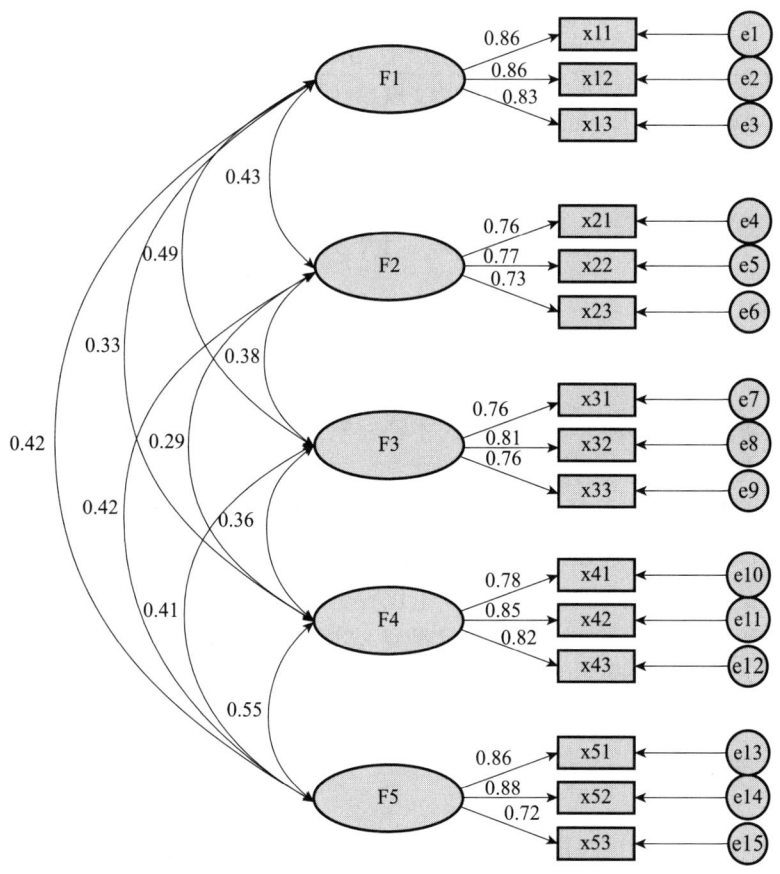

图 2-1　包容型人才管理模式验证性因子分析路径

本章采用学界使用的判别标准，通过组合信度以及平均变异量（average variance extracted，AVE）来判定包容型人才管理模式的收敛效度与区分效度。研究结果显示（见表 2-6），5 个因素的组合信度介于 0.801~0.861 之间，高于经验判断标准 0.70，显示包容型人才管理模式潜变量之间存在较为理想的内部一致性；AVE 值在 0.573~0.720 之间，均超过经验判断标准 0.50，表明潜变量的解释变异量大于测量误差的解释变异量，也就是说明量表具有较好的收敛效度。此外，潜变量 AVE 的平方根均大于二者之间的相关系数，表明量表具有较好的区分效度。

表 2-6　　　最优模型的组合信度与平均变异量分析结果及相关系数

变量	CR	AVE	F1	F2	F3	F4	F5
F1	0.885	0.720	0.849				
F2	0.801	0.573	0.410**	0.757			
F3	0.819	0.601	0.487**	0.359**	0.775		
F4	0.859	0.670	0.330**	0.329**	0.361**	0.819	
F5	0.861	0.677	0.426**	0.404**	0.413**	0.553**	0.823

注：F1 多元化人才队伍建设；F2 理性包容员工观点和失败；F3 注重员工培养；F4 重视公平和共赢；F5 注重员工优势发挥；**$p<0.01$。

第四节　研究结论

一、理论意义

本次研究建立并验证了包容型人才管理模式的理论框架和测量量表。此前有关包容型人才管理模式的研究并未对其概念和维度测量给出清晰的解释，且有关包容管理实践的研究也未对相关概念进行清晰的界定。本章采用定性研究方法，开发了包容型人才管理模式量表，并通过信度和效度检验对量表进行修正与完善。在建立量表的基础上，本章建立了包容型人才管理模式的测量模型。通过探索性因子和验证性因子分析，发现包容型人才管理模式包含五个维度，并构建了包容型人才管理模式的系统架构及测评量表。

二、实践启示

在包容型组织管理逐渐被重视的时代，企业要想促使员工努力工作，可以从包容型的组织管理视角入手。本章开发的包容型人才管理模式量表将以往的包容管理实践与企业人才发展相结合，使该量表可直接应用于对企业的包容型人才管理模式现状的测评，为组织促使员工发展提供一定的策略支持。

第三章

心理资本文献综述

心理资本的概念最早由经济学家戈德史密斯（Goldsmith，1997）提出，复合了主体心理及其经济效应的综合特征（卫颖，翟彦彦，2016），卢桑斯则在此基础上首次较为系统地阐述了心理资本理论。作为增强企业竞争优势的又一重要资源（王成利，2017），心理资本与财力资本、人力资本和社会资本并称为企业的四大资本（董原，高俊，2016）。心理资本将传统的人力资本、社会资本与组织行为关系的研究拓展到更加微观的员工心理层面，是未来组织和个人获得可持续性竞争优势的重要资源（任皓，等，2013），是企业获得成功的无形资源（Baluku et al.，2018），也是个体获得职场成功与生活幸福的重要保障（柯江林，孙健敏，2018）。目前，关于企业中领导及员工心理资本的研究越来越多，为从业人员能够最大限度地利用这一概念给人力资源领域带来的利益（Nolzen，2018）提供理论和实践的基础。诸多研究表明，心理资本应该是个体、领导以及组织因素形成的产物（柯江林，孙健敏，2018），目前的研究也多围绕以心理资本为变量的关系研究。本书通过对心理资本相关文献的梳理，对心理资本的概念、构成维度、相关变量研究和心理资本的中介及调节作用进行了研究综述，探索目前心理资本相关研究的主要领域及不足，为下一步深入研究心理资本提供了依据。

第一节 心理资本的内涵和结构

一、心理资本的内涵

心理资本是一种积极的心理状态的表现（Chen & Lim，2012）。在较为早期的研究中，心理资本更多地强调个体所拥有积极心理资源（仲理峰，2007），或经过积极的心理行为导致的个人动机倾向（Luthans et al.，2007）。随着企业需求的变化，集团或组织共同的发展状态也成为众多学者研究的内容（Walumbwa et al.，2011）。

从个人层面来讲，心理资本指促进个人成长和绩效的心理资源（蒋建武，赵曙明，2007），是促进个体成长发展与绩效提升的重要因素（吴伟炯，等，2012），是个体积极的内在特质和心理状态（张振刚，等，2015），可以通过外界环境或人为的干预对其进行管理（董原，高俊，2016）；从群体水平来讲，心理资本是指对人群关系和社会互动背景下的工作绩效和主观感受起着积极促进作用的社会心理品质和社会心理状态（钟建军，张英，2011）；从组织层面来讲，心理资本是指个体高度忠诚、认同组织并愿意承担组织责任，组织活动中有积极自我实现感受的高级社会心理品质（钟建军，张英，2011），通过改善的员工绩效最终实现组织的投资回报和竞争优势（蒋建武，赵曙明，2007），能够帮助企业获取竞争优势（吴伟炯，等，2012）。

总之，对于心理资本概念的探讨大体可以分为以经济学和心理学或组织行为学为背景的两大类，经济学概念强调个体在早年生活中形成的相对稳定的心理倾向或特征，心理学或组织行为学概念更强调心理资本的可以测量、可以无限开发和能够管理等特性（仲理峰，2007）。凡是在工作任务、人群交往、组织活动中能够为组织和人的发展带来积极结果的、具有投资后受益的心理特质和状态都可以称为心理资本（钟建军，张英，2011）。

二、心理资本的构成维度

对于心理资本的构成维度，学术界尚未达成统一，主要有双维说和四维说，其中双维说即认为心理资本主要由自尊（self-esteem）和控制点（locus of control）两个因素构成（Goldsmith et al.，1997）；四维说即认为心理资本是涵盖自我效能、希望、乐观和韧性四个方面特征的积极心理状态（Luthans et al.，2007）或四种积极资源组成的高阶结构（Walumbwa et al.，2010），也有学者把它概括为冷静、希望、乐观、自信四个维度（Erxiu et al.，2013）。其中，希望主要由三个概念基础组成：渴求、途径和目标（Luthans et al.，2007）；韧性指在冲突、失败等挫折中寻求积极的变化（Luthans，2002）；乐观指与好的结果有关的积极情绪或动机（Luthans，2002）；自我效能指有信心承担充满挑战的任务并尽力完成（Luthans et al.，2007）。随着国内的一些研究学者逐渐意识到已有的心理资本维度及量表不适合我国人际关系社会特点，于是开发出本土的心理资本量表，中国本土心理资本由事务型心理资本与人际型心理资本两个二阶因素构成，其中，事务型心理资本包括自信勇敢、乐观希望、奋发进取与坚忍顽强，人际型心理资本包括谦虚诚稳、包容宽恕、尊敬礼让与感恩奉献（柯江林，等，2009）。对于心理资本构成维度的研究多集中于已有结构中的积极心理因素的延伸研究，而对于心理资本的内涵、构成要素和标准的研究仍缺乏系统的理论和实证（仲理峰，2007），除了四个核心维度之外，尚有很多未定的构成要素亟须开发与检验（柯江林，等，2009），如表 3 - 1 所示。

表 3 - 1　　　　　　　　心理资本的构成维度

类别	学说	维度划分
心理资本（西方）	双维说	自尊（self-esteem）
		控制点（locus of control）
	四维说	自我效能（self-efficacy）
		希望（hope）
		乐观（optimism）
		韧性（resilience）
本土心理资本（中国）	事务型心理资本	自信勇敢
		乐观希望
		奋发进取
		坚忍顽强
	人际型心理资本	谦虚诚稳
		包容宽恕
		尊敬礼让
		感恩奉献

第二节　心理资本的前因与后因变量分析

一、心理资本的前因变量分析

对于心理资本的相关变量研究比较丰富，但相对来说关于心理资本的前因变量研究相对较少。对员工心理资本有重要影响作用的变量之一是领导者的领导风格，在目前的研究中，实证研究证实对员工心理资本具有重要促进作用的有变革型领导风格（隋杨，等，2012）、真实型领导风格（韩翼，杨百寅，2011；Walumbwa，2018）、包容型领导风格（方阳春，2016）、授权型领导风格（史峰，等，2018）和交易型领导风格（Li，2018），领导的一些行为能对员工的心理资本产生影响，如领导职业支持可以促进团队成员心理资本的提升（任皓，等，2014）。除此以外，企业的环境和氛围以及人力资源管理等也对员工心理资本有着不同程度的影响，如支持型文化、创新型文化对员工的事务型心理资本有显著正向影响，官僚型文化、创新型文化对员工的人际型心理资本有积极作用（柯江林，孙健敏，2018）；安全氛围对心理资本可以产生显著的正向影响（叶新凤，等，2014）；目标导向型的绩效管理有助于心理资本的培育（蒋建武，赵曙明，2007）等，如表3-2所示。

表3-2　　　　　　　　　心理资本的前因变量

类别	心理资本的前因变量	对心理资本的影响
领导者的风格与行为	变革型领导风格	促进心理资本提升
	真实型/真诚型领导风格	
	包容型领导风格	
	授权型领导风格	
	交易型领导风格	
	领导职业支持	
企业环境与氛围	企业文化	
	安全氛围	
	目标导向型的绩效管理	

二、心理资本的后因变量分析

以心理资本为前因变量的研究比较多，以领导的心理资本为前因变量的研究主要围绕着领导心理资本与员工积极或消极行为之间的关系，以员工自身的心理资本为前因变量的研究主要围绕着其对于员工自身工作能力或者工作产出之间的关系。

在以领导的心理资本为前因变量的研究中，瓦伦布瓦等（Walumbwa et al.，2010）以警察群体中的领导和下属为样本，研究了领导和下属的心理资本与工作氛围、工作绩效之间的关系，发现领导心理资本与下属工作绩效正相关，而这个关系中下属心理资本起中介作用。在一项工作团队领导心理资本对成员组织公民行为的影响机制的研究中，研究者发现工作团队领导心理资本对团队成员的组织公民行为有积极影响，团队成员心理资本是领导心理资本与成员组织公民行为之间跨层次的中介变量（任皓，等，2013）。一些学者同样发现，领导的心理资本既会直接影响创新行为（李凤莲，2017）和员工创新主动性（董原，高俊，2016），还会通过知识分享意愿间接影响创新行为（张振刚，等，2015），或通过影响内在动机的认知驱动力和学习驱动力系统最终对创新成效产生极其显著的推动作用（张宏如，2013）。领导心理资本除了与企业创业成果及工作绩效正相关（Baluku et al.，2018）外，还对组织承诺（仲理峰，2007）、变革支持行为

(王雁飞,等,2016)、建言行为(王雁飞,等,2017)有积极影响作用。领导心理资本与员工职业倦怠感呈负相关关系(Adi & Kamal, 2018),能良好地预测个体的职业倦怠(蔡笑伦,等,2016)。从这些研究中可以发现,在企业和组织中,领导者的心理资本在很大程度上可以预测员工积极行为的增加和消极行为的减少。

从员工自身的角度来说,心理资本作为促进个人职业成功的重要资源能够有效预测员工的主客观职业成功(任皓,等,2013);拥有更多积极心理资本的员工能获得更多组织赞助(周文霞,等,2015)。

从整体层面来说,不论是领导还是员工,心理资本四个维度的综合作用与工作绩效和满意度之间存在显著的正相关关系(Luthans et al., 2007),作为重要的应对资源,心理资本与感知就业能力正相关(Chen, 2012),并且不同维度的相对权重可以促进员工的熟练、适应和主动行为(Madrid et al., 2018),在四个维度的综合作用下,心理资本通过能量补充与动机激发双过程影响职业幸福感(吴伟炯,2012),与职业幸福感有着强烈、积极和直接的关联(Rabenu et al., 2017)。同时,心理资本可以显著促进个体的知识分享意愿(张振刚,等,2015),这一结论也在徐劲松和陈松的研究中得到证实(徐劲松,陈松,2018)。同时,心理资本对于不同的创业任务和过程十分重要,包括培养对创业的兴趣、机会识别、建立公司、创造力、创新、发展和实施制订商业计划,以及坚持的动力等,而这些结果决定了客观和主观成功的程度(Baluku et al., 2018)。

在一些明确类型的企业研究中,高中华(2012)发现心理资本对高科技企业员工离职意向有显著的负向影响;叶新凤等(2014)发现心理资本对煤矿企业员工的安全行为可以产生显著的正向影响,如表3-3所示。

表3-3　　　　　　　　　　心理资本的结果变量

心理资本的层面	心理资本的结果变量	心理资本的作用结果
领导心理资本	下属工作绩效	正相关
	团队成员的组织公民行为	
	员工创新行为、创新主动性和创新成效	
	企业创业成果及工作绩效	
	组织承诺	
	变革支持行为	
	建言行为	
	员工职业倦怠感	负相关
员工心理资本	主客观职业成功	正相关
	组织赞助	

续表

心理资本的层面	心理资本的结果变量	心理资本的作用结果
整体层面	工作绩效和满意度	正相关
	感知就业能力	
	员工的熟练、适应和主动行为	
	职业幸福感	
	个体的知识分享意愿	
	对创业的兴趣、机会识别、建立公司、创造力、创新、发展和实施制订商业计划,以及坚持的动力	
	安全行为	
	员工离职意向	负相关
	员工职业倦怠	

总之,心理资本相关结果变量多集中于员工的工作绩效、工作满意度、员工工作幸福感、离职意愿和工作懈怠五个方面,从实证研究的角度证明心理资本作为积极心理因素对于员工自身的行为的确存在着一定的影响,且心理资本的水平在一定程度上可以预测员工的积极或消极行为。

第三节　心理资本的中介和调节作用分析

心理资本在企业管理领域的其他变量关系的作用路径中扮演着重要的角色,这种角色分为中介作用和调节作用。

一、心理资本的中介作用分析

在员工的行为表现方面,吴庆松发现员工心理资本水平在知识转移引起企业技术创新绩效之间具有明显的中介效应(吴庆松,2018)。另外,下属的心理资本部分地中介了变革型领导风格对下属工作绩效和满意度的影响(高中华,2012),王成利的研究也证实了这一点(王成利,2017),心理资本部分中介授权型领导与员工创新行为之间的关系(史峰,等,2018)。心理资本在组织创新氛围(Luthans & Youssef,2004)、变革型领导风格(Mao,2008)和真实型领导风格(韩翼,杨百寅,2011)与员工创新行为之间起到中介作用。任皓等人的研究证实团队成员的心理资本在领导职业支持和成员组织公民行为的积极作用之间起到完全中介作用(任皓,等,2014),团队成员心理资本是领导心理资本与团队成员组织公民行为之间跨层次的中介变量(任皓,等,2013)。仲理峰通过研究发现员工的心理资本在变革型领导与员工的任务绩效和组织公民行为间起到完全中介作用（仲理峰，等，2013）。王雁飞等（2018）对57位团队主管和303位下属配对追踪数据进行分析发现心理资本在教练型领导与建言行为之间起中介作用。在员工的心理表现方面，王保健和贾林祥（2017）发现心理资本在组织公正感和职业倦怠之间有中介作用。高建丽、张同全（2015）在探究个体—组织文化契合对敬业度的作用路径时发现心理资本在精神激励、利益保障对员工敬业度的作用路径中发挥部分中介效应。在一项以文献回顾为基础的研究中证实了心理资本在感知的组织支持感和员工敬业度之间有中介作用（Nikhil & Arthi, 2018）。此外，在工作与家庭关系相关研究的研究中，赵简等（2013）选取了253名已婚全职员工为研究对象，通过实证研究发现，心理资本在工作要求—资源与工作家庭关系间具有中介作用，心理资本中介作用的相关研究如表3-4所示。

表3-4　　　　　　　　　心理资本的中介作用

前因变量	结果变量	心理资本的作用
组织公正感	职业倦怠	中介作用
精神激励、利益保障	员工敬业度	部分中介作用
感知的组织支持感	员工敬业度	中介作用
知识转移	企业技术创新绩效	明显的中介作用
变革型领导风格	下属工作绩效和满意度	部分中介作用
授权型领导	员工创新行为	部分中介作用
组织创新氛围	员工创新行为	中介作用
变革型领导风格	员工创新行为	中介作用
真实型领导风格	员工创新行为	中介作用
工作要求—资源	工作家庭关系	中介作用
领导职业支持	成员组织公民行为	完全中介作用
变革型领导与员工的任务绩效	组织公民行为	完全中介作用
领导心理资本	团队成员组织公民行为	跨层次中介变量
教练型领导	建言行为	中介作用

二、心理资本的调节作用分析

心理资本作为调节变量的研究并不多，一些学者（Liang Guo et al., 2018）的研究发现，员工的心理资本在权威型领导风格和员工创造力之间起调节作用，并且对政治自我效能与组织公民行为之间的倒"U"形关系有显著的调节作用（赵晨，高中华，2014）。领导心理资本对下属心理资本与下属心理安全感和变革开放性的关系起着调节作用（王雁飞，等，2018），但是对团队成员心理资本与组织公民行为关系没有显著的调节作用（任皓，等，2013）。

闫艳玲等（2014）以中部地区企业组织的356组主管—员工配对数据为样

本，通过研究发现，心理资本对职场排斥与状态自控之间具有正向调节作用，即心理资本越高，员工的职场排斥情绪对状态自控的负向影响越强烈。研究表明，心理资本的水平越高并不一定意味着对企业有着积极作用，这种影响很有可能存在着一定的区间和范围（闫艳玲，等，2014）。

第四节 提升员工心理资本的基本途径

从上述有关心理资本的变量研究可以看出，心理资本与员工的积极行为有着重要的联系，提升企业员工的心理资本，可以有效提升员工的工作绩效、工作满意度、职业幸福感，促进员工的创新行为、组织公民行为、建言行为等，有效降低员工离职率和员工职业倦怠感。

一、改变领导者的领导风格

领导者的领导风格与员工心理资本之间存在着紧密的联系，这一观点已经得到了很多学者的验证。随着社会的发展和变迁，企业员工特点已经转变，传统权威型领导风格已不再适用于新时代企业员工。以变革型领导风格、授权型领导风格、真实型领导风格、真诚型领导风格、包容型领导风格等为代表的新型领导风格经过实证，与员工心理资本呈正相关关系。企业加强对于领导者的培训，适时转变领导者风格以适应外部环境的变化，将有效提升员工的心理资本水平。领导风格的改变同样也代表着管理方法的转变，更加尊重员工、强调平等的管理方法和目标导向型的绩效管理（孙鸿飞，等，2016）也有助于员工心理资本的培育。

二、改变组织氛围与人才管理模式

组织氛围对员工的心理资本产生潜移默化的影响。实证研究发现，不同的组织氛围对于员工心理资本的影响不同，必须不断地给知识型员工灌输具备积极正向心理资本的企业文化（孙鸿飞，等，2016）。建立以柔性化、扁平化为基础的工作环境（王雁飞，等，2016）是提升员工心理资本的途径之一。加强组织文化的建设，改善员工的工作环境，为员工的积极行为注入原动力和精神力量，注重企业创新文化建设，是提升员工心理资本的重要途径。同时人才管理模式会影响员工的工作态度、能力、行为和绩效，不同的人才管理模式对员工产生不同的影响，因此根据新时代人才的需求和发展规律，融入包容理念、设计包容型人才管理模式，是提升人才心理资本的有效途径。

第五节 心理资本的研究展望

从心理资本的相关研究来看，对于心理资本的研究起步是较早的，但可探究的领域并未完全涉及，基本都是围绕心理资本或其维度对员工自身工作行为或心理状态等变量的影响进行定量研究。从研究结果来看，心理资本作为个人或组织的积极心理资源或能量，对员工的积极行为和良好产出有着正向的影响，对员工的消极行为和负面产出有着反向影响，并且在一定程度上可以预测员工的工作绩效。从相关的文献研究来看，关于心理资本的研究开始涉及领导风格，已有研究表明，心理资本在某些领导风格与员工行为之间具有中介作用。这些结论给我们的启示是，心理资本作为中介变量在领导风格与员工行为之间的作用研究仍可以进行深入和更加广泛的探索，在研究心理资本与其前后相关变量的关系的同时，更应深入挖掘作用的路径和方式，完善拓展现有的关系研究。目前关于心理资本的前因变量研究并不多，尤其是人才管理模式对心理资本的影响研究、对心理资本可以产生负面影响的变量及其具体的作用机制研究少之又少，是接下来学者可以研究的重点方向。而对于企业来说，可通过转变领导风格和改善人才管理模式来提升员工或组织的心理资本最终实现激励员工正向工作行为、提升企业竞争力的目标。

目前已有的研究中，大多研究数据均为横截面数据并且多来自某一特定的群体，并没有办法得到完全的因果关系结论，研究结论向其他群体领域推广也有一定的局限性。未来的研究中可尝试跟踪式动态研究的方法，获取纵向数据从而加强因果推论。在向其他群体推广使用研究结论时也应持谨慎态度，应针对推广群体再进行特定的研究，以保证结论在其他群体中使用时更加严谨，但这并不代表没有借鉴或警示意义。另外，研究的同源性误差也难以避免，在下一步的研究中，可以尽可能多地由不同对象填写不同变量的问卷，拓展研究范围、涉及的岗位及行业，更加全面地探索心理资本在各个职业领域中的作用机制。最后，目前广泛应用的心理资本量表为在西方文化背景下所设计的，适用于中国员工的心理资本量表仍需探索和开发。

心理资本的研究方兴未艾，关于其内涵、维度、成因、构成要素、量表开发、心理资本对个体行为的影响、中介及调节作用等的相关研究仍需更加深入的理论和实证研究。

第二篇

包容型人才管理模式对员工行为影响的实证研究

第四章

包容型人才管理模式对心理资本和创新行为的影响

目前,国内外学者肯定传统包容理念对现代管理的意义,关注包容性增长和包容性创新,呼吁加强组织管理的"包容"理念研究,认可包容人才战略对组织创新的作用。但是,有关包容的组织管理实践研究更多是经验描述性的,对于如何把中国传统优秀的"包容"理念融入人才开发实践中,没有开展系统而深入的理论和实证研究。包容性增长和包容性创新备受世人瞩目,人才开发亟须顺应时代发展潮流引入"包容"理念。包容是中华文明的历史启示(袁行霈,2007),是联合国千年发展目标的重要理念,正成为时代的强音和中国人的价值取向(张渝政,2013)。把包容理念有机融合到人才开发实践中,强调多元开放吸引人才、发挥和整合人才优势、公平参与、共享收益、包容创新失败五个维度,可以最大限度提升人才的"能力—动机—机会"。

作为创新源泉的高校,要在创新驱动发展战略中发挥作用,必须激发员工的创新行为。高校教师是追求成就感和自主性的知识型员工,亟须"包容"文化的滋养。北京大学、哈佛大学等知名大学都提倡包容组织文化。因此,把包容理念有机融合到高校教师人才开发实践中,从"能力提升—动机提升—机会提升"三个方面系统构建包容型人才管理模式,对改进高校人才开发模式、提升教师创新行为有重要的理论和现实意义。

本章通过对浙江省高校教师的实证研究,探讨高校包容型人才管理模式对教师创新行为的影响机制,验证心理资本的中介效应,为构建促进教师创新行为的包容型人才管理模式提供理论依据,对于"中国传统优秀的包容理念落实在人才开发实践中""人才驱动创新"具有重要的理论价值和现实意义。

第一节　理论基础与研究假设

一、包容型人才管理模式的内涵

近年来，学界非常关注包容性增长和包容性创新。组织管理也需要引入"包容"理念。包容性被视为关键组织战略议程（Theodorakopulos & Budhwar, 2013）、亟待研究的问题（Olivares, 2013）。一些文献提出了包容型领导风格概念（Nembhard & Edmondson, 2006；李燕萍, 2012；方阳春, 2014）。包容型领导风格是一种双赢的人际关系，关键要素是：尊重、认可、回应与责任（Carmeli et al., 2010），强调机会均等、分配公平和成果的共享（高宏, 2012）。

包容型人力资源管理概念最早是本内特等（Bennet et al., 1994）从员工援助计划角度提出的。近年来学界提出人力资源管理中必须融入"包容"思想（Midtsundstad, 2011；Theodorakopulos et al., 2013），高宏（2012）和邓亚兰（2012）分别提出基于战略的包容人力资源管理系统、包容性人力资源开发环境概念。对人的管理经历了人事管理、人力资源管理、人力资本管理和人才管理四个阶段。包容型人才管理模式把包容理念融合到人才开发的各职能中，对人力资源实践行为进行高度概括。包容人才战略促进组织成功（Janice, 2008）。在以往研究基础上，本章认为包容型人才管理模式是把包容理念有机融入引才、用才、育才、激励人才等人力资源管理实践中，注重多元化吸引人才、以发挥人才优势使用人才，以组织和员工双赢来激励人才，以理性包容员工的创新思想和失败激发人才创新激情，以公平对待员工提高员工的满意度，从而全面提升员工的"能力—动机—机会"。

二、包容型人才管理模式的要素和特点

在以往文献的基础上，笔者对浙江省15位高校教师进行了深度访谈、开放式问卷调查，经过分析，将包容型人才管理模式归纳为机会提升、能力提升和动机提升三个方面，提炼为五个维度：多元化人才队伍建设；发挥员工的优势；员工与组织双赢；理性包容员工的创新思想与失败；公平对待员工。

与传统人才开发模式相比较，包容型人才管理模式具有以下三个特点：

（一）包容型人才管理模式注重组织与员工之间的依存共赢关系

包容型人才管理模式注重组织与员工之间的依存共赢关系，将人才看作推进组织创新和发展的核心资源与主体，将组织与员工看成是共同促进的依存关系。

（二）包容型人才管理模式强调多元化人才队伍、机会均等、能力建设、成果共享

一个包容的工作场所应当尊重劳动力个体的差异，激发员工的潜能，避免任何形式的歧视（Nembhard，2012），形成高昂的士气和忠诚度（Burnett，2006）。在组织管理过程中，包容型人才管理模式注重消除歧视，发挥员工的自身优势，共享收益，建设多元化人才队伍，构建包容的创新氛围。

（三）包容型人才管理模式整合多种人才开发模式的优势，全面激发人才创新行为

包容型人才管理模式从能力提升、机会提升、动机提升三个方面整合了多种人才开发模式的优势，全面激发人才的创新行为。以往的人力资源管理模式包括战略型、承诺型、开放型等16种模式（肖鸣政，2010），包容型人才管理模式以包容理念整合机会提升、能力提升和动机提升三个方面资源管理实践，构建了系统的人才开发模式。

三、包容型人才管理模式和员工创新行为

斯科特和布鲁斯（Scott & Bruce，1994）认为，员工的创新行为是员工创新想法的产生、推动和实践的复杂过程，包括对问题的认知、为其创意寻求援助、建立支持联盟、将创新想法付诸实践等环节。薛靖和任子平（2006）提出，员工创新行为指员工在创新想法的产生、内容推广与执行的过程中所表现出的创新表现。本章结合高校教师的工作环境和职业特点，将高校教师创新行为定义为，教师在教学、科研和社会服务过程中，产生、推广和应用创新想法及措施，以提高工作效率和质量，满足组织和社会发展的需求。

包容型人才管理模式注重多元人才队伍建设，用人所长，员工和组织双赢，包容员工的思想和失败，可大大激发员工的创新激情和创新行为。多元化能促进员工和团队的创新（Gassmann，2001）。组织公平知觉对进谏行为具有显著促进作用（段锦云，王重鸣，钟建安，2007），促进员工的创新想法。包容型激励强调发挥员工的优势以及员工和企业的双赢。而内外部激励都能正向预测创新行为（刘云，石金涛，2009）。理性包容员工的创新思想和失败，能调动员工的主动创新行为。包容型人才管理模式兼顾员工的能力、动机和机会的提升，营造公平、友好、创新的氛围。组织的氛围感知促进员工的创新行为（王士红，徐彪，彭纪生，2013）。因而，提出本章的假设1。

假设1：包容型人才管理模式对教师创新行为具有正向的影响作用。

四、心理资本的中介作用

心理资本是卢桑斯提出的概念，并延伸到人力资源管理领域，定义为"个人发展的积极心理状态"，包括自我效能、乐观、希望和韧性四个方面。心理资本是个体对生活和工作的积极信念、看法、态度和思想。通过有针对性地投资和开发心理资本而使个体获得竞争优势（吴伟炯，刘毅等，2012）。包容型人才管理模式在人才的使用与管理过程中重视对员工行为的支持，鼓励员工积极参与组织决策，使员工感受到强烈的组织支持感。阿沃里奥（Avolio，2005）发现组织支持感会积极影响员工的生理和心理，激发与促进个体整体心理潜能。包容型人才管理模式将通过对员工的能力、机会和动机的提升，促进他们的自我效能感，培育员工乐观情绪，使得员工更有信心、积极主动、富有毅力地完成任务，充分提高员工的心理资本。

人力资本与其他资源的本质区别在于，它的绩效的产出和潜能的发挥在极大程度上会受心理状态的影响。心理资本反映了员工的自我观点或自尊感，支配着员工的动机和对工作的态度，对员工的组织承诺、公民行为有积极影响（仲理峰，2007）。心理资本对员工的态度、行为表现和工作绩效产生影响（Larson & Luthans，2006；侯二秀，张敬德，2013），对职业承诺和成功有显著预测作用（任皓，温忠麟，陈启山，2013）。心理资本对员工创新行为有显著影响（韩翼，杨百寅，2011），具有较高心理资本的员工更容易表现出创新行为（Jafri，2012）。心理资本包括自我效能感，创新自我效能感对创新行为有积极影响（Michael，Hou & Fan，2011）。包容型人才管理模式强调组织对员工的能力、动机和机会的支持，而心理资本在组织支持感与员工行为之间起中介作用（田喜洲，谢晋宇，2010）。为此，提出本章的假设2和假设3。

假设2：包容型人才管理模式正向影响教师的心理资本。

假设3：心理资本是包容型人才管理模式影响教师创新行为的中介变量。

第二节　研究方法

一、研究对象

本章选取浙江高校教师作为研究对象，采用随机抽样法，累计发放问卷330份，其中有效问卷263份，有效问卷回收率为79.7%。被调查的教师群体中男160名，女103名，年龄分布在30~39岁占55.1%，大部分教师具有博士学历，占比为 69.2%，职称在副高级及以上的教师占 51.0%，理科、工科、人文学科和社科的教师分别占 11.8%、31.5%、31.2%、25.5%。

二、研究工具

本章总共包括三个量表。在以往研究的基础上，通过深度访谈和开放式问卷调查设计高校包容型人才管理模式量表。心理资本量表和员工创新行为量表主要采纳卢桑斯（2007）、斯科特和布鲁斯（1994）问卷，根据高校教师的职业特点在表达方面进行相应调整。

高校包容型人才管理模式的量表经过下列几个步骤设计的。

（一）文献分析

通过对包容型人才管理模式相关文献分析，把握其主要的内涵。

（二）访谈和开放式问卷调查

为了深入了解包容型人才管理模式的关键特征，对 15 位具有多年工作经验的高校教师进行访谈和开放式问卷调查，调查时向被试介绍包容型人才管理模式的操作定义，要求他们对包容型人才管理模式的关键事件和特征进行列举。

（三）项目的归类和汇总

对访谈和开放式问卷调查获得的信息进行归类和汇总，得到有关包容型人才管理模式条目的频次和重要性排序。在此基础上，编制了包容型人才管理模式的初始问卷，采用五点量表，共 16 题。

（四）审阅和评定

为了检验初始问卷的内容效度和适用性，邀请 5 名人力资源管理专业的高校老师对问卷进行了审阅和评定，以确保问卷项目反映并涵盖包容型人才管理模式内容。

三、数据处理办法

本章采用 SPSS20.0，既对数据进行了探索性因子分析和 α 系数检验，又对数据进行了描述性分析、相关性分析和回归分析。

第三节 实证研究结果

对调查数据进行了探索性因子分析、信度检验、描述性统计分析、相关和回归分析,验证研究假设。

一、问卷的探索性因子分析和信度检验结果

对包容型人才管理模式量表调查数据进行因子分析,提取5个因子,即发挥员工的优势、员工与组织双赢、理性包容员工的思想与失败、公平对待员工、多元化人才队伍建设,分别解释了 18.82%、15.50%、15.32%、14.14%、10.93%的变异,累计解释变异量为 74.71%。各项目的因子载荷在 0.49~0.86 之间。包容型人才管理模式量表的 α 系数为 0.919。

心理资本量表参考卢桑斯(2007)提出的心理资本问卷量表,具有良好的信度和效度。通过探索因子分析,发现本章心理资本量表包含自我效能、希望、韧性、乐观四个方面,分别解释了 21.05%、16.52%、13.48%、11.12%的变异,累计解释变异量为 62.17%。因子负荷在 0.60~0.86 之间。心理资本量表的 α 系数为 0.754。

创新行为量表借鉴斯科特和布鲁斯(1994)的问卷,采用五点记分法。教师创新行为量表进行因子分析后,可以提取出2个因子,分别为教师的创新成果以及教师的创新意识,分别解释了 31.87%、27.25%的变异,累计解释变异量为 59.12%。因子负荷在 0.56~0.86 之间。该量表 α 系数为 0.808,具有较好的信度。

二、描述性分析结果

描述性统计结果显示,包容型人才管理模式各维度平均分由高到低依次为多元化人才队伍建设、发挥员工的优势、理性包容员工的思想与失败、公平对待员工、员工与组织双赢。多元化人才队伍建设这一维度的平均分数较高,员工与组织双赢的平均分数最低,可见高校在教师人才开发中,都迫切需要注重员工与组织共赢机制的建设。教师的心理资本平均分数是 3.77 分,处于较高的水平,为其全身心投入工作,创造创新绩效提供动力。高校教师创新行为整体表现较好,教师创新成果与创新意识平均分数分别达到为 3.73 与 3.90,创新意识平均分数比创新成果平均分数高。如何更好地让教师将创新意识转化为创新成果,这是高

校在教师培养以及教师在自身发展过程中必须重视的问题，如表 4-1 所示。

表 4-1　　　　　　　　　　　描述统计及相关分析

变量	Mean	S.D.	N	F1	F2	F3	F4	F5	P	C1	C2
F1	3.62	0.73	263								
F2	3.28	0.76	263	0.499**							
F3	3.61	0.74	263	0.549**	0.618**						
F4	3.51	0.74	263	0.590**	0.664**	0.498**					
F5	3.65	0.65	263	0.612**	0.499**	0.476**	0.513**				
P	3.77	0.33	263	0.541**	0.386**	0.355**	0.420**	0.462**			
C1	3.73	0.53	263	0.366**	0.393**	0.343**	0.414**	0.220**	0.521**		
C2	3.90	0.39	263	0.355**	0.282**	0.201**	0.280**	0.342**	0.541**	0.487**	

注：F1 包容并合理利用成员的优势；F2 教师与高校共享收益与双赢；F3 学校包容教师的思想与失败；F4 公平对待成员；F5 多元化人才队伍建设；P 心理资本；C1 教师的创新成果；C2 教师的创新意识；**$p<0.01$。

三、相关性分析

表 4-1 中的相关性矩阵显示，包容型人才管理模式五个维度都与心理资本显著正相关，与教师创新意识和创新结果显著正相关；心理资本与教师的创新行为有着显著正相关。包容型人才管理模式的不同维度与心理资本、教师创新行为的两大方面的相关性存在差异。与心理资本的相关系数从高到低依次是 F1 包容并合理利用成员的优势、F5 多元化人才队伍建设、F4 公平对待成员、F2 教师与高校共享收益与双赢、F3 学校包容教师的思想与失败。与创新成果的相关性最强的两项包容型人才管理模式维度分别是"F4 公平对待成员"和"F2 教师与高校共享收益与双赢"。与创新意识的相关性最强的两项包容型人才管理模式维度是"F1 包容并合理利用成员的优势"和"F5 多元化人才队伍建设"。

四、回归分析及心理资本中介变量的检验

本章参照巴伦和肯尼（Baron & Kenny，1986）检验中介机制的办法，在控制变量之后，第一步应先用各个包容型人才管理模式因子解释心理资本。第二步用各个包容型人才管理模式因子解释教师创新行为因子。如果这两个检验通过则说明前两个假设成立。第三步用各个包容型人才管理模式因子和心理资本同时解释教师创新行为的两大因子。若该方程通过，且心理资本的回归系数显著而包容型人才管理模式的回归系数转为不显著，则说明心理资本是包容型人才管理模式作用于教师创新行为的中介变量。回归分析结果见表 4-2。

表 4-2　　　　　　　　　　　回归分析结果

变量	心理资本	教师创新行为			
		教师创新成果		教师创新意识	
性别	-0.005	-0.026	-0.023	0.069	0.072
年龄	0.010	0.015	0.008	0.091	0.086*
学历	0.015	-0.015	-0.025	0.067	0.059
职称	0.017	0.034	0.022	0.156***	0.146***
所在学科	-0.031	-0.080**	-0.059*	-0.024	-0.007
F1	0.164***	0.141*	0.028	0.097*	0.008
F2	0.035	0.117*	0.093	0.065	0.046
F3	-0.008	0.060	0.065	-0.070	-0.065
F4	0.030	0.149*	0.129*	0.013	-0.003
F5	0.096**	-0.083	-0.149**	0.120**	0.068
P			0.687***		0.544***
R^2（Adj. R^2）	0.340（0.314）	0.248（0.218）	0.367（0.339）	0.222（0.192）	0.362（0.334）
F	13.001***	8.307***	13.220***	7.211***	12.965***

注：F1 包容并合理利用成员的优势；F2 教师与高校共享收益与双赢；F3 学校包容教师的思想与失败；F4 公平对待成员；F5 多元化人才队伍建设；P 心理资本；*$p<0.05$，**$p<0.01$，***$p<0.001$。

在回归分析的第一步，控制变量和各个包容型人才管理模式因子一起解释了心理资本的方差的 31.4%（F=13.001，$p<0.001$），"包容并合理利用成员的优势"（F1，β=0.164，$p<0.001$）、"多元化人才队伍建设"（F5，β=0.096，$p<0.01$）能显著地解释心理资本。

第二步，控制变量和包容型人才管理模式因子解释了教师创新成果的方差的 21.8%（F=8.307，$p<0.001$）和教师创新意识的方差的 19.2%（F=7.211，$p<0.001$）。其中，"包容并合理利用成员的优势"（F1，β=0.141，$p<0.05$）、教师与高校共享收益与双赢（F2，β=0.117，$p<0.05$）与"公平对待成员"（F4，β=0.149，$p<0.05$）对教师创新成果有显著的解释的能力。而"包容并合理利用成员的优势"（F1，β=0.097，$p<0.05$）与"多元化人才队伍建设"（F5，β=0.120，$p<0.01$）显著地解释教师创新意识。上述两步回归检验显示，假设 1 与假设 2 成立。

第三步，控制变量、各个包容型人才管理模式因子和心理资本一起解释了教师创新成果的方差的 33.9%（F=13.220，$p<0.001$）和创新意识的方差的 33.4%（F=12.965，$p<0.001$）。当因变量是教师创新成果时，"公平对待成员"（F4，β=0.129，$p<0.05$）与"多元化人才队伍建设"（F5，β=-0.149，$p<0.01$）对教师创新成果有显著的解释能力，而"包容并合理利用成员的优势"（F1，β=0.028，ns）和"教师与高校共享收益与双赢"（F2，β=0.093，ns）对创新成果不再具有显著的解释能力，心理资本能显著解释教师创新成果（β=

0.687，p<0.001)。则当因变量为教师创新成果时，"包容并合理利用成员的优势"和"教师与高校共享收益与双赢"通过心理资本的中介作用对教师创新成果产生影响，而"公平对待成员"直接影响教师创新成果。以创新意识为因变量时，"包容并合理利用成员的优势"（F1，$\beta=0.008$，ns）与"多元化人才队伍建设"（F5，$\beta=0.068$，ns）对创新意识不再具有显著的解释能力，而心理资本对教师创新意识（$\beta=0.544$，$p<0.001$）具有显著的解释能力。因而，当因变量是教师创新意识时，心理资本是"包容并合理利用成员的优势"与"多元化人才队伍建设"作用于教师创新意识的中介变量。综合创新行为的两大因子，可以得出"包容并合理利用成员的优势"通过心理资本的中介作用影响教师的创新行为。

第四节　研究结论与讨论

一、研究结果

通过对浙江省高校教师的问卷调查和统计与分析，主要得出以下研究结论。

（一）为了推动创新驱动发展战略，需要提倡包容型人才管理模式

包容型人才管理模式包括五个方面：包容并合理利用成员的优势、教师与高校共享收益与双赢、学校包容教师的思想与失败、公平对待成员、多元化人才队伍建设。

（二）包容型人才管理模式与教师心理资本和创新行为都存在正相关

其中，包容并合理利用成员的优势、多元化人才队伍建设对心理资本有显著影响。包容型人才管理模式对教师创新行为具有正向作用，包容并合理利用成员的优势、教师与高校共享收益与双赢、公平对待成员对创新成果具有显著影响，包容并合理利用成员的优势、多元化人才队伍建设对创新意识具有显著影响。

（三）心理资本是包容型人才管理模式作用于教师创新行为的中介变量

包容型人才管理模式中"包容并合理利用成员的优势"通过影响教师的心理资本状况来影响教师的创新行为。包容并合理利用成员的优势的程度越高，心理资本越高，教师的创新意识越强，创新成果也越多。

二、研究讨论

本章从包容的理念视角切入，研究包容型人才管理模式对教师创新行为的影响，丰富了人力资源管理模式对创新行为的影响的研究内容，为改进高校人才开发模式提供一个新的切入点，对提高教师的创新意识与创新能力有重要的理论指导意义。同时，在研究两者关系的过程中，引入心理资本作为中介变量，检验包容型人才管理模式能否通过影响心理资本而改变创新行为，理清包容型人才管理模式影响教师创新行为的内在机理，为推进教师创新行为的提升提供正确的努力方向。

本章的局限性在于问卷数量相对较少，且问卷的收集主要集中在浙江省的部分高校，问卷数据能否体现代表性，研究结果是否具有普遍性，这是我们后续必须思考的问题。在心理资本的中介变量验证结论中，我们只得出心理资本是"包容并合理利用成员的优势"作用于创新行为的中介变量，而包容型人才管理模式的其他因子能否通过心理资本的中介作用对教师创新行为产生影响的问题是否会因为问卷数量的增加而发生变化，这也是需要验证的问题。

在今后的研究中，可以对其他地区的高校进行调查研究，力求问卷的结果具有普遍性与代表性，通过增加问卷的数量，完善中介变量的测量方法，进一步验证心理资本的中介作用。同时，有必要探索包容型人才管理模式影响教师创新行为的其他中介变量，如组织承诺、积极情绪等，在此基础上进一步明确包容型人才管理模式影响教师创新行为的机理，为提升教师创新行为提供相关的理论依据。

第五章

包容型人才管理模式对员工工匠精神的影响

近年来,"工匠精神"成为热门词汇。中央电视台《大国工匠》系列纪录片引发了社会对工匠精神的思考与关注,2017年习近平主席在党的十九大报告中强调"弘扬劳模精神和工匠精神,营造劳动光荣的社会风尚和精益求精的敬业风气"。培育工匠精神已经成为实现"创新驱动发展""中国制造2025""由高速增长转向高质量发展"等国家战略的重中之重。培育企业员工的工匠精神,需要以有效的人才开发模式为抓手。中共中央2016年3月印发的《关于深化人才发展体制机制改革的意见》文件中提到,企业迫切需要深化人才发展体制机制改革。包容型人才管理模式实现了包容文化与新时代人才开发的有机结合,强调了多元化人才队伍建设、注重员工优势的培养和发挥、重视公平和共赢、理性包容员工的创新思想与失败等理念,引起了人力资源管理实践界的关注,但在现有文献资料中相关研究比较少。本章提出了包容型人才管理模式和工匠精神的内涵及其维度,并通过实证调查,探讨了包容型人才管理模式对员工工匠精神的影响,为企业人力资源管理提供了理论依据和实践参考。

第一节 理论基础

一、包容型人才管理模式的内涵与要素

"包容"是中华文明的固有思想和历史启示(袁行霈,2007),辞典释义为:容纳;宽容大度,最早在《汉书·五行志下》中出现:"上不宽大包容臣下,则不能居圣位。"而在西方文化中,包容概念主要源自民主与公正的思想。近年来,"包容性增长"概念的提出表明了包容不仅是一种道德修养,而且是一种重要的管理智慧(朱瑜,钱姝婷,2014),现代的包容思想主张以人为本、机会平等与

和谐发展。

人才开发是指为了促进人才素质提高和更加合理的使用，将人的才干、智慧、知识作为一种资源加以发掘与培养，人才开发模式是指解决这类问题的方法论。进入21世纪，人才特别是创新型科技人才已成为区域发展的第一战略资源，日益成为一个国家和地区竞争取胜的关键因素（何悦，李岱素，2013）。合理的人才开发模式能够提升人才质量，促进技术进步。近年来，学界提出人力资源管理中必须融入"包容"思想（方阳春，等，2015）。吴德兴（2011）提出，包容作为留住人才、用好人才的重要环境因素，邓亚兰（2011）也提出了包容性人力资源开发环境概念。本章基于现有研究，将传统的包容思想与现代的包容理念融入人才开发模式中，提出一种强调人力资源可持续发展，重视组织与员工相互依存关系的包容型人才管理模式。

本章在方阳春等（2015）研究的基础上，进一步对包容型人才管理模式的要素和特点进行了总结提炼，将包容型人才管理模式划分为四个维度：（1）多元化人才队伍建设。重视人才的异质性，注重多元化吸引人才，促进人才在跨界交流中不断提升自我。（2）理性包容员工的观点与失败。给予员工试错机会，在员工犯错误时给予正确引导与理性建议，帮助员工解决后顾之忧，鼓励员工提出新观点和合理化建议。（3）重视员工培养。通过工作指导和培训等方式培育人才，使员工突破自我，不断进步。（4）注重员工优势发挥与公平共赢。不断挖掘员工优势潜能，使其实现个人价值，更好地为企业服务，并且通过公平对待员工、与员工共享收益，提升员工对组织的归属感，使之全心全意为企业做贡献。

二、工匠精神的内涵与要素

"精神"即"精气"与"元神"，是一种文化的核心与精髓。"工匠精神"狭义上是指凝结在工匠身上的态度与特质（肖群忠，刘永春，2015），广义上可以衍生为凝结在所有人身上的一种职业价值取向和行为表现，是从业过程中对职业的态度和精神理念（查国硕，2016）。工匠精神是一个历史范畴（叶美兰，陈桂香，2016），中华文明的始祖"黄帝"、我国木匠的鼻祖"鲁班"都是中华文明史上优秀的工匠，而他们所拥有的出神入化的技艺、勤奋努力的态度以及道技合一的境界是我国古代工匠精神的代表。随着我国从"制造大国"走向"制造强国"，工匠精神被赋予了新的价值意蕴。"工匠精神"的基本内涵涵盖了专注、精益、创新等内容。美国理查德·桑内特将工匠精神概括为把事情做好的目的性和欲望。亚力克·福奇（Alec Foege，2013）认为，工匠不仅是传统意义的手艺人，也是使用现成技术工具、利用创新精神解决各种问题的发现者和发明家。李宏伟（2015）认为"造物"是工匠精神的伟大使命，工匠精神的内涵应该由师道精神、制造精神、创业精神、创造精神与实践精神组成。姚先国（2016）指出，所谓工匠精神，就是认真负责、精益求精、止于至善的工作态度和敬业精神。工匠精神意味着"尚巧达善"的工作追求、"知行合一"的工作理念、"德艺兼修"的职业信仰（庄西真，2017）。

笔者在现有的研究基础上，进行了深度访谈与开放式问卷调查，将工匠精神划分为三个维度：（1）爱岗敬业的奉献精神。爱岗敬业是中华民族的传统美德，应该时刻对自己所从事的职业拥有敬畏之心，爱岗乐岗，将工作当成自己的责任，体现担当精神。（2）精益求精的职业态度。对工作品质有着不懈的追求，对待工作严谨、细致，要求自己不断进步，争取成为行业中的佼佼者。（3）攻坚克难的创新精神。在困难面前没有畏惧，善于迎难而上，能够提出独创性的解决问题的方案，拥有勤于攻关的"金刚钻"精神。

第二节 研究设计

一、研究假设

工匠精神价值观的形成需要长时间的价值激励，因为它是一种高层次的文化形态（刘志彪，2016）。姚先国（2016）提出，工匠精神不是喊出来的，也不是靠思想教育教出来的，而是内生激励机制重构激发出来的。工匠精神有着丰富的内涵和多层的要求，要根据不同层次的要求有针对性地培育和塑造（吕国泉，2016）。工匠精神的培育对企业提出了更高的要求，首先，需要为员工营造耐心、专注的心境，其次，要创造一个传承和培育工匠精神的环境，同时还要鼓励和褒奖关注细节、追求极致的精神。员工工匠精神的培养与组织管理模式是密不可分的。

爱岗敬业的奉献精神要求员工爱岗乐岗，对从事的职业拥有敬畏之心。包容型人才管理模式是一种强调组织与员工相互依存关系的人才开发模式，重视对员工的培养、公平对待员工、理性包容员工、与员工共享收益，会对员工的行为产生影响。马斯洛需求层次理论中提到"人对自我实现的满足是最高阶的需求"。企业若能为员工提供不同的发展渠道，可以满足员工发展的需求，培育他们对职业的认同感。艾森伯格等（Eisenberger et al.，2011）明确指出，组织支持感使员工产生关心组织的福祉帮助组织实现其目标的义务感。奥德里斯科尔等（O'driscoll et al.，2007）指出，知觉到组织支持的员工，作为回报将关注组织的发展以及帮助组织实现其目标作为自己的责任。董德法（2013）对公民行为和薪酬公平的关系研究中表明，员工敬业度与内部薪酬公平充分正相关。因此，提出假设 H_1：

假设 H_1：包容型人才管理模式对爱岗敬业的奉献精神具有显著正向影响。

假设 H_{1a}：多元化人才队伍建设对爱岗敬业的奉献精神有正向影响。

假设 H_{1b}：理性包容员工的观点和失败对爱岗敬业的奉献精神有正向影响。

假设 H_{1c}：重视员工培养对爱岗敬业的奉献精神有正向影响。

假设 H_{1d}：注重员工优势发挥和公平共赢对爱岗敬业的奉献精神有正向影响。

精益求精的工作态度要求员工对待工作细致认真，严格要求自己，在工作中不断进步以成为行业中的顶尖人才。包容型人才管理模式重视对员工的培养。罗素等（Rusell et al.，1985）和哈雷尔等（Harel et al.，1999）研究发现，培训能够使员工获得知识，为员工提供良好的工作环境，激发员工的工作热情从而提高工作效率。汪林（2009）的实证研究表明，企业能否平等、尊重地对待员工通常比物质资源的分配公平更能影响员工的整体工作态度。张钢（2009）提出，人才的异质性对于团队绩效有着显著的正向影响。基于上述研究，提出假设 H_2：

假设 H_2：包容型人才管理模式对精益求精的工作态度具有显著正向影响。

假设 H_{2a}：多元化人才队伍建设对精益求精的工作态度有正向影响。

假设 H_{2b}：理性包容员工的观点与失败对精益求精的工作态度有正向影响。

假设 H_{2c}：重视员工培养对精益求精的工作态度有正向影响。

假设 H_{2d}：注重员工优势发挥与公平共赢对精益求精的工作态度有正向影响。

攻坚克难的创新精神要求员工不畏艰难，能够提出独创性地解决问题的方案。知识的平衡流动对员工创新行为存在直接影响和协同作用（赵立雨，2016），多元化人才队伍建设能够有效激发员工的创新能力。员工和组织间关系与员工的创新行为显著正相关（王永跃，等，2015），组织所体现出的公平性和共赢性能有效提高员工的创新行为。理性包容员工的观点和失败能够使员工拥有试错的勇气。因此，提出以下假设：

假设 H_3：包容型人才管理模式对攻坚克难的创新精神具有显著正向影响。

假设 H_{3a}：多元化人才队伍建设对攻坚克难的创新精神有正向影响。

假设 H_{3b}：理性包容员工的观点与失败对攻坚克难的创新精神有正向影响。

假设 H_{3c}：重视员工培养对攻坚克难的创新精神有正向影响。

假设 H_{3d}：注重员工优势发挥与公平共赢对攻坚克难的创新精神有正向影响。

二、研究对象

本章通过线上与线下问卷调查，对浙江省企业员工进行了实证调查。共发放 350 份问卷，回收有效问卷为 338 份，有效问卷回收率约为 96.6%。样本中女性占 53.2%，男性占 46.8%；调查样本中的年龄段主要分布在 30 岁以下和 40～49

岁，分别占 36.7% 和 34.9%；65.5% 的员工具有本科及以上学历；超过一半被调查者的所在行业类型为服务业、制造业、金融业与计算机服务和软件业；一般职员、高级专业技术岗位、基层领导者、中层领导者和高层领导者的比例分别为 57.7%、10.1%、9.5%、14.7%、8.0%。

三、研究工具

实证调研的问卷除了包容型人才管理模式和工匠精神两个量表，还包括性别、年龄、学历、行业类型和岗位类型等控制变量。包容型人才管理模式量表是在以往研究的基础上，通过深度访谈和开放式问卷调查设计而成。工匠精神量表通过对企业管理者与专家的深度访谈、开放式问卷调查、文献查阅等方式收集工匠精神相关陈述句，随后对陈述句进行编码整理与归类，最终得出工匠精神的三个维度，并以此为基础设计问卷。两个量表均采用李克特五点量表记分。运用 SPSS 软件对数据进行统计分析。

第三节 实证分析

一、量表的信度和效度检验结果

包容型人才管理模式量表的 KMO 值为 0.95，Bartlett 球体检验的 Sig. 值为高度显著，可以对量表进行因子分析。因子分析结果符合预期构想，提取出 4 个因子：多元化人才队伍建设、理性包容员工的观点和失败、重视员工培养、注重员工优势发挥与公平共赢，4 个因子分别解释的变异量为 19.05%、20.75%、14.13%、29.58%，共解释了 83.51% 的变异。因子载荷在 0.54~0.84 之间。α 系数检验结果为 0.96，问卷的信度良好。

对工匠精神量表进行数据分析后发现，Bartlett 球体检验的 Sig. 值小于 0.001 为高度显著，KMO 值为 0.95。探索性因子分析结果显示，工匠精神量表共包含 3 个因子：爱岗敬业的奉献精神、精益求精的工作态度、攻坚克难的创新精神，累计解释变异量为 75.73%，3 个因子分别解释 26.77%、17.69%、31.27% 的变异。因子载荷在 0.50~0.83 之间。量表的 α 系数为 0.96，问卷具有较好的信度。

二、描述性统计及相关性分析结果

描述性统计结果显示（见表 5-1），包容型人才管理模式四个维度的平均分从高到低分别为多元化人才队伍建设、注重员工培养、理性包容员工的观点和失败、注重员工优势发挥与公平共赢。相对来说，企业在人才开发过程中需要加强对员工观点与失败的理性包容，注重员工的优势发挥，与员工共享收益。工匠精神量表的三个维度平均分从高到低分别为爱岗敬业的奉献精神、精益求精的工作态度、攻坚克难的创新精神。培养员工攻坚克难的创新精神是特别值得重视的问题。

表 5-1　　　　　　　　　　描述性统计及相关性分析

变量	均值	标准差	样本量	F1	F2	F3	F4	C1	C2
F1	4.23	0.93	338						
F2	3.97	1.06	338	0.553**					
F3	4.17	0.91	338	0.632**	0.728**				
F4	3.93	1.04	338	0.611**	0.740**	0.863**			
C1	4.52	0.63	338	0.445**	0.352**	0.488**	0.428**		
C2	4.43	0.67	338	0.412**	0.389**	0.499**	0.453**	0.811**	
C3	4.17	0.81	338	0.496**	0.503**	0.584**	0.590**	0.673**	0.759**

注：F1 多元化人才队伍建设；F2 理性包容员工的观点和失败；F3 重视员工培养；F4 注重员工优势发挥与公平共赢；C1 爱岗敬业的奉献精神；C2 精益求精的工作态度；C3 攻坚克难的创新精神；** $p<0.01$。

相关性分析结果显示，包容型人才管理模式四个维度与员工工匠精神的三个维度均呈显著正相关。与 C1（爱岗敬业的奉献精神）相关度最高的是 F3（重视员工培养），最低的是 F2（理性包容员工的观点和失败）。与 C2（精益求精的工作态度）相关系数从高到低依次是 F3（重视员工培养）、F4（注重员工优势发挥与公平共赢）、F1（多元化人才队伍建设）、F2（理性包容员工的观点和失败）。与 C3（攻坚克难的创新精神）相关性最强的为 F4（注重员工优势发挥与公平共赢）。

三、回归分析结果

表 5-2 通过多元分层回归分析检验包容型人才模式四个方面对员工工匠精神三个维度的影响。分层回归分析的第一步中，将性别、年龄等个人背景信息作为控制变量代入回归方程，结果如表 5-2 中 M1、M3、M5 列所示，控制变量解释了员工爱岗敬业的奉献精神变异的 6.1%（$F=4.333$，$p<0.01$）；员工精益求精的工作态度变异的 4.4%（$F=3.022$，$p<0.05$）；员工攻坚克难的创新精神变异的 4.6%（$F=3.178$，$p<0.01$）。其中，年龄对员工爱岗敬业的奉献精神和精益求精的工作态度有显著影响，性别对员工攻坚克难的创新精神

有显著影响。

表5-2 分层回归结果

变量	爱岗敬业的奉献精神		精益求精的工作态度		攻坚克难的创新精神	
	M1	M2	M3	M4	M5	M6
性别	0.064	0.073	0.041	0.053	-0.181*	-0.164*
年龄	0.112**	0.128***	0.092*	0.122**	0.057	0.084*
学历	-0.050	-0.019	-0.055	-0.017	-0.045	0.010
行业类型	0.014	0.013	0.020	0.018	0.021	0.015
岗位	-0.043	-0.019	-0.032	-0.003	-0.071*	-0.022
F1		0.166***		0.115*		0.157**
F2		-0.015		0.018		0.057
F3		0.279***		0.272***		0.182*
F4		-0.039		0.006		0.183**
R^2 (Adj. R^2)	0.061 (0.047)	0.321 (0.302)	0.044 (0.029)	0.301 (0.282)	0.046 (0.031)	0.416 (0.400)
F	4.333**	17.225***	3.022*	15.695***	3.178**	25.969***

注：F1 多元化人才队伍建设；F2 理性包容员工的观点和失败；F3 重视员工培养；F4 注重员工优势发挥与公平共赢；*$p<0.05$，**$p<0.01$，***$p<0.001$。

分层回归分析的第二步，将控制变量和包容型人才管理模式的各维度作为自变量，检验其对于员工工匠精神的影响，结果如表5-2 M2、M4、M6列所示。控制变量和包容型人才管理模式的各维度解释了员工爱岗敬业的奉献精神变异的32.1%（F=17.225，$p<0.001$）；员工精益求精的工作态度变异的30.1%（F=15.695，$p<0.001$）；员工攻坚克难的创新精神变异的41.6%（F=25.969，$p<0.001$），解释能力相对于M1、M3、M5模型有明显提高。其中，F1（多元化人才队伍建设）和F3（重视员工培养）对C1（爱岗敬业的奉献精神）、C2（精益求精的工作态度）、C3（攻坚克难的创新精神）均有显著影响，假设H_{1a}、假设H_{1c}、假设H_{2a}、假设H_{2c}、假设H_{3a}、假设H_{3c}通过数据的检验。F4（注重员工优势发挥与公平共赢）对C3（攻坚克难的创新精神）有显著的正向影响，而对C1（爱岗敬业的奉献精神）和C2（精益求精的工作态度）没有产生显著影响，假设H_{3d}成立，假设H_{1d}、假设H_{2d}没有得到数据的支持。F2（理性包容员工的观点和失败）对C1（爱岗敬业的奉献精神）、C2（精益求精的工作态度）、C3（攻坚克难的创新精神）都没有产生显著影响，假设H_{1b}、假设H_{2b}、假设H_{3b}没有通过数据的检验。

第四节 研究结论与讨论

一、研究结论

本章围绕三个问题,运用问卷调查实证分析方法,得出三个主要结论。

本章主要研究了以下三个方面的问题:(1)包容型人才管理模式的概念及其关键因素;(2)工匠精神的概念以及主要维度;(3)包容型人才管理模式对员工工匠精神的影响。

通过研究笔者最终得出了以下三个结论:

1. 包容型人才管理模式共包含四个维度

四个维度分别是:多元化人才队伍建设、理性包容员工的观点和失败、重视员工培养、注重员工优势发挥与公平共赢。对包容型人才管理模式量表进行因子分析后提取了4个因子。通过数据的信度、效度检验,发现各维度内部一致性系数较高。

2. 工匠精神包含三个维度

工匠精神共包含爱岗敬业的奉献精神、精益求精的工作态度与攻坚克难的创新精神三个维度。通过对工匠精神量表进行探索性因子分析后提取3个因子,通过对数据的信度与效度检验后发现各维度内部一致性系数较高。

3. 包容型人才管理模式与工匠精神显著正相关

通过相关性分析和回归分析后发现,包容型人才管理模式与工匠精神显著相关,其中,多元化人才队伍建设和重视员工培养对工匠精神的三个维度均有显著正向影响;重视员工优势发挥与公平共赢对攻坚克难的创新精神有显著的正向影响;理性包容员工的观点和失败对工匠精神的三个维度都没有显著影响。

二、研究讨论

本章对企业的人力资源管理实践具有指导意义,但研究具有一定的局限性,希望在以后研究中能得到改进。

(一)包容型人才管理模式为企业构建有效人才开发模式提供了创新思维

本章从中国传统"包容"文化和现代"包容"理念的视角出发,提出"包容型人才管理模式",并聚焦当下热门话题"工匠精神",研究包容型人才管理模式对员工工匠精神的影响,为企业构建有效人才开发模式提供了理论支持和实践指导。

通过研究发现,"多元化人才队伍建设"和"重视员工培养"两方面对员工工匠精神的影响特别明显。企业在人才开发的过程中应该重视对员工的培训,强调人才的多元化和异质性,促进不同部门间员工的交流,激发员工的奉献、精益求精与创新精神,不断提高工作质量。重视员工优势发挥与公平共赢对企业员工创新精神的培育有显著的正向影响,企业要善于发现与利用员工的优势,公平对待员工,实现组织和员工的共赢。

(二)本章的局限性

问卷的发放集中于浙江省杭州市和台州市的部分企业,每位被调查者同时填写自变量和因变量数据,由此带来同源性误差。在今后的研究中,可扩大调查范围,确保数据的代表性和研究结果的普遍性,从多个渠道分别获取自变量和因变量数据,减少研究的误差。同时,可在研究时引入如组织承诺、职业承诺等中介变量,更加全面地探究包容型人才管理模式对员工工匠精神的影响机理,为企业的人才队伍建设提供理论依据。

第六章

包容型人才管理模式对高校教师工作绩效的影响

随着世界一流大学和学科建设的需要,高校教师人才队伍建设问题备受重视。不少高校在引才方面取得重大突破,不惜重金引进全球优秀的人才,但对高校人才开发模式创新、破除制约人才发展的体制机制障碍的探索成效并不明显。高校的人才开发模式对提升教师工作绩效具有决定性作用。教师的自我效能、乐观、希望和韧性等积极的心理资本直接影响教师的工作状态和绩效。当前高校深化人事制度改革的呼声越来越强烈,因此,如何通过有效的人才开发,获取、开发和利用员工的心理资本,提高高校教师的绩效,并帮助高校获取持续竞争优势,是高校在人才开发体制机制创新的重要问题。

高校人才开发亟须"包容"文化的滋养。包容是中华文明的历史启示(袁行霈,2007),是联合国千年发展目标的重要理念之一,是现代文明的标志(唐任伍,2013),正成为时代的强音和中国人的价值取向(张渝政,2013)。包容型人才管理模式是一种与包容组织文化和价值观紧密结合的人力资源管理模式,是人力资源管理的时代呼声和发展趋势。以往对人才开发模式的研究更多借用国外模式,研究了虚拟型、承诺型人力资源管理等多种西方管理学人才开发模式及其效应,较少根据中国传统文化的特点和情景设计和研究人才开发模式。本章将根据中国的传统包容文化理念,构建一种推动高校教师绩效的包容型人才管理模式,探讨其对教师工作绩效的影响,并引入心理资本作为中介变量,深入分析心理资本在包容型人才管理模式与教师工作绩效之间的中介作用,为包容型人才管理模式提供理论和实证依据。

第一节 理论基础与研究假设

一、包容型人才管理模式

"有容乃大"源于《尚书·君陈》,在中国优秀传统文化中可以找到"包容"

的根须。蔡元培倡导"思想自由，兼并包容"的价值理念（项义华，2009）。郑宏（2007）提出现代大学文化在本质上是多元的，是同质性、异质性和多质性共存的融合体，体现着大学文化的"包容"特性。大学应是包容不同学派、观点、人才，能够自由开展各种学术研究和探讨的领地。同时，王务均、龚怡祖（2013）强调包容的实质是社会（组织）成员或利益相关方共同参与决策，重视个人生存和发展潜力，关注公平和正义。王义道（2006）指出包容性体现着人与人的互相尊重。

文化是人力资源实践与组织创新之间的重要影响变量（乔坤等，2012）。包容是中国从古至今提倡的重要人文理念，但没有形成可操作的具体办法。如何把包容的理念融入人才开发中，以往研究没有具体回答。本章根据方阳春、贾丹等（2015）提出的包容型人才开发模式，把中国传统的包容理念和人力资源管理职能有机结合，从机会提升、能力提升和动机提升角度出发，提出包容型人才管理模式包括五个方面：发挥员工的优势、员工与组织双赢、理性包容员工的创新思想与失败、公平对待员工、多元化人才队伍建设。

二、教师工作绩效

鲍曼和摩特维德罗（Borman & Motowidlo，1993）把绩效划分为任务绩效和周边绩效两个维度。工作绩效是一个多维结构复杂的行为与结果，可以将工作绩效划分为四个独立的结构：任务绩效、关系绩效、学习绩效与创新绩效（韩翼，廖建桥，2007）。潘孝富等（2006）认为教师工作绩效是指教师所体现的同个体和学校组织目标相关的、可观测和评价的行为表现及其结果。基于已有的研究，本章侧重于教师的任务绩效和关系绩效。

三、心理资本

心理资本是个体对生活和工作的积极信念、看法、态度和思想（Tettega，2002），是"个人发展的积极心理状态"（Luthans et al.，2007），主要包括自我效能、乐观、希望和韧性四个要项（Jafri，2013），通过有针对性投资和开发而使个体获得竞争优势（吴庆松，2011）。心理资本会对工作态度和绩效产生影响（侯二秀，张敬德，2013）。阿沃里奥等（2004）认为，心理资本能预测个体高绩效工作与快乐工作指数。

四、本章的理论构思和研究假设

人力资源管理模式显著影响工作绩效。合理层级收入差距（刘长庚，韩雷，

2011)、反馈效果（龙君伟，2003）、程序公平（刘小禹，刘军，2013）、互动公正（王怀勇，刘永芳，2013）、社会支持（方阳春，2013）、组织内部沟通模式（王重鸣，邓靖松，2005）等人力资源管理实践都对工作绩效产生影响。管理者责任心对关系绩效的预测高于对任务绩效的预测（赵国祥，王明辉，等，2004）。包容型人才管理模式是包容理念与人力资源管理融合的一种管理模式，将影响教师的工作绩效，包括任务绩效和关系绩效。因此，提出假设 H_1、假设 H_2：

假设 H_1：包容型人才管理模式对教师任务绩效产生正向的影响。

假设 H_{1a}：发挥员工的优势维度对教师任务绩效具有正向影响。

假设 H_{1b}：员工与组织双赢对教师任务绩效具有正向影响。

假设 H_{1c}：理性包容员工的创新思想与失败对教师任务绩效具有正向影响。

假设 H_{1d}：公平对待员工对教师任务绩效具有正向影响。

假设 H_{1e}：多元化人才队伍建设对教师任务绩效具有正向影响。

假设 H_2：包容型人才管理模式对教师关系绩效产生正向影响。

假设 H_{2a}：发挥员工的优势对教师关系绩效产生正向影响。

假设 H_{2b}：员工与组织双赢对教师关系绩效产生正向影响。

假设 H_{2c}：理性包容员工的创新思想与失败对教师关系绩效产生正向影响。

假设 H_{2d}：公平对待员工对教师任务绩效具有正向影响。

假设 H_{2e}：多元化人才队伍建设对教师任务绩效具有正向影响。

戈德史密斯等（1997）认为心理资本是指影响个人绩效的反映个人自我观点或自尊感、支配个人动机和工作态度的特征。心理资本对工作绩效、幸福感、工作态度和行为、组织公民行为有影响（Avey et al.，2008，2009，2010）。心理资本在人力资源管理和领导风格对工作绩效的影响中起中介作用。杨婷婷、钟建安（2013）发现组织支持感和领导成员交换都通过心理资本的部分中介对工作投入有积极预测作用。韩翼、杨百寅（2011）提出心理资本在真实型领导与员工创新行为之间起完全中介作用。仲理峰、王震等（2013）的研究表明员工的心理资本在变革型领导与员工的任务绩效和组织公民行为间起到完全中介作用。包容型人才管理模式强调发挥教师的优势、包容教师的创新思想与失败、公平对待成员、与教师共享收益，这些特征将影响教师的自我效能感、希望、乐观、坚韧性等心理资本。

为此，本章提出假设 H_3、假设 H_4：

假设 H_3：心理资本是包容型人才管理模式作用于教师任务绩效的中介变量。

假设 H_{3a}：心理资本是发挥员工的优势维度作用于教师任务绩效的中介变量。

假设 H_{3b}：心理资本是员工与组织双赢作用于教师任务绩效的中介变量。

假设 H_{3c}：心理资本是理性包容员工的创新思想与失败作用于教师任务绩效的中介变量。

假设 H_{3d}：心理资本是公平对待员工作用于教师任务绩效的中介变量。

假设 H_{3e}：心理资本是多元化人才队伍建设作用于教师任务绩效的中介变量。

假设 H_4：心理资本是包容型人才管理模式作用于教师关系绩效的中介变量。

假设 H_{4a}：心理资本是发挥员工的优势维度作用于教师任务绩效的中介变量。

假设 H_{4b}：心理资本是员工与组织双赢作用于教师任务绩效的中介变量。

假设 H_{4c}：心理资本是理性包容员工的创新思想与失败作用于教师任务绩效的中介变量。

假设 H_{4d}：心理资本是公平对待员工作用于教师任务绩效的中介变量。

假设 H_{4e}：心理资本是多元化人才队伍建设作用于教师任务绩效的中介变量。

第二节 研究方法

一、研究对象

本章选取浙江高校教师作为研究对象，主要通过问卷调查获取实证数据。问卷累计发放330份，收回有效问卷263份，有效回收率为79.7%。其中，男性占60.8%，女性占39.2%；30岁以下占9.9%，30~39岁占55.1%，40~49岁占14.5%，50~59岁占20.5%；本科占4.9%，硕士研究生占25.9%，博士研究生占69.2%；正高级占22.8%，副高级占28.2%，中级为44.1%，初级占4.9%。

二、研究工具

问卷内容包括被调查者的背景资料、包容型人才管理模式、心理资本与教师工作绩效四个部分。包容型人才管理模式量表是在文献研究的基础上，通过对10名高校教师的深度访谈和开放式问卷调查设计的，共包含16个问题。心理资本量表在卢桑斯（2007）提出的心理资本量表的基础上略有修改，形成13个相关问题。教师工作绩效量表借鉴鲍曼（1993）的问卷，共设计8个问题。本章除了被调查者的背景资料题目外，问卷答案的设置均采用李克特的五点记分法（包括非常不符合、有点不符合、不确定、基本符合、非常符合），分值越高说明符合程度越高。

三、统计方法

本章采用SPSS20.0对问卷数据进行了信度与效度检测，检验数据的可靠性与有效性，通过探索性因子分析检验各量表的理论构思，采用相关分析和回归分析检验包容型人才管理模式、心理资本和教师工作绩效的关系。

第三节 数据分析

对问卷的数据进行了信效度检验、描述统计、相关分析和回归分析，验证研究假设。

一、信度与效度分析

（一）包容型人才管理模式量表的信度与效度分析

对包容型人才管理模式量表的调查数据进行 KMO 和 Bartlett 球体检验，KMO 的值为 0.893，Bartlett 球体检验的 Sig. 值小于 0.001 为高度显著，因此该数据适合做因子分析。通过探索性因子分析，共提取 5 个因子：发挥员工的优势、员工与组织双赢、理性包容员工的创新思想与失败、公平对待员工、多元化人才队伍建设，分别解释了 18.82%、15.50%、15.32%、14.14%、10.93% 的变异，累计解释变异量为 74.71%。包容型人才管理模式量表的 α 系数为 0.92，各项目的因子载荷在 0.49~0.86 之间。

（二）心理资本量表的信度与效度分析

心理资本量表的 KMO 和 Bartlett 球体检验显示，KMO 的值为 0.769，Bartlett 球体检验的 Sig. 值小于 0.001 为高度显著，适合做因子分析。通过因子分析，我们发现心理资本量表包含自我效能、希望、韧性、乐观四个方面，分别解释了 21.05%、16.52%、13.48%、11.12% 的变异，累计解释变异量为 62.17%。因子负荷在 0.60~0.86 之间。心理资本量表的 α 系数为 0.75，说明问卷量表的信度良好。

（三）教师工作绩效量表的信度与效度分析

教师工作绩效量表的 KMO 的值为 0.850，Bartlett 球体检验的 Sig. 值小于 0.001 为高度显著，数据适合做因子分析。教师工作绩效量表共提取出 2 个因子：任务绩效与关系绩效，累计解释变异量为 59.08%。任务绩效与关系绩效分别解释了 30.38%、28.70% 的变异，因子负荷在 0.53~0.82 之间。任务绩效与关系绩效的 Cronbach α 分别为 0.78 和 0.71，整个量表 α 系数为 0.82，说明该问卷具有良好的信度。

二、描述性分析与相关性分析

(一) 描述性分析

描述性统计结果如表 6-1 所示，高校包容型人才管理模式五个维度平均分数从高到低依次为 X5（多元化人才队伍建设）、X1（发挥员工的优势）、X3（理性包容员工的创新思想与失败）、X4（公平对待员工）、X2（员工与组织双赢）。均值表明高校人才开发模式的包容性程度处于中等水平，尤其是在员工与组织双赢项目的得分比较低。教师心理资本的均值为 3.77，说明教师心理资本处于中上水平。教师任务绩效与关系绩效的平均值分别为 3.70 和 3.99，教师关系绩效水平高于任务绩效水平。

(二) 相关性分析

表 6-1 中的相关矩阵显示，包容型人才管理模式五个维度与心理资本显著正相关，与任务绩效与关系绩效显著正相关；心理资本与教师工作绩效也存在着显著正向关系。包容型人才管理模式五个维度与心理资本、教师工作绩效的相关性存在差异。与心理资本相关性最强的两项包容型人才管理模式维度分别是"X1 发挥员工的优势"和"X5 多元化人才队伍建设"。与任务绩效的相关性最强的两项包容型人才管理模式维度是"X2 员工与组织双赢"和"X4 公平对待员工"。与关系绩效的相关系数从高到低依次是 X4 公平对待员工、X3 理性包容员工的创新思想与失败、X1 发挥员工的优势、X2 员工与组织双赢、X5 多元化人才队伍建设。

表 6-1　　　　　　　　描述统计及相关性分析

变量	平均值	标准差	N	X1	X2	X3	X4	X5	M	Y1	Y2
X1	3.65	0.73	263								
X2	3.28	0.76	263	0.499**							
X3	3.61	0.74	263	0.549**	0.618**						
X4	3.51	0.74	263	0.590**	0.664**	0.498**					
X5	3.65	0.65	263	0.612**	0.499**	0.476**	0.513**				
M	3.77	0.33	263	0.560**	0.401**	0.376**	0.440**	0.470**			
Y1	3.70	0.46	263	0.390**	0.421**	0.312**	0.409**	0.271**	0.535**		
Y2	3.99	0.42	263	0.317**	0.294**	0.339**	0.365**	0.181**	0.407**	0.533**	

注：X1 发挥员工的优势；X2 员工与组织双赢；X3 理性包容员工的创新思想与失败；X4 公平对待员工；X5 多元化人才队伍建设；M 心理资本；Y1 任务绩效；Y2 关系绩效；** $p < 0.01$。

(三) 主要假设检验

为检验包容型人才管理模式对教师工作绩效的影响以及心理资本的中介作用，采用分层多元回归方法对问卷数据进行了系统分析。

参照巴伦和肯尼（Baron & Kenny, 1986）关于检验中介机制的办法，中介效应满足以下四个条件。

（1）自变量对因变量存在显著影响。
（2）自变量显著影响中介变量。
（3）中介变量对因变量存在显著影响。
（4）自变量与中介变量同时代入回归方程解释因变量时，中介变量的效应显著而自变量的效应消失（完全中介效应）或者减弱（部分中介效应）。

控制变量和包容型人才管理模式对心理资本的回归结果见表 6-2 的模型 M2。在引入包容型人才管理模式五个维度后，模型 M2 的解释力比仅包括控制变量的模型 M1 的解释力有显著提高（$\Delta R^2 = 0.334$, $F = 14.54$, $p < 0.001$）。其中，"发挥员工的优势"（X1, $\beta = 0.170$, $p < 0.001$）、"多元化人才队伍建设"（X5, $\beta = 0.094$, $p < 0.01$）对心理资本具有显著的解释能力。

控制变量、包容型人才管理模式和心理资本对教师任务绩效的分层回归分析结果见模型 M3、模型 M4 和模型 M5。模型 M4 的解释力比仅包括控制变量的模型 M3 有显著提高（$\Delta R^2 = 0.177$, $F = 9.14$, $p < 0.001$）。"发挥员工的优势"（X1, $\beta = 0.122$, $p < 0.05$）与"员工与组织双赢"（X2, $\beta = 0.151$, $p < 0.01$）对教师任务绩效均有显著的解释作用，因此，假设 H_{1a}、假设 H_{1b} 成立。模型 M5 加入中介变量心理资本后发现，心理资本对教师的任务绩效具有显著的正向影响（$\beta = 0.605$, $p < 0.001$），"员工与组织双赢"（X2, $\beta = 0.131$, $p < 0.01$）仍对任务绩效有显著的解释能力，而"发挥员工的优势"（X1, $\beta = 0.20$, ns）对任务绩效不再具有显著的解释作用，说明"发挥员工的优势"通过心理资本的中介作用对教师任务绩效产生影响，假设 H_{3a} 成立。

从模型 M7 和模型 M8 可知，包容型人才管理模式对教师关系绩效的影响及心理资本的中介作用。模型 M7 比只包括控制变量的模型 M6 的解释力有显著提高（$\Delta R^2 = 0.135$, $F = 7.39$, $p < 0.001$）。其中，"理性包容员工的创新思想与失败"（X3, $\beta = 0.094$, $p < 0.05$）与"公平对待员工"（X4, $\beta = 0.154$, $p < 0.001$）能显著地解释教师的关系绩效，假设 H_{2c}、假设 H_{2d} 成立。加入中介变量心理资本后的模型 M8 显示，心理资本显著地影响教师的关系绩效（$\beta = 0.393$, $p < 0.001$），公平对待员工（X4, $\beta = 0.140$, $p < 0.01$）较 M7 中公平对待员工对教师的关系绩效的解释能力有所下降，但公平对待员工对心理资本没有显著影响，因此假设 H_{4d} 不成立。

表 6-2 回归分析结果

变量	心理资本		任务绩效			关系绩效		
	M1	M2	M3	M4	M5	M6	M7	M8
控制变量								
性别	0.007	-0.003	-0.089	-0.087	-0.085	0.063	0.070	0.071
年龄	0.067	0.018	0.111*	0.062	0.051	0.155**	0.112*	0.105*
学历	0.008	0.017	-0.023	-0.021	-0.031	-0.033	-0.038	-0.045
职称	0.101*	0.025	0.220***	0.141**	0.126**	0.210***	0.141**	0.131**
学科	0.002	-0.036*	0.023	-0.005	0.017	-0.031	-0.046	-0.032
自变量								
X1		0.170***		0.122*	0.020		0.059	-0.008
X2		0.033		0.151**	0.131**		0.000	-0.013
X3		-0.003		-0.002	0.000		0.094*	0.096*
X4		0.037		0.075	0.052		0.154***	0.140**
X5		0.094**		-0.032	-0.088		-0.070	-0.107*
中介变量								
心理资本					0.605***			0.393***
统计量								
Adj. R^2	0.007	0.341	0.060	0.237	0.356	0.061	0.196	0.254
ΔR^2	0.007	0.334	0.060	0.177	0.119	0.061	0.135	0.058
F	1.34	14.54***	4.33***	9.14***	14.17***	4.40***	7.39***	9.13***

注：X1 发挥员工的优势；X2 员工与组织双赢；X3 理性包容员工的创新思想与失败；X4 公平对待员工；X5 多元化人才队伍建设；* $p<0.05$，** $p<0.01$，*** $p<0.001$。

第四节 研究结论与讨论

一、研究结论

通过对浙江高校教师的实证研究与分析，本章对先前所提出的假设进行了初步验证，得出了以下几点结论。

（一）包容型人才管理模式包括五个维度

通过对问卷调查数据进行信度和效度分析，发现包容型人才管理模式各维度的内部一致性系数都较高，包容型人才管理模式可以从发挥员工的优势、员工与组织双赢、理性包容员工的创新思想与失败、公平对待员工、多元化人才队伍建设五个维度体现出来。

（二）包容型人才管理模式与教师心理资本和工作绩效正相关

人才开发模式的包容程度越高，教师的心理资本相应越高。其中，发挥员工的优势、多元化人才队伍建设显著影响心理资本。包容型人才管理模式与教师工作绩效正相关。发挥员工的优势、员工与组织双赢对教师任务绩效均有显著的影响作用。理性包容员工的创新思想与失败、公平对待员工对教师的关系绩效有显著的正向作用。

（三）心理资本在包容型人才管理模式对工作绩效的影响中起一定的中介作用

包容型人才管理模式中"发挥员工的优势"通过心理资本的中介作用影响教师的任务绩效。

二、研究讨论

将进一步讨论研究的理论贡献和存在的主要局限，提出后续研究的努力方向。

（一）提出了包容型人才管理模式影响"教师工作绩效"的机理及其效应，丰富了人力资源模式对工作绩效的影响机制的理论研究

本章从"包容文化"的视角出发，将"包容文化"与"人才管理模式"相结合，研究了包容型人才管理模式对教师工作绩效的影响，并在其中引入了"心理资本"作为中介变量，检验包容型人才管理模式能否通过影响心理资本而改变工作绩效，较为系统、全面地验证了包容型人才管理模式影响"教师工作绩效"的机理及其效应，丰富了人力资源模式对工作绩效的影响机制的研究理论。

（二）研究的局限

本章研究的局限性主要在于问卷数量相对较少，问卷的收集主要集中在浙江部分高校，问卷的数据能否体现代表性，研究结果是否具有普遍性是我们后续必须思考的问题。另外，在验证心理资本中介作用的过程中，只得出"发挥员工的优势"通过心理资本的中介作用影响教师的任务绩效。而随着问卷数量的增加，是否会导致包容型人才管理模式的其他因子也通过心理资本的中介作用来影响教师工作绩效也是我们必须验证的问题。

后续研究将扩大问卷数量，提升准确性。通过扩大高校或企业数量，力求问

卷结果更具普遍性与代表性,验证心理资本的中介作用。进一步探索包容型人才管理模式影响教师工作绩效的其他中介变量,如成就动机、工作卷入、积极情绪或授权氛围等因素的作用,加深对包容型人才管理模式影响教师工作绩效的机制的认识,为高校人才开发提供理论依据。

第七章

包容型人才管理模式对员工工作投入的影响
——基于责任知觉的中介作用

第一节 研究背景

人才是第一资源,企业的创新和发展依赖于员工的工作投入。目前,员工活力不足、工作投入减少、绩效下降、离职意愿增强等问题成为企业发展的瓶颈。员工工作投入的提升依赖于合适的人才开发模式。当组织出现员工自身优势无法发挥、得不到组织培养、建言和工作失败不被接纳等问题时,会引起员工工作投入下降、工作效率降低以及离职率的升高等后果。人才开发模式如何顺应人才的发展需求,有效提升员工工作投入已成为学界和企业界日益关注的问题。随着人才需求的提升和组织结构的变迁,越来越需要把包容理念融入现代管理实践中。"包容"作为中国传统文化的重要组成部分,不仅是一种良好的道德修养,而且是一种重要的管理智慧,包容的组织管理实践更容易被员工和组织所接受。斯托克代尔等(Stockdale et al., 2004)指出,在多元文化共存的组织中,包容意味着平等、公正与全员参与,组织给予成员平等的决策机会和权力地位,包容管理模式可以鼓励员工积极投入工作。因此,有必要关注企业的包容型人才管理模式,包容型人才管理模式不仅能够激发员工爱岗敬业的奉献精神,还能提升其精益求精的工作态度,进而促使员工产生有益的组织公民行为。然而,面对部分员工消极工作的态度问题,我们不禁提出一个有趣的问题:企业采取较好的包容型人才管理模式时,是否可以促使员工产生更高水平的工作投入?有关工作投入的前因研究变量不断丰富,但还未有研究专门对包容型人才管理模式与员工工作投入之间的关系进行分析。

社会交换理论指出,人们会从自己的互惠行为中感受到快乐,也会因没能履行互惠的义务感到内疚。当员工从组织中获得所期望的非经济性或经济性报酬时，就会产生回报组织的义务感。包容型人才管理模式把包容的理念融入人才开发各环节中，强调四个方面，包括包容人才的异质，多元化引进人才；用人所长，公平对待员工，实现员工与组织的共赢；包容人才的成长和成功，重视育才；包容员工的建言和失败，鼓励人才创新。根据社会交换理论，包容型人才管理模式满足了员工的不少经济性和非经济性报酬需求，可以提升员工回报组织的义务感。责任知觉是义务感的一个具体体现。高责任知觉的员工不仅仅局限于完成自己的日常工作，而且会积极主动地寻找各种方法来改善组织的运作，也就是说，高责任知觉的员工会通过积极主动投入工作，提升企业绩效。那么，包容型人才管理模式是否通过责任知觉的中介作用进而影响到工作投入？为此，本章将实证分析企业的包容型人才管理模式对员工责任知觉与工作投入的影响以及作用机制，如图7-1所示。

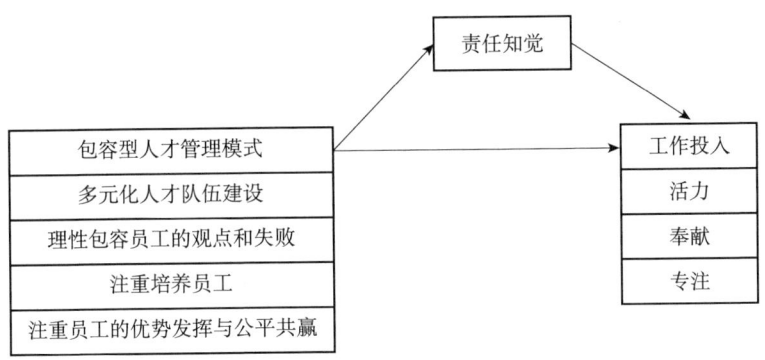

图7-1 本章假设模型

第二节 研究假设

一、包容型人才管理模式对员工责任知觉的影响

包容是目前管理学研究领域的新热点词，以往学者针对包容的研究多从包容型领导、包容氛围、包容管理实践等方面展开，对包容型人才管理模式的研究关注较少。包容型人才管理模式将包容理念有机融入企业的人力资源管理实践中，它是一种把传统的"包容文化"和现代的"包容理念"有机融合到引才、用才、育才、激励人才等一系列人才开发工作中，侧重于通过组织中的多元化人才队伍建设、理性包容员工的观点和失败、重视员工培养等管理模块给员工提供较好的工作环境和工作资源，激发员工的内在动机进而做出更多的组织公民行为。包容

型人才管理模式是组织为了给员工构建包容的工作环境、提供优质的工作资源而采取的一系列人才开发工作，依据资源保存理论，它代表了一种优质的情景资源，可能经由个体感知、内在动机等因素进而影响员工的态度和行为。包容型人才管理模式包含了多元化人才队伍建设、理性包容员工的观点和失败、重视员工培养、注重员工优势发挥与公平共赢四个维度。

包容型人才管理模式与员工责任知觉之间的关系可以通过社会交换理论进行解释。社会交换理论指出，个体的责任知觉来源互惠规范下对曾给予其支持的对象的回报意识。布劳等（Blau et al.，1964）认为受益于组织的员工可能觉得有责任回报并且有动力在工作上付出更多努力。组织可以通过提供激励、发展机会和工作保障等外在动机，来激发员工的责任知觉。由于组织中大多数员工在某种程度上接受互惠准则，所以当组织可以为员工提供较好工作环境、工作条件时，员工会产生更高水平的责任知觉。在领导与员工的交往过程中，处于受益一方的下属必然会被激发出互惠的意愿，在工作中表现出更高的责任意识。包容型人才管理模式是一种强调组织与员工相互依存关系的人才开发模式，可以提供员工需要的组织支持感，组织支持感正向影响员工的责任知觉。当组织能够进行多元化人才队伍建设、理性包容员工的观点和失败时，员工能够感受到组织的包容。包容作为留住人才、用好人才的重要环境因素，可以使员工在工作中产生积极的回馈动机。而组织重视员工的培养以及员工优势发挥与公平共赢，可以给员工提供优质的工作资源与公平体验。因此，当组织采取包容型人才管理模式管理员工时，员工会产生组织支持他们的感知，进而转化为一种回报的责任意识。由此可见，当组织拥有较好的包容型人才管理模式时，员工会受益于工作场所中包容的环境，并产生积极的情绪以及高水平的责任知觉。由此提出以下假设。

假设 H_1：包容型人才管理模式（H_{1a}多元化人才队伍建设；H_{1b}理性包容员工的观点和失败；H_{1c}重视员工培养；H_{1d}注重员工优势发挥与公平共赢）与员工责任知觉之间存在正向相关。

二、员工责任知觉对工作投入的影响

随着积极心理学和积极组织行为学的兴起与发展，工作投入已经成为学者们关注的热点。它被界定为是一种以活力、奉献和专注为特点的积极工作状态。巴克等（Bakker et al.，2007）指出，可利用的工作和个体资源，能够影响个体产生动机的过程，进而对工作投入具有正向影响。弗雷斯等（Frese et al.，1996）认为责任知觉是员工产生各种主动性行为的重要心理驱力。而员工的"主动性内在动机"，也即员工在工作中主动地付出更多努力的意愿，会提高员工的工作表现。工作特征理论（job characteristics theory，JCT）指出，当员工对自己的工作负有更多责任时，他们会体验到更强的内在工作动机，进而对工作质量产生更大关注，为了高质量地完成工作，员工会产生更高水平的工作投入。在较强责任感知的驱动下，员工不仅会努力做好本职工作以确保角色内绩效，还会主动做出有利组织的角色外行为，将主动提升自己的工作投入水平。

基于以上分析，我们预期员工的责任知觉与工作投入之间存在正向相关。由此提出以下假设。

假设 H_2：员工的责任知觉与工作投入（H_{2a} 活力；H_{2b} 奉献；H_{2c} 专注）正向相关。

三、责任知觉的中介作用

哈克玛等（Hackma et al.，1976）指出责任知觉是一种重要的心理状态，反映了"个人对自己所做工作的结果负责任"的程度。责任知觉是员工的一种积极心理状态，在这种心理状态下，员工自愿采取有利于组织、同事、客户的职责外行为和创新行为。杨浩发现建设性责任知觉在真实型领导与员工创新绩效之间起中介作用。田启涛等实证发现，员工责任知觉在服务型领导和顾客导向组织公民行为之间起完全中介作用。黄桂等认为，组织或其代表所提供的各种支持要通过员工的感受来影响其态度和行为。基于前人的研究以及上述关于包容型人才管理模式与员工责任知觉、员工责任知觉对工作投入之间的相关性的讨论，我们推测包容型人才管理模式与员工工作投入之间的关系可能受到员工责任知觉的中介作用。具体来讲，多元化人才队伍建设鼓励员工跨部门、跨企业交流学习，给员工提供了优质的工作资源，当员工感受到组织所提供的资源能够满足他们的工作需求时，便会产生回报组织的责任感，进而更加积极地投入工作。组织提供的工作资源可以诱发员工潜在的动机过程，激发个体高水平的工作投入。当员工的观点被接纳或工作当中的失败被理解时，员工可以感受到组织对于他们的认可与包容，将帮助组织实现其目标作为自己的责任，进而增加工作投入以实现目标。重视员工培养，旨在员工不断进步，突破自我，这不仅提升了员工胜任工作的能力，还使员工感知到组织的回报，可以激发员工的反应式回报。此外，员工优势发挥与公平共赢强调建立以公平互惠为原则的用人模式，当员工在组织中能够得到公平对待时，其会感知到组织对其工作表现的认可，为了回馈组织的认同以及进一步提升自己的工作地位，员工会积极主动地投入工作。

基于以上的分析，我们推测包容型人才管理模式与工作投入之间的关系受到员工责任知觉的中介作用。由此提出以下假设。

假设 H_3：员工责任知觉在包容型人才管理模式（H_{3a} 多元化人才队伍建设；

H_{3b} 理性包容员工的观点和失败；H_{3c} 重视员工培养；H_{3d} 注重员工优势发挥与公平共赢）与活力之间起中介作用。

假设 H_4：员工责任知觉在包容型人才管理模式（H_{4a} 多元化人才队伍建设；H_{4b} 理性包容员工的观点和失败；H_{4c} 重视员工培养；H_{4d} 注重员工优势发挥与公平共赢）与奉献之间起中介作用。

假设 H_5：员工责任知觉在包容型人才管理模式（H_{5a} 多元化人才队伍建设；H_{5b} 理性包容员工的观点和失败；H_{5c} 重视员工培养；H_{5d} 注重员工优势发挥与公平共赢）与专注之间起中介作用。

第三节 研究方法

一、研究样本

本章选取浙江省内企业员工为主要研究对象，采取线上和线下问卷调查的方式，进行数据的收集。共发放 302 份问卷，回收有效问卷 281 份，有效问卷回收率为 93.0%。样本中男性占 51.3%，女性占 48.7%。员工的年龄层面，18~25 岁占 31.67%，26~30 岁占 29.54%，31~40 岁占 33.10%，41~50 岁占 4.63%，51 岁及以上占 1.06%；学历层面，高中及以下占比 5.69%，专科 11.39%，本科 67.26%，硕士生 13.52%，博士生 2.14%。

二、变量测量

实证调研的问卷包含三个变量，分别是包容型人才管理模式、责任知觉、工作投入。包容型人才管理模式量表是在以往研究的基础上，通过深度访谈和开放式问卷调查设计而成，量表共有 15 个题项，分别从多元化人才队伍建设、理性包容员工的观点和失败、重视员工培养、注重员工优势发挥与公平共赢四个方面来测量。该量表的 Cronbach's α 值为 0.901，具有良好的信度。由于包容型人才管理模式是一个包含四个维度的高阶概念，为了进一步验证这四个维度是否属于一个更高阶的因子，本章进一步对包容型人才管理模式开展了二阶因子分析，结果发现包容型人才管理模式各维度上的因子载荷均大于 0.6，在 $p<0.01$ 水平上达到了显著性水平，并且模型的拟合情况较好（$\chi^2/df = 2.049$，RMSEA = 0.061，NFI = 0.923，CFI = 0.959，GFI = 0.923）。

责任知觉量表则借鉴田晓明等基于中国情境下，对艾森伯格等所编制量表的修订版本，该量表具有 5 个题项，是单维度量表。该量表的 Cronbach's α 值为

0.836，具有良好的信度。责任知觉量表是一个单维度量表，为保证这些测量指标的确反映了同一概念，本章选择验证性因子分析检验量表的内部结构。验证性因子分析结果表明责任知觉的一阶单因子模型与数据拟合情况较好（χ^2/df = 2.768，RMSEA = 0.079，NFI = 0.973，CFI = 0.983，GFI = 0.980）。

工作投入采用绍费利等开发的"Utrecht 工作投入量表"，该量表由17个题项组成，分别从奉献、活力、专注三个维度来测量。该量表的 Cronbach's α 值为 0.918 具有良好的信度。由于工作投入是一个包含三个维度的高阶概念，为了进一步验证这三个维度是否属于一个更高阶的因子，本研究进一步对工作投入开展了二阶因子分析，结果发现工作投入各维度上的因子载荷均大于0.6，在 $p < 0.01$ 水平上达到了显著性水平，并且模型的拟合情况较好（χ^2/df = 1.528，RMSEA = 0.043，NFI = 0.931，CFI = 0.975，GFI = 0.929）。

三、共同方法偏差检验

由于研究调查过程中，每份问卷均由同一受访者填答，因此有可能会出现共同方法偏差问题。为了检测共同方法偏差的严重程度，研究根据波扎科夫等（Podsakoff et al., 2003）的建议，进行了 Harman 单因素检验。Harman 单因素检验结果显示，在未旋转情况下第一个因子仅解释了33.88%（<40%）的方差，不能解释大部分变异，因此研究的共同方法偏差问题不严重。

第四节 实证分析

一、描述性统计及相关性分析结果

描述性统计结果显示（见表7-1），包容型人才管理模式四个维度的平均分从高到低分别为理性包容员工的观点和失败（F1）、多元化人才队伍建设（F3）、重视员工培养（F2）、注重员工优势发挥与公平共赢（F4）。相对来说，企业在人才开发的过程中需要重视员工自身的优势发挥，重视对员工的培养，促使企业与员工互惠共赢。工作投入量表的三个维度平均分从高到低分别是专注（C3）、奉献（C2）、活力（C1）。

表7-1　　　　　　　　描述性统计及相关性分析

变量	平均值	标准差	F1	F2	F3	F4	M	C1	C2	C3
F1	3.63	0.99	1							
F2	3.41	0.80	0.44**	1						

续表

变量	平均值	标准差	F1	F2	F3	F4	M	C1	C2	C3
F3	3.54	0.85	0.32**	0.38**	1					
F4	3.25	0.88	0.50**	0.53**	0.37**	1				
M	3.68	0.74	0.036**	0.37**	0.017**	0.37**	1			
C1	3.49	0.79	0.46**	0.46**	0.28**	0.58**	0.39**	1		
C2	3.52	0.84	0.46**	0.41**	0.26**	0.51**	0.45**	0.60**	1	
C3	3.54	0.74	0.39**	0.38**	0.21**	0.48**	0.37**	0.53**	0.42**	1

注：F1 理性包容员工的观点和失败；F2 重视员工培养；F3 多元化人才队伍建设；F4 注重员工优势发挥与公平共赢；M 责任知觉；C1 活力；C2 奉献；C3 专注；* $p<0.05$，** $p<0.01$。

相关性分析结果显示，包容型人才管理模式四个维度、责任知觉和员工工作投入相互之间均呈显著相关。包容型人才管理模式四个维度与责任知觉、活力、奉献、专注都呈显著的正相关关系。重视员工的优势发挥和公平共赢与员工工作投入的三个维度相关性均是最高的，而多元化的人才队伍建设与员工工作投入的三个维度相关性均是最低的。

二、多元回归分析

为了进一步研究包容型人才管理模式对于员工责任知觉和工作投入的影响，本章通过多元回归分析方法，分别以责任知觉以及工作投入的三个维度（活力、奉献、专注）为因变量，对包容型人才管理模式、责任知觉、工作投入之间的作用进行分层回归分析，结果如表 7-2 所示。

表 7-2 中的方程 1-1、方程 1-2 以责任知觉为因变量进行回归分析。结果显示，进入回归方程的包容型人才管理模式的四个因子可以解释责任知觉变异的 16%；其中 F1（理性包容员工的观点和失败）、F2（重视员工培养）、F4（注重员工优势发挥与公平共赢）与 M（责任知觉）显著正向影响；而 F3（多元化人才队伍建设）对 M（责任知觉）没有产生显著影响。因此，只有假设 H_{1b}、假设 H_{1c}、假设 H_{1d} 获得支持，而假设 H_{1a} 没有通过数据的检验。

表 7-2 中的方程 2-1、方程 2-2、方程 2-3 以 C1（活力）为因变量进行回归分析。回归方程 2-2 的结果显示 M（责任知觉）与 C1（活力）存在正向影响，而且责任知觉能够增加解释活力 12% 的变异。因此，假设 H2a 得到验证。方程 2-3 以包容型人才管理模式因子和责任知觉为自变量对活力进行回归。结果显示在控制责任知觉的情况下，F1（理性包容员工的观点和失败）、F2（重视员工培养）、F4（注重员工优势发挥与公平共赢）与活力显著正向影响，而 F3

（多元化人才队伍建设）与活力的影响不显著。

表 7-2 中的方程 3-1、方程 3-2、方程 3-3 以 C2（奉献）为因变量进行回归分析。回归方程 3-2 的结果显示 M（责任知觉）与 C2（奉献）存在正向影响，而且责任知觉能够增加解释奉献 17% 的变异。因此，假设 H_{2b} 得到验证。方程 3-3 以包容型人才管理模式因子和责任知觉为自变量进行回归分析，结果显示在控制责任知觉的情况下，F1（理性包容员工的观点和失败）、F4（注重员工优势发挥与公平共赢）与 C2（奉献）显著正向影响，而 F2（重视员工培养）、F3（多元化人才队伍建设）对 C2（奉献）的影响不显著。

表 7-2 中的方程 4-1、方程 4-2、方程 4-3 以 C3（专注）为因变量进行回归分析。回归方程 4-2 的结果显示，M（责任知觉）与 C3（专注）存在正向影响，而且责任知觉能够增加解释 C3（专注）13% 的变异。因此，假设 H_{2c} 得到验证。方程 4-3 以包容型人才管理模式因子和责任知觉为自变量进行回归分析，结果显示在控制责任知觉的情况下，F1（理性包容员工的观点和失败）、F4（注重员工优势发挥与公平共赢）对专注显著正向影响，而 F2（重视员工培养）、F3（多元化人才队伍建设）对专注的影响不显著。

三、中介效应检验

为了检验责任知觉在包容型人才管理模式与工作投入之间的中介作用，本章依据温忠麟等人建议，采取 Bootstrapping 法进行中介效应的检验。在进行 Bootstrapping 分析后，可以得到中介效应的 95% 置信区间，只要区间内不包含 0，说明中介作用在 0.05 的置信水平下显著。

分析的结果如表 7-3 所示，可以看出在 0.05 的置信水平下，责任知觉在 F1（理性包容员工的观点和失败）、F2（重视员工培养）、F4（注重员工优势发挥与公平共赢）和 C1（活力）、C2（奉献）、C3（专注）关系间的中介效应值在 95% 置信区间内均不包括 0，这说明责任知觉在理性包容员工的观点和失败、重视员工培养、注重员工优势发挥与公平共赢和工作投入的三个维度中具有显著的中介作用，假设 H_{3b}、假设 H_{3c}、假设 H_{3d}、假设 H_{4b}、假设 H_{4c}、假设 H_{4d}、假设 H_{5b}、假设 H_{5c}、假设 H_{5d} 得到验证。

然而，F3（多元化人才队伍建设）和 C1（活力）、C2（奉献）、C3（专注）关系间的中介效应值在 95% 置信区间内均包括 0，这说明责任知觉在多元化人才队伍建设和工作投入的三个维度中不具有显著的中介作用，假设 H_{3a}、假设 H_{4a}、假设 H_{5a} 没有通过数据检验。

表 7-2 分层回归结果

解释变量	M		C1			C2			C3		
	方程1-1	方程1-2	方程2-1	方程2-2	方程2-3	方程3-1	方程3-2	方程3-3	方程4-1	方程4-2	方程4-3
控制变量											
性别	0.15	0.11	-0.10	-0.16	-0.17*	0.03	-0.04	-0.07	0.03	-0.03	-0.04
年龄	0.23**	0.18**	0.20**	0.11*	0.09*	0.17**	0.06	0.04	0.11*	0.03	0.01
学历	0.05	0.05	0.04	0.01	0.03	0.14*	0.11	0.13*	-0.09	-0.10	-0.09
自变量											
F1		0.12*			0.14**			0.15**			0.11*
F2		0.17**			0.12*			0.07			0.10
F3		-0.06			0.01			0.02			-0.01
F4		0.17**			0.34**			0.29**			0.24**
中介变量											
M				0.38**	0.13*		0.48**	0.27**		0.37**	0.19**
模型统计量											
Adjusted R^2	0.09	0.24	0.05	0.16	0.41	0.05	0.21	0.38	0.01	0.14	0.29
ΔR^2	0.10	0.16	0.06	0.12	0.25	0.06	0.17	0.17	0.03	0.13	0.16
F值	10.71**	13.85**	5.84**	14.69**	25.61**	5.58**	19.64**	22.08**	2.34	12.20**	14.98**

注: F1 理性包容员工的观点和失败; F2 重视员工培养; F3 多元化人才队伍建设; F4 注重员工优势发挥与公平共赢; M 责任知觉; C1 活力; C2 奉献; C3 专注。 *$p<0.05$, **$p<0.01$。

表 7-3 Bootstrapping 中介作用检验

变量	C1				C2				C3			
	点估计	SE	95%置信区间	P值	点估计	SE	95%置信区间	P值	点估计	SE	95%置信区间	P值
F1	0.06	0.19	(0.028, 0.101)	0.001	0.08	0.02	(0.044, 0.136)	0.000	0.07	0.02	(0.030, 0.110)	0.000
F2	0.08	0.02	(0.037, 0.133)	0.001	0.11	0.03	(0.062, 0.188)	0.000	0.08	0.03	(0.040, 0.143)	0.000
F3	0.03	0.02	(-0.004, 0.078)	0.073	0.04	0.03	(-0.006, 0.099)	0.067	0.03	0.02	(-0.004, 0.081)	0.072
F4	0.06	0.02	(0.020, 0.105)	0.004	0.09	0.03	(0.049, 0.155)	0.000	0.07	0.02	(0.029, 0.122)	0.000

注: F1 理性包容员工的观点和失败; F2 重视员工培养; F3 多元化人才队伍建设; F4 注重员工优势发挥与公平共赢; M 责任知觉; C1 活力; C2 奉献; C3 专注。

第五节 研究结论与讨论

一、研究结论

本章运用社会交换理论,构建了企业的包容型人才管理模式对于员工责任知觉、工作投入的作用机理的理论模型,通过问卷调查和数据分析对理论模型进行验证,得出三个方面的结论。

（一）本章对企业的包容型人才管理模式与员工责任知觉的关系进行了检验

研究表明理性包容员工的观点和失败、重视员工培养、注重员工优势发挥与公平共赢对责任知觉有正向作用。具体来说,理性包容员工的观点和失败给予员工试错机会,促使员工产生心理安全感。而重视员工培养,可提升员工的工作技能和职业发展的空间。同样的,注重员工的优势发挥和公平共赢可以保证员工的优势潜能充分发挥,且公平对待员工、与员工互利共赢也可以提升员工的归属感。这三个维度为员工提供了优质的工作资源,可提升员工的责任知觉水平。

（二）本章还考察了责任知觉在包容型人才管理模式与工作投入中的中介作用

研究发现,责任知觉对工作投入的三个维度均呈显著正向影响,且中介效应的结果表明,包容型人才管理模式中理性包容员工的观点和失败、重视员工培养、注重员工优势发挥与公平共赢三个维度均通过责任知觉对工作投入存在间接作用。这也进一步表明,拥有较好的包容型人才开发管理模式的企业,可以增强员工的责任知觉,进而促使员工在工作中产生更高的投入水平。

（三）多元化的人才队伍建设并没有对员工的责任知觉产生显著的正向影响

综上所述,理性包容员工的观点和失败、重视员工培养和注重员工优势发挥与公平共赢可以促使员工产生更高的责任知觉水平,进而促进其更加投入的工作,完成组织目标。但是,非常意外的是,多元化的人才队伍建设并没有对员工的责任知觉产生显著的正向影响,也没有直接对员工工作投入水平产生显著的影响作用。这可能是多元化的人才队伍建设更多影响人际间的工作资源，并不能促使员工直接感知到其需要的个人工作资源，进而无法产生高水平的责任知觉，也无法提高其工作投入水平。

二、管理启示

本章在企业的人力资源管理实践中有一定的启示，尤其是对于如何激发员工工作当中的责任知觉以及工作投入方面，总结了以下三方面内容。

（一）应重视包容员工的观点和失败

组织既要鼓励员工在工作中建言和创新，也要为员工打造包容的组织氛围，保证他们产生足够的心理安全感。

（二）应关注员工的培养问题

通过提供专业培训、外出交流的机会来提高员工的职业技能和职业素养，使其感受到组织提供的优质工作资源。

（三）应为员工打造可以发挥优势以及公平共赢的工作环境

通过发掘员工优势潜能和打造公平共赢的工作环境，来保证员工产生较高的工作积极性。

三、研究局限和展望

本章还存在一些研究不足，总结了以下三方面内容。

（一）未来研究建议采用多报告源方式收集问卷

本章所收集问卷均由员工填写，尽管已经验证统计结果不存在严重的共同方法偏差的问题，但仍无法完全排除。未来研究可采用多报告源方式收集问卷，以减少偏差。

（二）未来研究建议验证包容型人才管理模式与个人消极工作行为之间的关系

包容型人才管理模式作为一种新型的包容管理实践，还未得到学术界的重视，且现有研究多关注包容型人才管理模式对于员工积极行为的正向影响，下一步研究可探讨包容型人才管理模式与个人消极工作行为之间的关系。

（三）未来研究建议针对国际化背景开展包容型人才管理模式普适性研究

鉴于本章的研究结论是基于中国情境下得出，因此，未来可针对国际化背景开展关于包容型人才管理模式与员工工作投入之间的研究，以验证研究结论对于其他文化背景下的员工管理是否具有普适性。

第八章

包容型领导风格对员工心理资本的影响

第一节 研究背景

在知识经济和创新驱动发展战略背景下,员工是组织最重要的资本。如果把组织比作一个乐团,领导者就是这个乐团的指挥,要想让员工为组织做出更多的贡献,就必须倾情倾力鼓舞员工,激发员工的潜能,增强员工的心理资本。领导者在组织中起关键作用,需要能够根据企业内外部环境的变化及时调整自己的领导方式,来适应复杂多变的环境。由于新生代员工追求自由民主的工作环境,所以过去的权威式领导风格不再适应时代发展,需要一种能够包容、认可、尊重员工,对追随的员工表现出开放、容易接近的领导方式,即包容型领导风格(Carmeli et al., 2010)。包容型领导者对团队绩效具有显著影响(方阳春,2014),能够大大促进组织多元化人才队伍建设,在开发、培养和提升员工的才能方面发挥重要作用,对员工的自我效能感具有显著影响。包容型领导能更好适应管理情境的复杂性及新生代员工的复杂性,对员工的工作表现具有积极促进作用(Choi,Tran & Park, 2015)。

卡梅利等(2010)将包容型领导看作关系型领导的一种形式,是一种领导与员工相互依存的领导风格。包容型领导欣赏员工(Nembhard & Edmondson, 2006),能够与员工彼此互相尊重和认可,关注员工的需求和利益,与员工共同完成任务,激发员工更多的潜能和活力,与员工是一种共赢关系(Hollander, 2009)。高宏(2010)、朱其训(2011)、李燕萍(2012)等认为包容型领导具有公平、开放、民主以及包容等要素。包容型领导者能以开放、亲和、宽容、支持方式对待员工。

领导风格对员工的心理资本具有影响。心理资本是涵盖自我效能、希望、乐观和韧性四个方面的积极心理状态,也有学者把它概括为冷静、希望、乐观、自信四个维度。王雁飞（2007）、仲理峰（2007）等认为心理资本是组织中一种可以干预的无形资产，员工的生理和心理均会受到组织支持感的影响，积极的支持感会激发员工的心理潜能（Avolio，2005），提升员工的心理资本。对员工给予较高的期望和信任，会提高员工的自我效能（陈永霞，等，2006），员工自我效能的提高能够带来工作投入的提高（杨婷婷，等，2013）。此外，员工心理水平的高低受领导者与员工沟通程度以及员工参与多少的影响。变革型领导和真实型领导都会通过自己的热情、诚信等增强员工的自我效能和自信心（刘景江，等，2013），为员工提供充满希望、乐观的展望（隋杨，等，2012）。员工的心理资本越高，就拥有越多能够支撑展现他们才能的希望、乐观、韧性等心理资源（赵晨，等，2014）。因此如何通过培育和改善领导风格，促进员工的心理资本，是亟须研究和解决的问题。

本章在以往研究基础上，通过对浙江企业员工进行问卷调查，深入探讨包容型领导风格对员工心理资本的影响，为构建促进企业员工积极心理资本的包容型领导风格提供理论基础，为企业领导者改进领导方式提供了新思路，对提高员工的心理资本具有重要的指导作用。

第二节　研究设计

一、问卷设计

本章调查问卷主要分为两大部分：第一部分是被调查对象的基本信息，包括性别、年龄、学历等背景信息；第二部分包含包容型领导风格和心理资本两个分量表。第一个是包容型领导风格量表。霍兰德（2009）从支持与认可、沟通—行为—公正、自我—唯利—不尊重三个要素测量包容型领导风格。卡梅利等（2010）把包容型领导风格分为开放性、可获得支持和帮助、可接近性三个维度。在以往文献和前期调查的基础上，笔者对企业员工和领导进行了开放式问卷调查与访谈。

通过对调查问卷内容的整理和内容分析，把包容型领导风格分为三个维度：(1) 领导者认可并鼓励员工。即认可员工，重视对员工的鼓励，当员工取得成绩时，给予认可和鼓励，不嫉妒员工的成就。(2) 领导者尊重并公平对待员工。即领导者能够以公平公正的态度对待员工，以尊重态度对待员工。(3) 领导者理性理解并包容员工的失败。即当员工造成失误时，领导者能够理性地包容和理解。

包容型领导风格的每个维度包括4个题项，共12道题目。第二个分量表是心理资本量表，此量表在卢桑斯（2007）问卷基础上稍做修改，量表涵盖希望心理、乐观心理、韧性心理和自我效能感四个维度，每个维度包括4~6个题项。

本章问卷除个人背景资料题目外，其余问题全部采用李克特五点量表记分。

二、研究假设

领导的积极行为能够直接影响员工的思考和认知，通过领导情绪感染的过程，将这种积极的心理状态传递到组织中的每一个人，包容型领导风格对员工自我效能、希望、韧性和乐观四种心理资本都有积极影响。包容型领导通过认可员工来满足员工被尊重、被认可的心理需求，通过培养员工提升员工的职业能力，通过公平对待员工提高员工的满意感。包容型领导善于听取员工的观点、尊重认可员工、注重员工的培养、给予员工公平待遇，从而驱动事业成功。认可会影响员工工作表现，对员工给予认可会使员工更努力工作。员工受到领导者的认可时，心中的喜悦感会增加（Nembhard & Edmondson, 2006），能以饱满的工作热情投入工作。埃德蒙森（1996）认为领导者的领导方式与员工的心理安全有关，当领导者对员工表现出开放的态度，员工容易接近领导者，同时领导者能够与员工有效地沟通的时候，员工的信心和希望会更高。组织的支持感对员工的心理资本具有积极的影响（田喜洲，2010），此外，领导者包容度的大小对员工心理安全认知水平也有正向影响（Hirak et al., 2012）。包容型领导者对员工的自我效能感具有显著影响（方阳春，2014）。因此，包容型领导风格能有效促进员工的希望、乐观、韧性和自我效能感等心理资本，本章提出以下假设。

假设 H_1：包容型领导风格对员工的希望心理具有显著影响。

假设 H_{1a}：领导者认可并鼓励员工，对员工希望心理资本具有显著影响。

假设 H_{1b}：领导者尊重并公平对待员工，对员工希望心理资本具有显著影响。

假设 H_{1c}：领导者理性理解并包容员工的失败，对员工希望心理资本具有显著影响。

假设 H_2：包容型领导风格对员工的乐观心理具有显著影响。

假设 H_{2a}：领导者认可并鼓励员工，对员工乐观心理资本具有显著影响。

假设 H_{2b}：领导者尊重并公平对待员工，对员工乐观心理资本具有显著影响。

假设 H_{2c}：领导者理性理解并包容员工的失败，对员工乐观心理资本具有显著影响。

假设 H_3：包容型领导风格对员工的韧性心理具有显著影响。

假设 H_{3a}：领导者认可并鼓励员工，对员工韧性心理资本具有显著影响。

假设 H_{3b}：领导者尊重并公平对待员工，对员工韧性心理资本具有显著影响。

假设 H_{3c}：领导者理性理解并包容员工的失败，对员工韧性心理资本具有显著影响。

假设 H_4：包容型领导风格对员工自我效能心理有显著影响。

假设 H_{4a}：领导者认可并鼓励员工，对员工自我效能具有显著影响。

假设 H_{4b}：领导者尊重并公平对待员工，对员工自我效能具有显著影响。

假设 H_{4c}：领导者理性理解并包容员工的失败，对员工自我效能具有显著影响。

三、研究过程和方法

本章主要采用问卷调查的方法，随机选取浙江省部分企业员工为调研对象，通过发放纸质问卷，获取实证数据。研究累计发放问卷数为 430 份，回收的有效问卷为 423 份，有效回收率约为 98.4%。其中男性占 66.4%，女性占 33.6%；30 岁以下占 17.3%，30~39 岁占 47.3%，40~49 岁占 25.1%，50~59 岁占 9.7%，60 岁以上占 0.6%；中专及以下占 5.0%，大专占 22.2%，本科占 66.9%，硕士研究生占 5.7%，博士研究生占 0.2%。

第三节 实证分析结果

采用 SPSS 19.0 软件对问卷数据进行了信度效度检验、描述性和相关性分析和回归性分析，通过统计分析验证研究假设。

一、信度效度检验

（一）包容型领导风格量表

1. 对包容型领导风格量表的探索性因子分析

在提取因子前，第一步进行的是 KMO（Kaiser – Meyer – Olkin）检验和 Bartlett 球形检验，以确定是否可以进行因子分析。分析结果显示，包容型领导风格量表的 KMO 值为 0.936，Bartlett 球形检验的显著水平为 0.000（<0.01）。因此，调查数据可以进行因子分析。包容型领导风格量表共提取了领导者认可并鼓励员工、领导者尊重并公平对待员工、领导者理性理解并包容员工的失败 3 个因子，3 个因子分别解释了 23.83%、16.26%、13.27% 的变异，共解释了总变异的 53.36%。各项目的因子载荷在 0.519~0.841 之间。

2. 信度检验

对信度的检验采用的是 Cronbach's α 系数来衡量。包容型领导风格量表的 Cronbach's α 系数为 0.838，说明包容型领导风格量表信度良好。

（二）心理资本量表

通过探索性因子分析，心理资本量表的 KMO 值为 0.894，Bartlett 球形检验同样在 0.01 水平上显著。经分析发现，心理资本量表共包含 4 个因子，分别是：希望、乐观、韧性、自我效能，它们各自解释了 12.91%、12.04%、11.05%、8.45% 的变异，共解释了总变异的 44.45%。心理资本量表各项目的因子载荷在 0.505~0.799 之间，α 系数为 0.804，量表信度良好。

二、描述性和相关性分析

包容型领导风格和心理资本各变量的描述性统计分析结果显示，包容型领导风格三个维度按平均分数从高到低进行排序，依次是：X1（领导者认可并鼓励员工）、X2（领导者尊重并公平对待员工）、X3（领导者理性理解并包容员工的失败）。领导者认可并鼓励员工维度的平均分数较高，领导者理性理解并包容员工的失败维度的平均分数较低，由此可见领导者迫切需要加强对员工失败的理性理解和包容。员工心理资本四个维度按平均分数从高到低依次为：Y4（自我效能）、Y2（乐观）、Y1（希望）、Y3（韧性）。心理资本的韧性维度平均分数偏低，如何提高员工面对困难时候的抗压能力和持久力是企业领导者需要高度重视的。

表 8-1 中的相关性矩阵显示，包容型领导风格的三个维度变量与心理资本的四个维度变量显著正相关，包容型领导风格的各维度与心理资本不同维度的相关性存在差异，领导者认可并鼓励员工（X1）与韧性（Y3）关系最为密切，领导者尊重并公平对待员工（X2）与韧性（Y3）相关性最强，理性理解并包容员工的失败（X3）与乐观（Y2）相关性最强。

表 8-1　　　　　　　　描述性统计及相关分析

变量	均值	标准差	X1	X2	X3	Y1	Y2	Y3	Y4
X1	3.615	0.796	1						
X2	3.569	0.881	0.605**	1					
X3	3.466	0.828	0.624**	0.721**	1				
Y1	3.766	0.762	0.259**	0.175**	0.244**	1			
Y2	3.810	0.665	0.280**	0.288**	0.287**	0.361**	1		
Y3	3.384	0.885	0.302**	0.298**	0.285**	0.119*	0.209**	1	
Y4	4.026	0.575	0.278**	0.175**	0.223**	0.461**	0.447**	0.189**	1

注：X1 领导者认可并鼓励员工；X2 领导者尊重并公平对待员工；X3 领导者理性理解并包容员工的失败；Y1 希望；Y2 乐观；Y3 韧性；Y4 自我效能；*$p<0.05$，**$p<0.01$。

三、回归性分析

为了进一步检验包容型领导风格对员工心理资本的影响，本章采用层次回归方法对提出的研究假设进行检验，检验结果见表8－2。

表8－2　　　　　　　　　　回归分析结果

指标名称	希望 Y1		乐观 Y2		韧性 Y3		自我效能 Y4	
	模型1	模型2	模型3	模型4	模型5	模型6	模型7	模型8
控制变量								
性别	-0.052	-0.110	0.033	-0.009	0.240**	0.190*	-0.045	-0.088
年龄	0.152**	0.166***	0.070	0.092*	0.091	0.121*	0.072	0.085*
学历	0.093	0.065	-0.019	-0.035	0.139	0.121	0.025	0.002
解释变量								
X1		0.205***		0.134*		0.169*		0.198***
X2		-0.047		0.098		0.158*		-0.030
X3		0.148*		0.084		0.076		0.066
模型统计量								
调整后 R^2	0.018	0.101	0.003	0.114	0.018	0.122	0.005	0.093
ΔR^2	0.018	0.083	0.003	0.111	0.018	0.104	0.005	0.088
F值	3.558*	8.763***	1.356	9.840***	3.506*	10.583***	1.639	8.074***

注：X1 领导者认可并鼓励员工；X2 领导者尊重并公平对待员工；X3 领导者理性理解并包容员工的失败；Y1 希望；Y2 乐观；Y3 韧性；Y4 自我效能；*$p<0.05$，**<0.01，***$p<0.001$。

表8－2中模型1和模型2的因变量是员工心理资本希望维度。模型1是控制变量对心理资本希望维度的回归结果。模型2中，控制变量和包容型领导风格的三个维度共同解释了因变量员工希望心理资本的变异的10.1%（F=8.763，$p<0.001$），比模型1多解释了8.3%的变异，其中，X1领导者认可并鼓励员工（β=0.205，$p<0.001$）和X3领导者理性理解并包容员工的失败（β=0.148，$p<0.05$），均能显著影响员工心理资本的希望维度，X2领导者尊重并公平对待员工对因变量心理资本希望维度的影响并不显著。因此，假设H_{1a}、假设H_{1c}得到验证。

表8－2中模型3和模型4的因变量是员工心理资本乐观维度。在模型4中，控制变量和包容型领导风格三个维度共同解释了因变量员工乐观心理的11.4%（F=9.840，$p<0.001$）的变异，比只包含控制变量的模型3多解释11.1%的变异，其中，X1领导者认可并鼓励员工（β=0.134，$p<0.05$），对心理资本乐观维度具有显著正向影响，而X2领导者尊重并公平对待员工和X3领导者理性理解并包容员工的失败对乐观影响不显著。因此，假设H_{2a}得到验证。

表 8-2 中模型 5 和模型 6 的因变量是员工心理资本韧性维度。模型 6 中,控制变量和包容型领导风格三个维度共同解释了因变量韧性 12.2% ($F = 10.583$, $p < 0.001$) 的变异,比只包含控制变量的模型 5 多解释 10.4% 的变异,其中,X1 领导者认可并鼓励员工 ($\beta = 0.169$, $p < 0.05$) 和 X2 领导者尊重并公平对待员工 ($\beta = 0.158$, $p < 0.05$),都对心理资本的韧性维度具有显著正向影响,X3 领导者理性理解并包容员工的失败对韧性影响不显著。因此,假设 H_{3a}、假设 H_{3b} 得到验证。

表 8-2 中模型 7 和模型 8 的因变量是员工心理资本自我效能维度。模型 8 中,控制变量和包容型领导风格三个维度共同解释了因变量自我效能变异的 9.3% ($F = 8.074$, $p < 0.001$),比只包含控制变量的模型 7 多解释 8.8% 的变异,其中,X1 领导者认可并鼓励员工 ($\beta = 0.198$, $p < 0.001$) 显著影响心理资本自我效能的维度,而 X2 领导者尊重并公平对待员工和 X3 领导者理性理解并包容员工的失败对员工自我效能的影响并不显著。因此,假设 H_{4a} 得到验证。

第四节 研究结论与启示

一、研究结论

本章通过实证研究,得出以下研究结论。

(一) 人才驱动创新与发展背景下企业需要提倡和发展包容型的领导风格

包容型领导风格包括三个维度,分别是领导者认可并鼓励员工、领导者尊重并公平对待员工、领导者理性理解并包容员工的失败。

(二) 包容型领导风格各维度与员工心理资本具有显著正相关

包容型领导风格的三个维度对心理资本的四个方面具有不同影响。其中,领导者认可并鼓励员工 (X1) 对员工心理资本希望、乐观、韧性和自我效能的四个维度都具有显著正向影响;领导者尊重并公平对待员工 (X2) 对员工心理资本韧性维度具有显著正向影响;领导者理性理解并包容员工的失败 (X3) 对员工心理资本希望维度具有显著正向影响。

二、研究的实践建议

研究对企业管理实践具有以下实践价值和借鉴建议。

(一)领导者认可并鼓励员工对心理资本的影响尤为突出,对希望、乐观、韧性和自我效能四个维度都具有显著正向影响

实证研究发现,领导者认可并鼓励员工对心理资本的影响尤为突出,对希望、乐观、韧性和自我效能四个维度都具有显著正向影响。认可并鼓励员工是领导艺术的关键。按照"社会人"人性假设,员工具有心理营养的需要,其中认可和鼓励是员工迫切的心理需求,给予员工认可对积极心理功能具有促进作用,缺乏认可会导致员工心理健康和工作表现均受到影响。当领导者给予员工认可、尊重和鼓励,员工工作的信心、兴趣、乐趣和成就感可以大增,员工会更快乐地追求自我价值的实现,缺乏认可则会增加心理压力。心理资本是可以更新和开发的,员工的心理资本能够为组织带来竞争优势,可以为组织创造价值,从而取得可持续性发展,所以要注意员工心理资本的培养和激发,通过发挥员工心理资本的优势,为企业带来持久的竞争力。

(二)认可和鼓励可以作为领导者激励员工的一种"低物质成本、高回报"的方式

对员工认可也可以提高员工的职业幸福。领导者给予员工一句真诚的感谢语会比给员工加薪或授予证书更有效果。一个优秀的企业领导者必须学会认可、鼓励员工,通过认可、鼓励等形式,满足人的社交、爱、尊重、信任、自我发展和自我实现等心理需求,在较高层次上调动人的积极性和心理资本。当员工得到领导者的认可和鼓励时,员工的希望、乐观、韧性和自我效能会得到提升,工作激情和潜能也会得到激发,绩效得以增进,从而促进企业的核心竞争力。目前,国内有关认可员工的研究并不多,这也是组织行为学领域需要继续深入研究的方向。

三、研究的不足和展望

研究还存在一些不足之处,总结了以下三点内容。

(一)样本数量不够大

研究的样本数量不够大,后续研究将增加样本数量,用结构方程进一步验证结果。

(二)数据同源误差

包容型领导风格和心理资本的调查问卷均由一人填写,可能会导致数据同源误差,在后续的研究中有待改进,提高问卷数据的质量。

(三)认可和鼓励对员工心理资本有显著影响还需要深入研究

本书发现认可和鼓励员工对员工心理资本有显著影响,笔者将对认可和鼓励员工开展深入的专题研究。

第九章

包容型领导风格对团队绩效的影响
——基于员工自我效能感的中介作用

领导风格对团队绩效具有重大影响（陈旭，2006）。目前，组织中的团队出现了一些新的特征，比如，对创新的需求越来越强烈，对资源整合的需求越来越迫切，人力资源出现了多元化知识型员工趋势。团队的创新需求和多元化知识型员工特点对传统的领导风格提出了全新的挑战。领导风格需要从控制、等级、规则导向转为包容型领导风格（inclusive leadership）（Temple & Ylitalo，2009）。包容是中华文明的历史启示（袁行霈，2007），是联合国千年发展目标的重要理念之一。包容是改革的催化剂（程萍，2013），是现代文明的标志（唐任伍，2013），正成为时代的强音和中国人的价值取向（张渝政，2013）。包容型领导风格是一种基于领导与员工依存关系的领导风格，关注员工的需求和利益，与员工共同完成任务，更能激发员工的潜能和活力（Hollander，2009）。

组织和团队呼吁包容型领导风格。但是，包容型领导风格的研究尚处于初级阶段。近年来，学术界和实践界纷纷提出"包容性增长""包容性创新""包容文化和价值观"等理念。但是，对包容型领导风格缺乏系统的研究，实践的需求远远超过了理论的发展。本章把包容理念与领导基本职能加以整合，提出基于领导与员工依存关系的包容型领导风格模型，探究包容型领导风格对团队绩效的积极意义，并且以自我效能感为中介变量分析了包容型领导风格影响团队绩效的机理。

第一节 理论与研究假设

一、包容型领导风格的内涵

包容型领导风格的概念最早在教育领域提出。针对多元化、不同种族、不同层次、不同性别和不同能力的学生，学校需要包容型领导风格（Garrison-Wade et al.，2007）。大学要适应经济、社会、政治和文化的发展，满足社会需要，高校需要包容型领导风格，强调对话和社会正气（Temple & Ylitalo，2009）。瑞安（Ryan，2007）认为，学校的包容型领导风格强调利益相关者参与治理和管理，是一种平等的集体领导过程。

在管理学领域中，内布哈德和埃德慕森（Nembhard & Edmondson，2006）引用了包容型领导风格概念。他们认为，包容型领导接纳和欣赏员工，接受员工的意见和贡献，鼓励和欣赏员工的努力。霍兰德（2009）从领导者与追随者的依存关系角度探讨了包容型领导风格，将包容型领导风格定义为一种可以双赢、具有共同目标和愿景的相互依存的人际关系，强调追随者（followership）在这一关系中的重要作用，关注追随者对领导的感知。他认为，领导者与其追随者相互合作共事是包容的本质，而促成这一关系双向成功的关键要素则是：尊重、认可、回应与责任。卡梅利和雷特·帕尔慕等（Carmeli & Reiter-Palmon et al.，2010）认为，包容型领导是一种具体的关系型领导风格，是指那些在与员工相处交流中较为开放（openness）、易接近（accessibility）、可获得帮助和会见（availability）的领导者。奥斯皮纳（Ospina，2011）将包容型领导描述为接纳组织中各层级员工、为最终的结果负责的有价值领导者，而且包容型领导者是形成包容型组织的基础和关键。

从2011年开始，适应包容性增长观点的需要，国内学者开始关注包容型领导风格概念。朱其训（2011）认为，包容型领导是与专制、独裁、排他的领导方式相对立的一种新型领导方法，其主要内涵体现在开放、民主、人本、公正四个方面。高宏（2012）认为，包容型领导力是一个动态系统，为了加强企业的核心能力并在效率最优的状态下完成组织任务，在领导过程中强调机会的均等、分配的公平以及对发展成果的共享。李燕萍等（2012）认为，包容型领导风格是领导与员工双方互为的过程，并提出了平衡式授权、走动式管理和渐进式创新三种代表性包容型领导行为。

二、包容型领导风格的特色

目前，学术界关注的领导风格包括变革型领导风格、交易型领导、魅力型领导风格、共享型领导风格和真实型领导风格等。其中，对变革型领导理论的探索仍然占据着领导风格研究的中心地位（孟慧等，2011）。与以往领导风格相比较，包容型领导风格具有以下三个特点。

（一）包容型领导者非常注重领导—追随者的依存关系

魅力型领导风格等理论强调领导者的个性和魅力，往往忽略了领导者与追随者之间的至关重要的依存关系。领导力是一个过程而不是一个人。了解追随者的需求对领导者是很必要的。领导力是与追随者的需要和目标分不开的。领导和追随者之间不是分开的,而是互惠的,是互相依赖的一个整体(Hollander,2009)。包容型领导是"和大家一起努力做事,而不是管理大家",是一种关注领导—追随者依存关系的领导风格。

(二)包容型领导融合了变革型领导风格和交易型领导风格的特点

包容型领导是指能够共同完成一件事情,并且增进双方的益处的人际关系,营造了促进每个人的"付出和回报"的公平合理的氛围,尊重竞争和合作。问题解决方案并不总是来自领导者,通过自由的表达来展示自主性是领导—追随者关系的另一个重要方面。包容型领导者为完成工作目标,经常既体现为交易型领导风格,又体现为变革型领导风格(Hollander,2009)。

(三)包容型领导风格汲取了真实型领导风格和共享型领导风格的优势

真实型领导风格包括自我意识、关系透明、平衡信息加工、内化的道德四个方面特征(Walumbwa et al.,2008)。共享型领导强调由领导者和被领导者共同管理团队(Fitzsimmons et al.,2011)。包容型领导风格强调道德、诚信、信任和忠诚,体现了真实型领导风格的核心内容。同时,包容型领导强调放权,强调让追随者影响领导者。通过让追随者更多地参与管理,培养追随者的领导力,充分体现了共享型领导风格的本质特征。

三、包容型领导风格的要素

霍兰德(2009)从支持与认可、沟通—行为—公正、自我—唯利—不尊重三个要素测量包容型领导风格。卡梅利等(2010)把包容型领导风格分为开放性、可获得支持和帮助、可接近性三个维度,并设计了测评问卷。在以往文献的基础上,笔者对浙江高校科研团队的成员和领导进行了深度访谈、开放式问卷调查和专家访谈,调查的主题是包容型领导风格的维度和行为表现。

通过对调研资料内容分析、归类和反向归类,基于领导与员工的关系视角,把包容型领导风格分为以下三个维度。

(一)领导者包容员工的观点和失败

即领导者能开明地听取员工的观点,理性地包容员工的错误,在员工犯错误时给予员工鼓励、支持和指导。

（二）领导者认可并培养员工

即尊重和认可员工，重视对员工的培养，当员工取得成绩时能够给予称赞而非妒忌。

（三）领导者公平对待员工

即领导者能够考虑到员工的需求和利益，以公平公正态度对待员工，并使员工共享收益。

四、团队绩效和自我效能感的内涵和要素

团队绩效指团队有效完成任务并保持团队氛围的表现。鲍曼和摩托维德罗（Borman & Motowidlo，1993）把绩效划分为任务绩效和周边绩效两个维度。本章把团队绩效分为团队任务绩效和团队周边绩效。其中，团队任务绩效强调有效完成团队任务的情况，而团队周边绩效强调团队成员维持良好的工作关系和帮助他人有效完成工作情况。

自我效能感是美国心理学家班杜拉（Bandura，2003）提出的概念，是个体对自己具有组织和执行特定成就的能力的信念，同时个体在某一特定领域的自我效能感会泛化到其他领域中。施瓦泽等（Schwarzer et al.，1997）学者在班杜拉的基础上进一步研究，把自我效能感分为一般自我效能感和特殊自我效能感，其中一般自我效能感是一种概括化的自我效能感，是个体面对环境要求或面临新环境时的总体自信心。本章的自我效能感，主要采用施瓦泽等学者的一般自我效能感定义。

五、包容型领导风格与团队绩效的关系研究

包容型领导善于激发员工的工作积极性和潜能，有效提高团队的任务绩效。卡梅拉等（2010）发现，在创新任务情景中包容型领导风格与员工投入具有正向关系。包容型领导是与员工互惠互利共同完成任务的。包容型领导能善于听取员工的观点，尊重认可员工，注重员工的培养，给予员工公平待遇，从而驱动事业成功（Nembhard & Edmondson，2006）。包容型领导风格整合了变革型领导风格和交易型领导风格。变革型领导风格和交易型领导风格都能够积极地预测团队任务绩效（杨凯，马剑虹，2009）。包容型领导包容员工的观点和失败，鼓励员工的建言行为。员工的建言行为与任务绩效存在正相关（段锦云，田晓明，2011），包容失败能促进团队的创新。包容型领导通过认可员工来满足员工被尊重被认可

的心理需求，通过培养员工提升员工的职业能力，通过公平对待员工提高员工的满意感，从而提高团队的任务绩效。

根据包容型领导风格的特征，笔者认为，包容型领导风格能有效促进团队任务绩效，并提出假设 H_1、假设 H_{1a}、假设 H_{1b} 和假设 H_{1c}。

假设 H_1：包容型领导风格与团队的任务绩效显著相关。

假设 H_{1a}：领导者包容员工的观点和失败，对团队的任务绩效具有显著影响。

假设 H_{1b}：领导者认可并培养员工，对团队的任务绩效具有显著影响。

假设 H_{1c}：领导者公平对待员工，对团队的任务绩效具有显著影响。

包容型领导考虑员工的心理需求和利益诉求，从而促进员工的人际关系和组织承诺。希拉克等学者（2012）认为，领导者的包容性与成员的心理安全认知是呈正相关的。包容型领导尊重、认可、欣赏员工，帮助员工提升能力和实现目标，公平地对待员工，实现领导与员工的双赢。包容型领导者能有效地带领不同的团队，使所有员工都有被重视的感受，使员工觉得他们是系统的所有者而不是租赁者（Hollander，2009；Nembhard & Edmondson，2006）。

因此，包容型领导风格能促进团队的周边绩效。为此，提出假设 H_2、假设 H_{2a}、假设 H_{2b} 和假设 H_{2c}。

假设 H_2：包容型领导风格与团队的周边绩效显著相关。

假设 H_{2a}：领导者包容员工的观点和失败，对团队的周边绩效具有显著影响。

假设 H_{2b}：领导者认可并培养员工，对团队的周边绩效具有显著影响。

假设 H_{2c}：领导者公平对待员工，对团队的周边绩效具有显著影响。

六、自我效能感在包容型领导风格与团队绩效关系中的中介作用

以往不少研究发现自我效能感在领导风格与员工绩效之间的中介作用。叶余建、何铨和聂雪林（2007）研究发现魅力型领导行为通过员工的自我效能和自尊作用于组织公民行为。孟慧、宋继文和孙志强（2011）提出自我效能感在变革型领导与工作绩效、工作满意度之间起部分中介作用。颜爱民和裴聪验证了自我效能感在辱虐管理对工作绩效中起中介作用。

员工的自我效能信念是建立在行为的成败经验、替代性经验、言语劝说及情绪和生理状态四种信息基础上（班杜拉，2003）。而包容型领导风格通过尊重认可员工、包容员工观点和失败、公平对待员工来提高成员的自我效能感。员工较强的自我效能感提高团队的任务绩效和周边绩效，班杜拉（2003）认为，自我效能感是行为动因的中心机制，影响人的思维模式、行为和情绪过程。

因此，本研究提出假设 H_3、假设 H_{3a}、假设 H_{3b}、假设 H_{3c}、假设 H_4、假

设 H_{4a}、假设 H_{4b} 和假设 H_{4c}，假设自我效能感在包容型领导风格与团队任务绩效和周边绩效之间都起中介作用。

假设 H_3：自我效能感在包容型领导风格与团队任务绩效关系中起中介作用。

假设 H_{3a}：自我效能感在领导者包容员工的观点和失败与团队任务绩效关系中起中介作用。

假设 H_{3b}：自我效能感在领导者认可培养员工与员工任务绩效关系中起中介作用。

假设 H_{3c}：自我效能感在领导者公平对待员工与团队任务绩效关系中起中介作用。

假设 H_4：自我效能感在包容型领导风格与团队的周边绩效关系中起中介作用。

假设 H_{4a}：自我效能感在领导者包容员工的观点和失败与团队的周边绩效关系中起中介作用。

假设 H_{4b}：自我效能感在领导者认可培养员工与团队的周边绩效关系中起中介作用。

假设 H_{4c}：自我效能感在领导者公平对待员工与团队的周边绩效关系中起中介作用。

综合上述，本章的研究理论模型如图9-1所示。

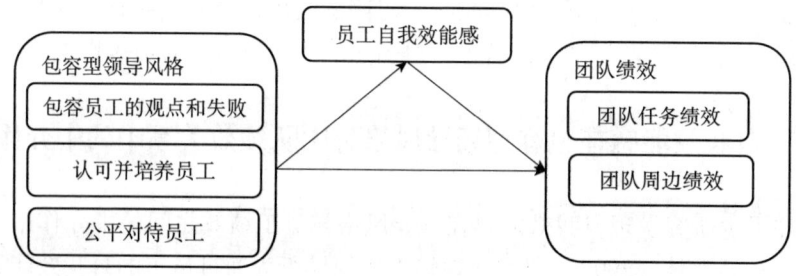

图9-1 包容型领导风格、自我效能感与团队绩效的关系框架

第二节 研究方法

一、样本选取和数据收集统计方法

本次研究主要通过问卷调查的方法获取实证数据，问卷的发放主要是采取电子邮件、纸质问卷等形式。

样本1为预测样本,主要为了包容型领导风格量表的预测和修订。在浙江省高校共发放问卷260份,收回有效问卷188份,有效回收率为72.3%。其中:男性占71.1%,女性占28.9%;30岁以下占17.1%,30~39岁占50.3%,40~49岁占26.7%,50~59岁占5.9%;本科占15.9%;硕士研究生占25.1%;博士研究生占59.0%。

样本2为正式调查样本。在浙江省企业的工作团队中共发放398份问卷,收回有效问卷303份,有效回收率为76.13%。其中:男性占53.9%,女性占46.1%;30岁以下占26.4%,30~39岁占39.5%,40~49岁占23.6%,50~59岁占10.5%;中专以下占8.6%,大专占22.8%,本科占57.4%,硕士研究生占7.2%;博士研究生占4%。

二、变量的测量

本章采用的问卷涵盖个人背景资料、包容型领导风格、自我效能感和团队绩效四个部分。其中,包容型领导风格量表借鉴了卡梅利等(2010)问卷,再根据对包容型领导风格的构思、结构化访谈内容设计而成。包容型领导风格量表共有12道题目。自我效能感问卷在施瓦泽和耶鲁沙敦(1995)一般效能量表中文版基础上略有修改,最后的测量题共有8个。团队绩效量表参照鲍曼和摩托维德罗(1993)绩效模型和量表。研究除个人背景资料题目外,其余变量均采用李克特五点量表记分。

三、统计方法

采用SPSS17.0软件进行统计分析、探索性因素分析、验证性因子分析和分层回归分析等。对样本1数据进行探索性因子分析和信度检验,对样本2数据进行验证性因子分析、描述统计、相关分析和分层回归分析。

第三节 实证分析

一、信度和效度检验

(一) 包容型领导风格量表的结构和信度检验

以预测样本1调查为基础,对包容型领导风格的量表进行探索性因子分析。

采用主成分法抽取特征值大于1的公共因子，共产生3个因子，这3个因子总共解释总变异的63.73%。3个因子符合量表的原有构思，分别是：包容员工观点和失败、公平对待员工、认可并培养员工，分别解释了24.89%、21.24%、17.60%的变异。各项题目的因子载荷在0.63~0.80之间。包容型领导风格量表三个维度的Cronbach α系数在0.75~0.83之间，整份量表α系数是0.90，说明问卷的信度良好。

在正式样本调查中，通过验证性因子分析对包容型领导风格量表进行结构维度检验。研究选取Chi-square/df、RMSEA、NFI、IFI、CFI和TLT作为评价标准，具体数据见表9-1，Chi-square/df小于2.5，RMSEA小于0.08，NFI、IFI、CFI和TLT都在0.9以上，说明模型和数据拟合良好。

表9-1　包容型领导风格和团队绩效问卷的验证性因子分析结果（N=303）

量表	Chi-square/df	RMSEA	NFI	IFI	CFI	TLT
包容型领导风格	2.07	0.06	0.93	0.96	0.96	0.94
团队绩效	2.21	0.08	0.90	0.89	0.91	0.89

（二）团队绩效量表的结构和信度检验

在预测研究基础上，采用主成分法，对团队绩效量表进行探索性因子分析。抽取特征值大于1的公共因子，共产生2个因子，解释总方差的57.31%。团队的任务绩效和周边绩效分别解释了总变异的33.45%、23.86%。因子负荷在0.55~0.81之间。团队任务绩效和周边绩效量表两个维度的Cronbach α分别为0.77和0.68，整份量表α系数是0.81，说明问卷的信度良好。运用样本2数据，对团队绩效量表进行验证性因子分析，发现模型和数据拟合良好，见表9-1。

（三）团队成员自我效能感的结构和信度检验

利用样本1数据，对团队成员自我效能感量表进行探索性因子分析，共产生1个因子，解释总方差的44.25%。各项目的负荷在0.54~0.79。整份量表α系数是0.81，说明问卷的信度良好。因为自我效能感量表只有一个维度，所以，不需要进行验证性因子的分析。

二、各变量的描述性统计和相关矩阵

本章对各变量进行了描述性和相关分析，结果如表9-2所示。结果表明，包容型领导风格的三个维度平均分数从高到低依次为 X3（认可并培养员工）、X1（包容员工观点和失败）、X2（公平对待员工）；团队绩效的两个维度平均分数从高到低依次为：Y2（团队的周边绩效）、Y1（团队的任务绩效）。包容型领导风格的三个维度变量与自我效能感及团队绩效的两个维度变量都具有显著相关，研究假设 H_1 和假设 H_2 成立。

表 9 – 2　　　　　　　　主要变量的均值、标准差及相关系数

变量	均值	标准差	性别	年龄	教育程度	X1	X2	X3	M1	Y1
性别	1.46	0.49								
年龄	2.18	0.94	-0.41**							
教育程度	3.14	0.65	-0.19**	0.42**						
X1	3.60	0.76	0.01	-0.01	0.01					
X2	3.46	0.77	-0.100	0.070	0.02	0.55**				
X3	3.75	0.84	-0.07	0.04	0.11	0.59**	0.56**			
M1	4.13	0.47	-0.10	0.24**	0.10	0.26**	0.27**	0.20**		
Y1	3.52	0.64	-0.15*	0.24**	0.10	0.34**	0.49**	0.36**	0.46**	
Y2	3.88	0.61	-0.04	0.18**	0.01	0.36**	0.39**	0.39**	0.54**	0.55**

注：1. X1 包容员工观点和失败；X2 公平对待员工；X3 认可并培养员工；M1 员工的自我效能感；Y1 团队的任务绩效；Y2 团队的周边绩效；性别"1"代表男，"2"代表女；年龄："1"代表 30 岁以下；学历："1"代表博士研究生。

2. ** $p<0.01$，* $p<0.05$。

三、主要假设检验

为了进一步检验包容型领导风格对团队绩效的影响以及自我效能感的中介作用，采用分层多元回归方法对样本 2 的数据进行了系统分析。

（一）对中介变量（自我效能感）的回归分析

以自我效能感为因变量，分两步引入回归方程的自变量。首先，引入控制变量（见表 9 – 3 模型 M1）。然后，再引入包容型领导风格三个维度（见表 9 – 3 模型 M2）。在控制了员工性别、年龄和学历等人口统计变量后，模型 M2 比只包括控制变量的模型 M1 的解释力有显著提高（$\Delta R^2 = 0.09$，$F = 7.28$，$p<0.001$）。其中，X1 包容员工观点和失败（M2，$\beta = 0.15$，$p<0.05$）和 X2 公平对待员工（M2，$\beta = 0.16$，$p<0.05$）对自我效能感具有显著的正向影响。

表 9-3　　　　　　　　　　分层回归分析结果

解释变量	因变量							
	团队成员自我效能感		团队任务绩效			团队周边绩效		
	M1	M2	M3	M4	M5	M6	M7	M8
控制变量								
性别	0.01	0.014	-0.07	-0.05	-0.05	0.05	0.06	0.05
年龄	0.26**	0.27**	0.23**	0.21*	0.15*	0.24**	0.22**	0.13*
学历	-0.01	-0.01	0.02	-0.01	-0.02	-0.07	-0.09	-0.10
自变量								
X1：包容员工观点和失败		0.15*		0.06	0.01		0.16*	0.08
X2：公平对待员工		0.16*		0.36**	0.31**		0.20**	0.14*
X3：认可并培养员工		-0.01		0.134*	0.132*		0.18*	0.17**
中介变量								
自我效能感					0.29**			0.42**
模型统计量								
调整后 R^2	0.05	0.13	0.06	0.29	0.36	0.03	0.23	0.37
ΔR^2	0.06	0.08	0.06	0.23	0.07	0.03	0.20	0.14
F 值	6.35**	7.28**	7.17**	18.59**	21.50**	4.09**	13.97**	22.62**

注：**$p<0.01$，*$p<0.05$。

（二）自我效能感在包容型领导风格和团队绩效之间的中介效应的检验

1. 分别以团队任务绩效和周边绩效为因变量，分三步引入变量

（1）引入控制变量（见表 9-3 模型 M3 和模型 M6）。

（2）引入包容型领导风格三个维度（见表 9-3 模型 M4 和模型 M7）。

（3）引入中介变量（自我效能感）（见表 9-3 模型 M5 和模型 M8）。

2. 根据巴伦和肯尼（Baron & Kenny，1986）的建议，中介效应应当满足四个条件

（1）自变量对因变量存在显著影响。

（2）自变量对中介变量存在显著影响。

（3）中介变量对因变量存在显著影响。

（4）自变量与中介变量同时代入回归方程解释因变量时，中介变量的效应显著而自变量的效应消失（完全中介效应）或者减弱（部分中介效应）。

3. 自我效能感在包容型领导风格和团队绩效之间的中介效应统计结果

控制变量、包容型领导风格和自我效能感对团队任务绩效的分层回归结果见模型 M3、模型 M4 和模型 M5。模型 M4 比只包括控制变量的模型 M3 的解释力有显著提高（$\Delta R^2 = 0.23$，$F = 18.59$，$p < 0.001$）。其中，X2 公平对待员工（M4，$\beta = 0.36$，$p < 0.01$）和 X3 认可并培养员工（M4，$\beta = 0.13$，$p < 0.05$）对员工的任务绩效有显著的正向作用，而 X1 包容员工观点和失败（M4，$\beta = 0.05$，ns）对任务绩效没有显著影响。因此，假设 H_{1b}、假设 H_{1c} 得到数据的支持，而假设 H_{1a} 则没有通过检验。领导包容员工的观点和失败可以满足员工的心理需求。但是，对员工目标和任务的完成没有显著影响。M5 加入中介变量自我效能感后发现，自我效能感对团队的任务绩效具有显著的正向影响（M5，$\beta = 0.29$，$p < 0.01$），公平对待员工对任务绩效的显著影响减弱，而且从模型 M2 可知 X2 公平对待员工（$\beta = 0.16$，$p < 0.05$）对自我效能感具有显著的正向影响，M5 矫正后 R^2 比模型 M4 提高了 0.08。根据巴伦和肯尼的建议，自我效能感在公平对待员工和团队任务绩效之间起部分中介作用。因此，假设 H_{3c} 得到了部分验证，假设 H_{3a} 和 H_{3b} 没有得到验证。

从模型 M7 和模型 M8 可以看出，包容型领导风格对团队周边绩效的影响及自我效能感的中介作用。在控制了员工性别、年龄和学历后，包容型领导风格的三个维度 X1 包容员工观点和失败（M7，$\beta = 0.16$，$p < 0.05$）、X2 公平对待员工（M7，$\beta = 0.20$，$p < 0.01$）和 X3 认可并培养员工（M7，$\beta = 0.18$，$p < 0.05$）对团队的周边绩效都具有显著正向作用。因此，假设 H_{2a}、假设 H_{2b} 和假设 H_{2c} 得到验证。在模型 M8 增加了中介变量自我效能感后，X1 包容员工观点和失败的影响由原来在模型 M7 的显著影响下降为不显著（M8，$\beta = 0.08$，ns），X2 公平对待员工（M8，$\beta = 0.14$，$p < 0.05$）和 X3 认可并培养员工（M8，$\beta = 0.17$，$p < 0.01$）对包容型领导风格的影响系数有所下降。同时，自我效能感对团队的周边绩效具有显著的正向影响（M8，$\beta = 0.42$，$p < 0.01$），根据模型 M2 可知，X1 包容员工观点和失败（M2，$\beta = 0.15$，$p < 0.05$）和 X2 公平对待员工（M2，$\beta = 0.16$，$p < 0.05$）对自我效能感具有显著的正向影响。参照巴伦和肯尼的判断中介效应的标准，自我效能感在 X1 包容员工观点和失败与团队周边绩效中起到完全中介作用，在公平对待员工和团队成员周边绩效之间起部分中介作用。因此，假设 H_{4a} 得到了验证，假设 H_{4c} 得到部分验证。

第四节 研究总结

一、研究结论

本章的主要内容包括三个方面：一是对包容型领导风格的结构进行界定和验证；二是实证分析包容型领导风格与团队绩效的关系；三是探讨自我效能感在包

容型领导风格与团队绩效关系中的中介作用。笔者对本章最先提出的假设进行了验证，得到以下三点结论。

（一）包容型领导风格包括三个维度

通过对问卷调查数据进行信度和效度分析，发现包容型领导风格各维度内部一致性系数都较高，包容型领导风格可以从包容员工观点和失败、公平对待员工、认可并培养员工三个维度中表现出来。

（二）包容型领导风格各维度与团队绩效具有显著正相关

通过对包容型领导风格与团队绩效的相关分析，研究结果表明，包容型领导风格各个维度与团队绩效之间的相关系数都显著。公平对待员工对团队的任务绩效和周边绩效都有显著正向影响；认可并培养员工对团队的任务绩效和周边绩效都有显著的正向作用；包容员工观点和失败对团队任务绩效没有显著影响，对团队周边绩效具有显著影响。

（三）包容型领导风格中的两个维度通过自我效能感影响团队绩效

包容员工观点失败和公平对待员工对员工的自我效能感具有显著影响。自我效能感在公平对待员工和团队任务绩效及周边绩效之间都起部分中介作用，自我效能感在包容员工的观点和失败与团队周边绩效之间起完全中介作用。

二、研究的理论贡献

本章的理论贡献主要表现在以下两个方面。

（一）初步构建了包容型领导风格的理论框架

我国学术界和实践界呼吁包容理念和包容型领导风格。但是，极少系统地研究包容型领导风格的结构和关键行为。在以往研究的基础上，通过深入细致的访谈和开放式的问卷调查，提出了包容型领导风格的关键因素和测评量表。

（二）提出并系统地验证了包容型领导风格影响员工团队绩效的机理及效应，尝试了深入分析自我效能感在包容型领导风格和团队绩效之间的中介作用

以往研究对包容型领导风格的实证研究非常少，没有深入分析包容型领导风格对团队绩效的作用机制。通过理论分析、问卷调查等形式，比较系统而完整地构建并验证了包容型领导风格、自我效能感和团队绩效的内在关系模型，揭示了

包容型领导风格影响员工自我效能感和团队绩效的机理和效应。因此,拓展了领导风格、自我效能感和团队建设等理论。

三、研究的局限性

本章有待改进的方面主要包括以下三个方面。

(一) 包容型领导风格和团队绩效问卷由同一人填写可能导致数据同源方差

后续研究为避免同源误差,应当由团队员工填写包容型领导风格问卷和员工自我效能感量表,团队领导填写团队绩效量表。

(二) 研究主要是截面问卷调查研究未采用动态纵向现场实验研究的方法

后续研究将以研发团队为研究对象,进行现场实验和跟踪研究。将分实验组和控制组,对实验组和控制组均进行2次测试,2次测试的时间间隔为6个月。

(三) 研究以自我效能感为中介变量未采用更综合变量心理资本为中介变量

卢桑斯和约瑟夫等(Luthans & Youssef et al.,2007)提出了心理资本由四个维度构成:(1)自信或员工自我效能感;(2)希望;(3)乐观;(4)坚韧性。近年来,不少研究开始关注心理资本的中介作用。心理资本在真实型领导与员工创新行为之间(韩翼,杨百寅,2011)、在变革型领导与员工的任务绩效和组织公民行为之间(仲理峰,2013)、在组织支持和员工绩效之间(Luthans et al.,2008;田喜洲,等,2010)起中介作用。因此,后续的研究将以心理资本为中介变量,更加全面地反映包容型领导风格影响团队绩效的全过程。

第十章

包容型领导风格对新生代员工创新行为的影响

在现代社会，企业竞争加剧，如何提升企业的创新能力成为增强企业核心竞争力的重要因素之一。随着企业员工愈向年轻化发展，新生代员工作为企业的主体，成为企业创新水平提升的主力，如何激发新生代员工的创新行为成为企业领导十分重视的工作。而员工创新行为的激发很大程度上取决于领导者的风格。目前，什么样的领导行为有助于激发员工的创新行为仍然处于探索阶段（Zhang X，2010）。学术界所关注的领导风格主要聚焦于魅力型领导（张鹏程，2011）、变革型领导（孟慧，2011）、授权型领导（Zhang X，2010）等方面。

包容被写入联合国千年发展目标，是中华文明的历史启示（袁行霈，2007）。而霍兰德（Hollander，2009）则提出包容型领导风格是一种基于领导与员工依存关系的领导风格，关注员工的需求和利益，与员工共同完成任务，更能激发员工的潜能和活力。智联招聘发布的《2015年中国年度最佳雇主》评选调查结果显示，员工的受尊重程度成为衡量雇主好坏的重要元素，由此说明在企业中基于领导与员工依存关系的包容型领导风格已经成为大多数员工所推崇的领导方式。

而对于企业来说，员工趋向于年轻化发展，新生代的员工作为有创意、有想法、有个性的一代成为企业生产创造的"主力军"，新生代员工的管理对于企业来说既是机遇，也是挑战。在市场竞争激烈的当下，如何更好地对新生代员工进行管理，使其为企业带来活力与生命力，为企业的改革发展与创新注入新鲜能量，是企业领导在管理过程中需要重视的问题。

因此，本章提出"包容型领导风格"这一理念，并把包容理念与领导的基本职能加以整合，依照企业现状与需求，引入"新生代员工"这一特别概念，探究包容型领导风格对新生代员工创新行为的影响。

第一节 理论基础与研究假设

一、包容型领导风格的内涵

以包容性为核心思想的领导方式，最早出现在西方教育界，当时的受教育人群向多元化发展，为解决教育不公平的问题，包容性教育理念被提出。而包容型领导风格（leader inclusiveness）的概念最早是由内布哈德（2006）提出：领导者在鼓励和称赞下属工作投入与工作贡献过程中的言语和行为表现。此后，西方学者对包容型领导风格进行了研究并提出了不同的定义。霍兰德（2009）从领导者与员工依存关系的角度探讨了包容型领导风格，将包容型领导风格定义为一种可以双赢、双方具有共同目标和期望的相互依存的关系，强调员工（followership）在这一关系中的重要作用，关注员工对领导的感知。卡梅利（2010）认为，包容型领导应划分为三个维度，即开放性（openness）、有效性（availability）和易接近性（accessibility），指出该领导风格是在领导者和员工互动中表现出来的，员工是否能够感受到来自领导者的帮助、倾听和关注是判断"包容性"的重要体现。奥斯皮纳（2011）将包容型领导描述为接纳组织中各层级员工、为最终的结果负责的有价值的领导者，而且包容型领导者是形成包容型组织的基础和关键。徐奉财（Suk Bong Choi，2016）进行问卷调查，提出包容型领导风格作为一种开放的、有效的、易接近的领导方式，与员工的优秀表现和创新行为呈正相关。

国内学者开始关注包容型领导风格概念是"包容型增长"概念在博鳌亚洲论坛年会上被提出后。朱其训（2011）认为，包容型领导是与专制、独裁、排他的领导方式相对立的一种新型领导方法，其主要内涵体现在开放、民主、人本、公正四个方面。李燕萍等（2012）提出了三种具有代表性的包容型领导行为，平衡式授权、走动式管理和渐进式创新，认为包容型领导风格是领导与员工双方互惠互利的过程。近几年来，国内学者对于"包容型领导"的关注没有减少，朱瑜（2014）认为，包容型领导可界定为：在组织环境下坚持以人为本，领导者应包容下属的个性化特点和关注下属的不同的需求，乐于听取下属观点并认可下属贡献，将所有成员包容到组织发展进程中，强调机会均等、公平参与及合理共享，从而实现成员融合和组织目标的一种开放的、兼容并包的、更具人本关怀的领导模式。方阳春（2014）认为，包容型领导风格具有三个特点，即包容型领导者非常注重领导与追随者的依存关系、包容型领导风格融合了变革型领导风格和交易型领导风格的特点、汲取了真实型领导风格和共享型领导风格的优势。景保峰（2015）认可卡梅利等的观点，认为包容型领导是关系型领导的核心。彭伟等（2016）则运用了"扎根理论"结合中国文化背景，将包容型领导分为五个维度：容纳他人、容许犯错、尊重下属、认可下属、体谅下属。

二、包容型领导风格的要素

卡梅利（2010）将包容型领导划分为三个维度，即开放性（openness）、有效性（availability）和易接近性（accessibility），并设计了测评问卷。在此维度基础之上，笔者查阅相关文献，对浙江高校科研团队和成员进行了专家访谈、深度访谈与开放式问卷调查，以此研究包容型领导风格的维度。对调研内容进行归纳分析后，笔者将包容型领导风格划分为三个维度：（1）领导者包容员工的观点和失败，在员工犯错误时给予员工鼓励、支持与指导；（2）领导者认可培养员工。即尊重和认可员工，重视对员工的培养，认可员工的观点，当员工取得成绩时能够给予称赞而非妒忌；（3）领导者公平对待员工。即领导者能够充分考虑到员工的需求和利益，以公平公正态度对待每一位员工，与员工共享收益。

三、新生代员工的内涵和特点

笔者将"新生代员工"界定为1980年末、1990年初出生的员工，思维开放，希望通过工作来实现自我价值。智联招聘发布的《2015中国年度最佳雇主》结果显示，"员工尊重度"跃居榜首，并首次超越"薪酬福利"成为最佳雇主的最重要特征，雇主单纯用钱留人的时代已经一去不返了。

四、创新行为的内涵和要素

查阅文献发现，大部分的管理学家仅从创新过程的角度定义创新行为。斯科特和布鲁斯（1994）提出，应该将创新行为分为三个阶段：（1）问题的确立以及构想或解决方式的产生；（2）寻求对其构想的支持；（3）由此产生创新的标准或模式，使其可以被扩散、大量制造，进而被大量使用，最终完成其创新的构想（顾远东，2010）。而我国学者卢小君等（2007）则将我国的情境因素考虑在内，并参考了国外学者韦斯特等（West et al., 2002）的观点，将创新行为分为创新想法的产生和实施两个维度。张惠琴（2014）将创新行为分为创新思想的产生和创新执行两个维度。而周坤（2016）则认为，员工创新行为的核心要素之一为员工的知识创造行为。本章通过对文献的查阅与研究，将新生代员工创新行为分为创新思维的产生和创新行为的执行两个维度。创新思维的产生表现在员工是否重视和经常产生创新想法，创新行为的执行体现在员工是否会将创新思维落到实处等方面。

五、包容型领导风格与新生代员工创新行为的关系研究

包容型领导风格中，领导者包容员工的观点，认可培养员工、公平对待员工、与员工互惠互利、共同工作一起完成任务。这一领导风格有利于提高员工的工作积极性，也恰好与新生代员工的特点符合。且有研究表明，在创新任务的情境中，包容型领导风格与员工投入具有正向关系（Carmeli，2010）。包容型领导风格通过对员工新观点的包容、认可和鼓励，能够激发员工产生创新思维，提出适应企业发展的新思路。

根据包容型领导风格的特点，笔者认为包容型领导风格能够有效激发新生代员工创新思维的产生，并提出假设 H_1、假设 H_{1a}、假设 H_{1b} 和假设 H_{1c}。

假设 H_1：包容型领导风格与新生代员工创新思维的产生显著相关。

假设 H_{1a}：领导者包容员工的观点和失败，对新生代员工创新思维的产生具有显著影响。

假设 H_{1b}：领导者认可并培养员工，对新生代员工创新思维的产生具有显著影响。

假设 H_{1c}：领导者公平对待员工，对新生代员工创新思维的产生具有显著影响。

包容型领导善于鼓励员工，平等地对待每一位员工，与员工互惠互利，使员工产生归属感，并且包容型领导愿意包容员工产生的错误，认可员工的行为，有利于员工执行创新思维，保障行为的真正落实和持续推进。因此，笔者认为包容型领导风格能够促进新生代员工创新行为的执行，并提出假设 H_2、假设 H_{2a}、假设 H_{2b} 和假设 H_{2c}。

假设 H_2：包容型领导风格与新生代员工创新行为的执行显著相关。

假设 H_{2a}：领导者包容员工的观点和失败，对新生代员工创新行为的执行具有显著影响。

假设 H_{2b}：领导者认可并培养员工，对新生代员工创新行为的执行具有显著影响。

假设 H_{2c}：领导者公平对待员工，对新生代员工创新行为的执行具有显著影响。

第二节 研究方法

一、研究对象

本章选取浙江省台州市、杭州市等地企业员工作为研究对象,采取随机抽样法,总计发放问卷223份,回收问卷223份,其中有效问卷为215份,有效问卷回收率为96.4%。被调查的样本中,男性占43.7%,女性占56.3%;大部分的员工为"80"后与"90"后属于新生代员工,占总人数的76.2%。样本中有85人为一般员工,占38.3%,初级专业技术人才、中级专业技术人才、高级专业技术人才、基层管理者、中层管理者、高层管理者分别所占比例为13.1%、5.9%、4.5%、9.9%、11.3%、9.0%,其他类型员工8%。

二、研究工具

本章所采用的问卷一共分为三个部分,个人背景资料、包容型领导风格、员工创新行为。其中包容型领导风格量表根据对包容型领导风格的定义、结构化访谈内容,并借鉴了卡梅利等(2010)问卷设计而成,共包含了12个题目。员工创新行为量表采纳了斯科特和布鲁斯(1994)问卷,根据我国企业的性质在表达方面稍做调整,共包含8个题目。研究中除个人背景资料题以外,其余变量均采用李克特五点量表记分。

三、数据处理办法

采用SPSS20.0对数据进行了探索性因子分析和α系数检验,同时也对数据进行了描述性分析、相关性分析和回归性分析。

第三节 实证研究结果

一、信度效度检验

(一)包容型领导风格量表的结构和信度检验

对包容型领导风格量表调查数据进行因子分析,结果符合研究的预期构想,共提取 3 个因子，即包容员工的观点和失败、认可并培养员工、公平对待员工，分别解释了 24.86%、23.13%、26.14% 变异，这三个因子总共解释总变异的 74.13%。各项目的因子载荷在 0.59~0.85 之间。包容型领导风格量表的 α 系数为 0.93，说明问卷的信度良好。

（二）创新行为量表的结构和信度检验

员工创新行为量表采纳了斯科特和布鲁斯（1994）问卷，采用李克特五点量表记分，符合预期构想，共提取了两个因子，累计解释变异量为 64.55%，两个因子分别为：新生代员工创新思维的产生与新生代员工创新行为的执行，分别解释了 31.31%、33.24% 的变异。各项题目的因子载荷在 0.66~0.84 之间。该量表的 α 系数为 0.876，具有较好的信度。

二、描述性分析结果

描述性统计结果显示，包容型领导风格各维度平均分由高到低依次为认可并培养员工、公平对待员工、包容员工的观点和失败。认可并培养员工的平均分为 3.89，处于较高水平，说明企业领导较注重对员工的鼓励与培养，而包容员工的失败与公平对待员工的平均分分别为 3.59 和 3.63，均处于较高水平，表现了企业重视与员工相互依存的关系。新生代员工的创新行为普遍表现较好，创新思维的产生的平均值为 3.69，创新行为的执行的平均值为 3.50，执行力略微欠缺，如何使员工更好地执行创新行为，是企业值得重视的问题（见表 10-1）。

表 10-1　　　　　　　　　描述统计及相关分析

变量	平均值	标准差	N	F1	F2	F3	C1	C2
F1	3.59	0.81	215					
F2	3.89	0.61	215	0.609**				
F3	3.63	0.86	215	0.670**	0.697**			
C1	3.69	0.58	215	0.350**	0.467**	0.361**		
C2	3.50	0.60	215	0.317**	0.457**	0.389**	0.671**	

注：F1 包容员工的观点和失败；F2 认可并培养员工；F3 公平对待员工；C1 新生代员工创新思维的产生；C2 新生代员工创新行为的执行；** $p<0.01$。

三、相关性分析

表 10-1 中的相关性矩阵显示，包容型领导风格的三个维度 F1（包容员工的观点和失败），F2（认可并培养员工），F3（公平对待员工）均与 C1（新生代员工创新思维的产生）和 C2（新生代员工创新行为的执行）呈显著正相关，研

究假设 H_1、假设 H_2 成立。

但是，各维度之间的相关性存在着差异，首先，与新生代员工创新思维的产生和创新行为的执行相关性最强的维度均为 F2 认可并培养员工；其次，公平对待员工的维度；最后，相关性最弱的为包容员工的观点和失败。

四、回归分析

运用 SPSS20.0 对数据进行回归性分析，结果如表 10-2 所示。

表 10-2　　　　　　　　　　　　分层回归结果

指标名称	创新思维的产生		创新行为的执行	
性别	-0.145	-0.134	-0.029	-0.010
年龄	-0.006	0.003	0.064	0.072
学历	0.003	-0.003	0.030	0.028
任职年数	0.054	0.044	0.052	0.043
岗位	0.052**	0.031	0.037	0.015
F1		0.085		0.012
F2		0.304***		0.312**
F3		0.017		0.096
R^2（Adj. R^2）	0.115 (0.094)	0.287 (0.259)	0.087 (0.065)	0.265 (0.236)
F	5.449***	7.905***	3.994**	7.075***

注：F1 包容员工的观点和失败；F2 认可并培养员工；F3 公平对待员工； ** $p<0.01$, *** $p<0.001$。

从表 10-2 可以看出，在分层回归分析中，控制变量解释了新生代员工创新思维的产生变异的 9.4%（F=5.449，$p<0.001$）和新生代员工创新行为的执行变异的 8.7%（F=3.994，$p<0.01$）。其中，岗位对新生代员工创新思维的产生有显著解释能力。控制变量和包容型领导风格维度解释了新生代员工创新思维的产生变异的 25.9%（F=7.905，$p<0.001$）和新生代员工创新行为的执行变异的 23.6%（F=7.075，$p<0.001$）。认可并培养员工（F2，β=0.304，$p<0.001$）对新生代员工创新思维的产生有显著的解释能力，而 F1（包容员工的观点和失败）、F3（公平地对待员工）对新生代员工创新思维的产生没有显著影响，因此假设 H_{1b} 成立，假设 H_{1a} 和假设 H_{1c} 没有得到数据的支持。包容型领导风格中认可并培养员工（F2，β=0.312，$p<0.01$）对新生代员工创新行为的执行也有显著的解释能力。而 F1（包容员工的观点和失败）、F3（公平地对待员工）对新生代员工创新行为的执行没有显著影响，因此假设 H_{2b} 得到数据的支持，假设 H_{2a} 和假设 H_{2c} 没有通过数据的检验。

第四节 研究总结

一、研究结论

本章的主要内容包括三个方面：一是对包容型领导风格的结构进行界定和验证；二是证实包容型领导风格和新生代员工创新行为的关系；三是笔者对本章提出的假设进行了验证，得到了以下结论。

（一）包容型领导风格包括三个维度

通过对问卷数据进行信度与效度检验，发现包容型领导风格各维度内部一致性系数较高，得出结论为包容型领导风格可以从三个方面表现出来，即包容员工的观点和失败、认可并培养员工、公平对待员工。

（二）包容型领导风格各个维度与新生代员工创新行为显著相关

包容型领导风格中包容员工的观点和失败、认可并培养员工、公平对待员工三个维度与新生代员工创新行为呈显著正相关，但是在影响显著性方面和回归系数存在差异。通过对包容型领导风格与新生代员工创新行为的相关分析，结果表明包容型领导风格的三个维度与新生代员工创新行为的两个维度之间的相关系数都显著。

（三）认可并培养员工对新生代员工创新思维和创新行为具有显著影响

新生代员工为1980年末、1990年初出生的员工，资历较浅，但是思维开放，善于提出问题并解决问题，也希望通过工作来实现自我价值。新生代员工不再以金钱为导向工作，而是希望在工作中受到尊重，希望得到企业领导者的认可和鼓励。

二、研究讨论

在实证研究的基础上，提出本章的研究意义和存在的局限。

（一）从包容理念视角丰富了领导风格对员工行为的影响理论，为创新发展提供了思路

本章从包容的理念视角，研究包容型领导风格对新生代员工创新行为的影

响，丰富了领导风格对员工行为影响的理论知识，且本章将焦点聚集在新生代员工上，提出新生代员工作为现代企业的主力军，是企业创新的重要力量，为企业的创新发展提供了思路，对企业在提高员工创新能力方面有重要的现实意义和指导意义。

（二）认可并培养员工能在一定程度上激发新生代员工的创新行为

本章通过对数据的分析研究发现，"认可并培养员工"这一元素对新生代员工的创新行为影响非常大。新生代的员工多为1980年末或1990年初，具有更加开放和超前的思维，具有积极与活跃的行动能力，需要更多的支持与鼓励。领导者在管理的过程中若能认同员工正确的观点、鼓励员工、给予员工发展锻炼的机会，加大对培养员工的投入，就能在一定程度上激发新生代员工的创新行为，给企业带来前进的动力。

（三）本章的研究存在一定的局限性

问卷数量较少，且问卷的收集主要集中在浙江省各级的企业。问卷数据的代表性和研究结果的普遍性是必须思考的问题。在今后的研究中，可增加发放的问卷数量，在各个地域进行问卷调查，减少研究的测量误差。同时，可在研究时，引入包容型领导风格影响员工创新行为的中介变量，如心理资本、组织承诺等，以此更全面地反映包容型领导风格影响员工创新行为的激励，为提升员工创新行为提供理论依据，促进企业的发展。

第十一章

包容型领导风格对公务员职业倦怠的影响

公务员是众人羡慕的职业,但目前公务员的职业倦怠问题需要引起社会的关注。2012年中国社科院政治学研究所调研组对我国基层公务员的调研结果显示,79.89%的基层公务员存在职业倦怠的现象,只不过其状况较轻,而重度表现的公务员的比例为6.40%(鲍舜,2016)。包容是我国传统的思想,是中华文明的历史启示(袁行霈,2007),如何把包容理念融入领导风格中,探究包容型领导风格对员工行为的影响,是目前组织行为学研究的新话题。霍兰德(2009)提出包容型领导风格是一种基于领导与员工依存关系的领导风格,关注员工的需求和利益。目前,国内外对于包容型领导风格的研究尚处于起步阶段,本章以公务员为研究对象,以心理资本为中介变量,探究了包容型领导风格对公务员职业倦怠的影响。

第一节　理论基础与研究假设

一、包容型领导风格的内涵与特点

包容型领导风格最初在西方的教育领域出现。瑞安(2007)认为教育领域的包容型领导风格是一种平等的集体领导过程。而在管理学领域,包容型领导风格(leader inclusiveness)这一概念最早由内布哈德和埃德蒙森(2006)提出,将之界定为领导者在鼓励下属工作投入与工作贡献过程中的言语和行为表现。此后,霍兰德(2009)从领导者与员工依存关系的角度对包容型领导风格进行研究,将这一关系界定为一种可以双赢、双方具有共同愿景的相互依存的关系。卡梅利和雷特(2010)认为包容型领导风格可以从领导与员工的互动交流中判断,包容型领导在与员工的交流过程中具有开放性、有效性和易接近性。徐(2016)发现包容型领导风格作为一种开放的、有效的、易接近的领导方式，与员工的优秀表现呈正相关。我国学者刘泱（2016）提出包容型的领导奉行以人为本的原则，坚持以平等的态度认可下属的付出，并以自身的努力作为表率。彭伟等（2016）运用"扎根理论"将包容型领导分为五个维度，即容纳他人、容许犯错、尊重下属、认可下属、体谅下属。

包容型领导风格相较于魅力型领导（张鹏程，2011）、变革型领导（孟慧，2011）、授权型领导（Zhang X，2010），更强调领导与员工间的互动与依存关系，将领导者与员工视为一个互相依赖的整体。笔者在以往研究基础上，进行了深度访谈与开放式问卷调查，把包容型领导风格划分为三个维度：（1）领导者认可培养员工。领导对员工的付出给予认可和肯定，重视对员工的培养，当员工取得成绩时给予称赞。（2）领导者尊重并公平对待员工。领导者满足员工尊重的需求，对待员工秉承公平原则，能充分考虑到员工的需求和利益，与员工共享收益。（3）领导者理性包容员工的观点和失败。即鼓励员工提出新的观点和合理化建议，在员工犯错误时给予员工理解、正确引导与理性建议，在遇到紧急问题时能与员工一同面对与解决，而非一味指责员工。

二、公务员职业倦怠和心理资本的要素

（一）公务员职业倦怠包括情绪衰竭、消极怠慢、成就感低落三个维度

马斯拉奇（Maslach，1981）和杰克逊（Jackson，1986）最早提出职业倦怠是工作中出现的一种与个人压力有关的心理综合表现，包括情绪衰竭、去个性化、职业效能三个维度。职业倦怠又称工作倦怠，它是指由情感衰竭、去人性化和个人成就感降低构成的一种生理上、心理上多维度的综合性症状（唐昕辉，等，2005）。瓦尔库尔（Valcour，2016）认为职业倦怠应该由三个成分构成：情绪衰竭、玩世不恭、效率低下，其中情绪衰竭是职业倦怠的核心特征。关于公务员职业倦怠，缪国书（2012）提出，公务员职业倦怠是处于长时间工作压力下而产生的一种关于情感、态度和行为方面的衰竭问题。公务员职业倦怠分为三个维度：情绪衰竭，主要表现为公职人员在工作中时常会情绪低落、身心疲惫；消极怠慢，主要表现在公务员对待工作提不起兴趣；成就感低落，指公务员认为自我价值没有发挥、所做工作没有意义、自身缺乏成就感等。

（二）心理资本是个人的积极心理力量

随着积极心理学和组织行为学的兴起，心理资本逐渐受到国内外学者的广泛关注。戈德史密斯（1997）将主体心理与其经济效应结合，后被广泛应用。卢桑

斯（2007）根据积极心理学与组织行为学，将心理资本定义为个人的积极心理力量，并将心理资本划分为自我效能、乐观、希望、韧性四个方面。本章将心理资本作为一个整体，探究心理资本在包容型领导风格和公务员职业倦怠关系中的中介作用。

三、包容型领导风格与公务员职业倦怠的关系

情绪衰竭主要指公务员对工作丧失热情，没有激情和活力，常常表现出情绪烦躁、易怒等特点。卡拉赛克（Karasek，1979）提出了著名的 JDCS 模型，认为除了公务员自身具备的能力外，组织需给予公职人员充分支持，主客观条件共同满足才能更好地规避公务员职业倦怠问题。劳（2012）通过实证发现，包容型领导风格在多元化的组织中能有效预测组织成员的个人责任感、成员间的协作性和工作团队的有效性，这一特征有助于领导及时发现员工的负面情绪与工作状态。包容型领导与员工之间相互依存的互动关系有利于员工在工作中找到存在感与归属感，能够消除上班带来的负面情绪，在工作中保持良好状态。根据包容型领导风格的特征，笔者认为，包容型领导风格有利于缓解公务员情绪衰竭，并提出以下假设。

假设 H_1：包容型领导风格对公务员情绪衰竭具有显著影响。

假设 H_{1a}：领导者认可并培养员工，对公务员情绪衰竭具有显著影响。

假设 H_{1b}：领导者尊重并公平对待员工，对公务员情绪衰竭具有显著影响。

假设 H_{1c}：领导者理性包容员工的观点和失败，对公务员情绪衰竭具有显著影响。

消极怠慢具体表现为工作态度消极，刻意和周围的人以及身边的事保持一定的距离，对自身的工作产生厌倦。卡梅利（2010）等学者的研究发现，包容型领导风格对员工的投入具有正向影响。缪国书（2012）的研究表明，公务员的职业倦怠多表现为行为等方面的衰竭，需要公务员自身和政府组织共同努力才能削减、规避。刘泱等（2016）发现包容型领导风格影响员工在工作中的主动行为。包容型领导的特点有利于激发员工对工作的激情与兴趣，因此，笔者认为，包容型领导风格能够有效缓解公务员的消极怠慢，为此，特提出以下假设。

假设 H_2：包容型领导风格对公务员消极怠慢具有显著影响。

假设 H_{2a}：领导者认可并培养员工，对公务员消极怠慢具有显著影响。

假设 H_{2b}：领导者尊重并公平对待员工，对公务员消极怠慢具有显著影响。

假设 H_{2c}：领导者理性包容员工的观点和失败，对公务员消极怠慢具有显著影响。

成就感低落主要表现为对自己、对工作的意义和价值评价下降，通常认为日

常工作都是些枯燥无味的烦琐事物并且不能发挥自身的才能,而且有时甚至打算跳槽甚至转行。朱瑜等(2014)研究指出,包容型领导对个体和团队的心理安全感、学习行为、创造性、工作投入、绩效水平等变量有着不同程度的影响。包容型领导展示开放性、听取员工的意愿和需求、鼓励员工,使员工易于接近并产生支持感,让员工觉得领导非常重视自己,所从事的工作对于组织而言是非常重要和有价值的(景保峰,2015)。因此,笔者认为,包容型领导风格能够有效缓解公务员成就感低落,并提出以下假设。

假设 H_3:包容型领导风格对公务员成就感低落具有显著影响。

假设 H_{3a}:领导者认可并培养员工,对公务员成就感低落具有显著影响。

假设 H_{3b}:领导者尊重并公平对待员工,对公务员成就感低落具有显著影响。

假设 H_{3c}:领导者理性包容员工观点和失败,对公务员成就感低落具有显著影响。

四、心理资本在包容型领导风格与公务员职业倦怠关系中的中介作用

心理资本是促进个体成长与绩效提升的重要因素(吴伟炯,2012),是一种可测量的、可开发的和对工作绩效有促进作用的个体积极心理能力(柯江林,2014)。卢桑斯等发现中国员工的心理资本与主管的评价和客观工作绩效指标都显著相关,方阳春等(2016)的实证研究表明,包容型领导风格对员工心理资本具有显著的正向影响,心理资本的每个要素与积极的员工态度和行为正向关联,员工的心理资本越高,就拥有更多能够支撑展现他们才能的乐观、韧性等心理资源。基于上述研究,笔者提出以下假设。

假设 H_4:心理资本在包容型领导风格与公务员情绪衰竭关系中起中介作用。

假设 H_5:心理资本在包容型领导风格与公务员消极怠慢关系中起中介作用。

假设 H_6:心理资本在包容型领导风格与公务员成就感低落关系中起中介作用。

第二节 研究方法

一、研究对象

本次调研采用问卷调查方式,数据来自两个渠道。第一个渠道是利用实习机会对浙江省杭州市政府部门公务员进行了抽样调查。第二个渠道是抓住浙江大学、浙江省委党校、浙江工业大学等高校对公务员进行继续教育的机会对学员进

行了面对面的调查。共发放问卷 423 份，回收问卷 423 份，其中有效问卷为 395 份，有效问卷回收率约为 93.4%。被调查的样本中，男性占 67.3%、女性占 32.7%；样本中将近一半人的年龄介于 30～39 岁之间，占总样本的 47.8%；其中大部分人的学历为大学本科，占 67.8%；在单位的任职年数分布较为平均，5 年以下及 20 年以上均有涉及。科员、副主任科员、主任科员、副处长、处长，所占比例分别为 29.4%、9.6%、27.6%、17%、11.4%，其他人员为 5%。

二、研究工具

本章所采用的问卷一共分为四个部分：个人基本情况、包容型领导风格量表、心理资本量表以及职业倦怠量表。其中包容型领导风格量表包含 12 个题目，是结合本书对包容型领导风格的要素界定和结构化访谈的内容，并借鉴了卡梅利等（2010）问卷设计而成。心理资本量表主要参照了卢桑斯的问卷，对员工的心理状态进行了解，共包含 23 个题目。职业倦怠量表基本采纳了马斯拉奇等人编制的量表，并根据我国公务员的基本特征稍做调整，共包含 14 个题目。本章除个人背景资料题以外，其余变量均采用李克特五点量表记分。

三、数据处理办法

研究采用了 SPSS 统计软件，对数据进行了探索性因子分析、相关性分析和分层回归分析。

第三节　实证研究结果

一、量表的因子分析和信度检验结果

对包容型领导风格量表数据进行因子分析，共提取了三个因子，分别为认可并培养员工、尊重并公平对待员工、理性包容员工的观点和失败，分别解释了 21.45%、24.33%、17.95% 变异，各项目的因子载荷在 0.52～0.84 之间，三个因子总共解释总变异的 63.72%，包容型领导风格量表的 α 系数为 0.90。对职业倦怠量表数据进行因子分析，结果得出三个因子：公务员情绪衰竭、公务员消极怠慢、公务员成就感低落，分别解释变异量为 25.97%、11.48%、27.25%，累计解释变异量为 64.70%。各项题目的因子负荷在 0.61～0.84 之间。整份量表的

α 系数为 0.83，公务员心理资本量表的 α 系数为 0.89。三个量表均具有较好的信度。

二、相关性分析

表 11-1 的相关性矩阵显示，包容型领导风格的三个维度与心理资本呈显著正相关，与职业倦怠三个维度均呈显著负相关；心理资本与公务员情绪衰竭、消极怠慢、成就感低落三个维度均呈显著负相关。但是，包容型领导风格的各维度与心理资本、公务员职业倦怠之间的相关性存在着明显差异，与心理资本相关性最高的为 F_1 认可并培养员工。与 C_1 公务员情绪衰竭、C_2 公务员消极怠慢、C_3 公务员成就低落三个维度负相关程度最高的分别为包容员工的观点和失败、尊重并公平对待员工、认可并培养员工。

表 11-1　　　　　　　　　　　相关分析结果

变量	F1	F2	F3	P	C1	C2	C3
F1							
F2	0.610**						
F3	0.636**	0.729**					
P	0.374**	0.300**	0.351**				
C1	-0.256**	-0.255**	-0.257**	-0.222**			
C2	-0.333**	-0.339**	-0.333**	-0.243**	0.622**		
C3	-0.280**	-0.181**	-0.249**	-0.692**	0.201**	0.182**	

注：F1 认可并培养员工；F2 尊重并公平对待员工；F3 理性包容员工的观点和失败；P 心理资本；C1 公务员情绪衰竭，C2 公务员消极怠慢，C3 公务员成就感低落。** $p<0.01$。

三、回归分析

采用了分层回归分析法，运用 SPSS20.0 对数据进行了回归性分析，结果见表 11-2。进一步验证了包容型领导风格对公务员职业倦怠的影响以及心理资本的中介作用。（1）对中介变量的回归分析：以心理资本为因变量，先后引入控制变量与包容型领导风格的三个维度（见表 11-2 模型 M1、模型 M2）。（2）中介变量在包容型领导风格和公务员职业倦怠中的中介效应的检验：分别以公务员职业倦怠的三个维度作为因变量。

首先，引入控制变量（见表 11-2 模型 M3、模型 M6 和模型 M9）；其次，引入包容型领导风格的三个维度（见表 11-2 模型 M4、模型 M7 和模型 M10）；最后，引入中介变量（见表 11-2 模型 M5、模型 M8 和模型 M11）。

表 11-2　分层回归分析结果

解释变量	心理资本		公务员情绪衰竭				公务员消极倦怠		公务员成就感低落		
	M1	M2	M3	M4	M5	M6	M7	M8	M9	M10	M11
性别	-0.063	-0.102*	-0.260*	-0.216*	-0.246*	-0.124	-0.059	-0.085	0.031	0.069	-0.012
年龄	0.033	0.050	-0.199*	-0.229**	-0.214*	-0.220*	-0.264**	-0.251	-0.059	-0.070	-0.030
学历	0.015	0.017	-0.064	-0.074	-0.069	-0.114	0.158	-0.154	0.019	0.021	0.034
任职年数	-0.002	0.012	0.115*	0.099*	0.102*	0.115*	0.090	0.093	0.017	0.004	0.014
职务	0.078***	0.054***	-0.023	0.007	0.023	-0.027	0.018	0.032	-0.050**	-0.030	0.013
F1		0.152***		-0.127	-0.081		-0.193*	-0.155		-0.16***	-0.038
F2		0.017		-0.133	-0.128		-0.198*	-0.194*		0.035	0.049
F3		0.086*		-0.094	-0.068		-0.130	-0.109		-0.091	-0.023
P					-0.301**			-0.253*			-0.79***
R^2	0.087	0.239	0.044	0.118	0.135	0.033	0.170	0.180	0.035	0.122	0.487
Adj. R^2	0.075	0.223	0.031	0.100	0.115	0.020	0.153	0.161	0.022	0.104	0.475
F	7.391***	15.15***	3.562**	6.482***	6.703***	2.614*	9.875***	9.395***	2.800*	6.717***	40.63***

注：F1 认可并培养员工；F2 尊重并公平对待员工；F3 理性包容员工的观点和失败；P 心理资本；* $p<0.05$，** $p<0.01$，*** $p<0.001$。

参照巴伦和肯尼（1986）中介效应的4项条件检验：自变量对因变量存在显著影响、自变量对中介变量存在显著影响、中介变量对因变量存在显著影响、自变量与中介变量同时代入回归方程解释因变量时中介变量的效应显著而自变量的效应消失或减弱。

根据分层回归分析结果，相较于模型 M1，模型 M2 的解释力有明显提高（$F=15.15$，$p<0.001$）。且从模型 M2 中可以看出，F1 认可并培养员工与 F3 理性包容员工的观点和失败对心理资本有显著的正向影响。

在模型 M3、模型 M4、模型 M5 中，模型 M4 比模型 M3 的解释能力有显著提高（$F=6.482$，$p<0.001$），但包容型领导风格的三个维度均对公务员情绪衰竭没有产生显著影响。因此，假设 H_{1a}、假设 H_{1b}、假设 H_{1c} 没有得到数据支持。从模型 M5 中可以看出，代入中介变量后心理资本对公务员情绪衰竭具有显著负影响，但是，由于自变量没有对因变量产生显著影响，假设 H_4 没有得到验证。

从模型 M6、模型 M7、模型 M8 中可以看出模型 M7 的解释能力比模型 M6 有显著提高（$F=9.875$，$p<0.001$），在控制了性别、年龄等变量后，F1 认可并培养员工和 F2 尊重并公平对待员工对公务员消极怠慢有显著的负向影响，而 F3 理性包容员工的观点和失败对公务员消极怠慢没有显著影响。因此，假设 H_{2a}、假设 H_{2b} 得到了数据的支持，而假设 H_{2c} 没有通过检验。引入中介变量后发现（见模型 M8），心理资本对公务员消极怠慢有显著的负影响，F1 认可并培养员工的影响下降为不显著，因此心理资本在认可并培养员工和公务员消极怠慢的关系中起到完全中介作用，在尊重并公平对待员工、包容员工的观点和失败与公务员消极怠慢的关系中没有起到中介作用，假设 H_5 得到部分验证。

在模型 M9、模型 M10 和模型 M11 中，将控制变量与自变量一起代入回归方程后发现（见模型 M10），F1 认可并培养员工对公务员成就感低落有着显著的影响，而 F2 尊重并公平对待员工和 F3 理性包容员工的观点和失败对公务员成就感低落的影响不显著。因此，假设 H_{3a} 通过数据的检验，推断出假设 H_{4b}、假设 H_{4c} 没有得到数据的支持。在模型 M11 中引入中介变量后发现，F1 认可并培养员工的影响下降为不显著，而心理资本对公务员成就感低落有着显著负影响，因此，心理资本在认可并培养员工和公务员成就感低落的关系中起到了完全的中介作用，假设 H_6 得到了部分验证。

第四节 研究结果与讨论

公务员作为当前社会最受欢迎的职业，吸引了大量的社会优秀人才。但是，公务员近年来频繁出现的职业倦怠问题也引发了社会的广泛关注，如何从领导方式与风格着手，有效缓解公务员职业倦怠问题。本章探究了包容型领导风格对公务员职业倦怠的影响，并且尝试分析了心理资本在两者关系中的中介作用，为当前公务员队伍的管理提供了新的思路，对缓解公务员群体的职业倦怠，激励国家公务员群体以更好的状态投入到中华民族的伟大复兴中，具有重要的现实意义。本章得出了以下三个结论。

一、包容型领导风格维度内部一致性系数较高

包容型领导风格包括三个维度：认可并培养员工、尊重并公平对待员工、包容员工的观点和失败，各维度内部一致性系数较高。

二、包容型领导风格与公务员职业倦怠三维度间均呈显著负相关

包容型领导风格与公务员职业倦怠显著相关，其中认可并培养员工对公务员消极怠慢和公务员成就感低落都有显著负影响，对公务员情绪衰竭没有产生显著影响；尊重并公平对待员工对公务员消极怠慢有显著负影响，对公务员情绪衰竭和成就感低落没有显著影响；理性包容员工的观点和失败对公务员职业倦怠的三个维度都没有产生显著影响，可能与公务员工作特征相关。

三、认可并培养员工和理性包容员工的观点和失败对心理资本有显著影响

包容型领导风格中，认可并培养员工和理性包容员工的观点和失败等两个维度对心理资本有显著影响，心理资本在认可并培养员工与公务员消极怠慢及成就感低落的关系之间起着完全中介作用。

第十二章

包容型氛围对科技人才创新行为的影响

经济全球化飞速发展，外部环境动态性和竞争不确定性日趋加强，动荡的市场环境使得企业想要在激烈的竞争环境下寻求生存和发展，就需要不断的创新。创新可以分成个体、群体和组织层次，但个体是创新的最终来源，拥有一批主动积极善于创新的员工是企业赖以生存和发展的重要条件。企业的创新是员工和团队创造性想法在组织层面的执行，主要取决于其科技人才的创新行为，科技人才的创新行为能够持续有效地对企业的创新、效益和生存能力提供有效的支持。不仅企业需要创新，对于相对稳定的事业单位来说，也需要紧跟时代的脚步，才能满足人民日益增长的需要。科技人才，是企事业单位创新的"主力军"，他们掌握着行业的最先进的知识，所以，科技人才对企事业单位的创新起着至关重要的作用。

在社会发展多元化背景下，人与人的个性存在着一定的差异，价值观也有很大差异，在相互融合的过程中会产生一定的矛盾和冲突，这就需要一种包容型氛围的调节。20国集团（Group 20，简称G20）杭州峰会，把包容定为主题之一。包容是中华文明的重要内容之一，也是联合国为落实千年发展目标而提出的一个重要理念。兼收并蓄、海纳百川更是中国人文精神的重要特征。海纳百川、一视同仁和人人共享的包容理念与氛围无处不在、无时不影响着我们的生活。

所谓的包容，就是欢迎、承认和尊重差异。包容氛围会创造一种环境，鼓励和培养人们开放式交流、革新想法和思维、参与式决策、公正和公平。企业通过充分利用员工的才干和优势，吸引和留住最适合企业的员工。

西井认为在包容的环境中，每个人都被公平的对待，都处于核心的决策地位。考克斯说像"多元文化"组织一样，包容的环境具有一个组织的特点，这个组织恪守承诺去整合不同文化特征的见解和技巧。莎拉·克里斯滕森认为，以下做法有助于创造一个包容性氛围：（1）考虑内部消除歧视。（2）回顾招聘实践，允许所有人都进来吗？（3）问他们喜欢的代词是什么。本章采用西井对包容型氛围的定义，认为包容型氛围中，每个人都被公平的对待，不同的见解被重视。

20世纪90年代以来，学界开始关注个体层面的创新，大多数管理学家从流程角度看个体创新。王双龙认为个人创新行为是指员工产生创新观点并将其应用于组织的所有个人行动，有助于工作效率的提升，或者管理程序与工作关系的改善，且将个人创新行为的影响因素归纳为个人特质、工作特征、群体特征、工作关系以及组织环境等。斯科特和布鲁斯（1994）认为个体创新行为从识别问题开始，产生创新构想或解决方案，并为自己的想法寻求支持，最后将创新的想法"产品化"及"制度化"。他们将个体创新行为分为三个阶段：（1）问题的确立以及构想或解决方式的产生。（2）寻求对其构想的支持。（3）由此产生创新的标准或模式，使其可以被扩散、大量制造，进而被大量使用，最终完成其创新的构想。周和乔治（Zhou & George, 2001）认为个人创新的表现程度，不应该单指创新想法本身，还应包括创新想法的产生、内容、推广与发展执行方案，如此才能确保创新想法可以被有效的执行。克莱森和斯崔特通过对28篇文献中提及的289项创新活动的回顾与总结，总结了个体创新行为包含寻找机会、产生思想、调查、支持和应用的五个阶段，并认为个体创新是对有用的思想产生、导入以及应用于任何层次的组织。黄致恺、张国亮、吕小军在克莱森和斯崔特的测试基础上对个体创新的五个阶段进行检验，在中国国情下发现，个人创新行为可归纳为两个阶段，即产生创新思想框架的行为和落实创新思想框架的行为。员工创新行为是指员工在工作过程中，产生创新构想或问题解决方案，并努力将之付诸实践的行为，包括产生和执行创新构想两个阶段的各种创新行为表现。其中产生创新构想的行为包括员工为了组织的产品、技术、工作流程以及服务的提升广泛地寻找、发现创新机会，产生构想或解决方案，并对它们的可行性进行试验等行为表现；执行创新构想的行为包括员工为了实现创新构想，积极调动资源、说服及影响他人支持创新、敢于挑战与冒风险以及通过个人的努力使创新常规化成为企业日常运作的一部分等行为表现。本章采用顾远东、彭纪生的观点，认为员工创新行为是指员工在工作过程中，产生创新构想或问题解决方案，并努力将之付诸实践的行为。

已有研究表明创新氛围、创新自我效能感、积极情绪等是员工创新行为的影响因素。在管理实践中，包容型氛围的运用越来越被重视，但是实证研究较少，关于包容型氛围对创新行为的实证研究比较缺乏，且研究得不够深入。综合前面的文献整理，笔者提出问题，包容型氛围是否也是创新行为的影响因素？因此，本章基于对企事业单位的科技人才的问卷调查，用第一手数据探讨包容型氛围对科技人才创新行为的影响，拓展了包容型氛围及创新行为的研究，能够为今后的相关研究提供数据上的支持及研究思路的参考。

第一节 研究设计

一、研究假设

西井在研究包容型氛围对性别差异的影响时,通过验证性因子分析,在31个项目中发现了三个因素结构:雇用公平实践、差异整合、决策包容。每一个方面都表现出高可靠性和可接受的统计价值。因此,本章假设。

假设 H_1:包容型氛围的维度由雇用公平实践、差异整合、决策包容三个维度组成。

梁祺、苏涛永研究表明包容型领导对员工创新行为有显著的正向影响,而且员工知识分享行为在影响过程中有显著的中介作用。冯永春和周光基于心理安全视角,探讨领导包容行为对不同类型的员工创造行为产生影响。研究结论发现领导包容行为有利于提高员工的心理安全感,包容型领导对工作人员的创造行为起显著的正向影响,尤其是增量型创造行为。领导包容是另一层面上激励工作人员的创造行为,侧面增加工作人员的贡献量。朱晓妹等人借助中介调节作用模型将包容型领导对科研人员创新绩效的影响进行实证研究。研究结果表明,包容型领导对其所负责的科研人员创新绩效具有显著的正向影响;责任心对于包容型领导与科研人员创新绩效之间的关系具有显著的调节作用,其调节作用以主管信任为中介。该研究不仅丰富了领导包容性与员工创新等方面研究,并对企业和工作人员的创新绩效具有实践上的指导意义。从西井的研究结论可知,包容型氛围对企业创新有积极的影响。

综合上述文献研究结果,本章认为包容型氛围对科技人才的创新行为有积极的作用。因此提出如下假设。

假设 H_2:包容型氛围对科技人才的创新行为产生显著的正向影响。

假设 H_{2a}:包容型氛围的雇用公平对科技人才的创新行为产生显著的正向影响。

假设 H_{2b}:包容型氛围的差异整合对科技人才的创新行为产生显著的正向影响。

假设 H_{2c}:包容型氛围的决策包容对科技人才的创新行为产生显著的正向影响。

二、问卷设计和数据收集

本章调查对象为浙江省从事企事业单位的科技人才,正式测量是将调查问卷编制成三种形式:纸质稿、Word 电子稿和网页版,主要采用网页版发放问卷网页链接的形式,同时通过电子邮件发送 Word 电子版问卷、实地发放纸质稿问卷。

本次研究总共发放问卷 217 份，回收 200 份，回收率为 92.2%；其中有效问卷为 200 份（包括纸质版本问卷 28 份，Word 电子版本问卷 19 份，问卷网页版问卷 153 份），回收情况良好。

从调查样本的分布情况来看（如表 12-1 所示）：男性员工占总人数的 49%，女性员工占总人数的 51%；其中本科及以上学历占 88.5%，工作人员的年龄主要分布在 30~39 岁之间；工科类人员在调查样本中所占比例最高，占到 76.5%。

表 12-1　　　　　　　　　　　样本基本情况统计

项目	类别	样本数（份）	百分比（%）
性别	男	98	49
	女	102	51
年龄	30 岁以下	60	30
	30~39 岁	120	60
	40~49 岁	18	9
	50 岁及以上	1	0.5
文化程度	大专及以下	23	11.5
	大学本科	119	59.5
	硕士研究生	57	28.5
	博士研究生及以上	1	0.5
学科背景	人文社科	25	12.5
	理科	22	11
	工科	153	76.5

三、变量测量

包容型氛围量表由以下三个维度组成：
（1）第一个维度用于了解被调查者对当前雇用公平实践的认可程度。
（2）第二个维度是对本单位差异整合的评价打分。
（3）第三个维度是对本单位决策包容的评价打分。
采用李克特五点量表。此部分量表内容主要借鉴浙江大学苗青教授主编的《人力资源管理研究与实践：前沿量表手册》的尼西包容型氛围量表（Nishii, 2013），以及结合斯科特、布鲁斯共同开发的个体层面上的创新行为量表，编制了共 39 个题项的问卷，其中包容型氛围量表有 31 个题项，创新行为量表有 8 个题项。

第二节 实证分析

一、信度和效度分析

本章采用 Cronbach's α 系数对所回收的问卷数据进行信度检测。一般情况下，当 Cronbach's α 系数 ≥0.5 时，数据的信度较高；当 Cronbach's α 系数 ≥0.7 时，数据的信度非常理想。

研究采用 KMO（Kaiser-Meyer-Olkin）和 Bartlett 球体检验的方法进行检验变量是否适合进行因子分析。KMO 的取值范围是 0~1，越接近 1 说明量表当中的变量越适合进行因子分析，一般认为 KMO 值 ≥0.7 时，原变量较为适合进行因子分析。

统计分析结果显示，包容型氛围量表的 KMO 值达到了 0.948，远远高于 0.7，说明包容型氛围很适合进行因子分析。同时，包容型氛围的 Bartlett 球形度检验结果表明，其显著性水平小于 0.001，达到了显著性水平。因此说明，数据适合进行因子分析。

研究进一步采用最为普遍的主要成分分析法进行因子提取，确定主要因子载荷，以明确各因子所对应的问卷项目。对包容型氛围进行因子分析后，从中提取 3 个因子，对原始变量累计解释变异量为 76.042%。因子 1 包含 5 个项目，因子 2 包含 8 个项目，因子 3 包含 7 个项目，各个维度下的各个因子的因子载荷均大于 0.7。这 3 个因子的 Cronbach's α 系数在 0.922~0.959 之间，均远远大于 0.6，说明调查所获数据可信度非常高。根据归因成分的不同，将因子 1 命名为雇用实践公平，因子 2 命名为差异整合，因子 3 命名为决策包容。

然后，对创新行为的量表进行分析。通过对创新行为量表进行探索性因子分析，只能抽取出一个因子，所以得出这一维度只有一个因子。

二、描述性统计及相关分析

各变量的平均值、标准差和各变量间的相关系数如表 12-2 所示。总体而言，现有包容型氛围处于中等水平。在工作创新方面，创新行为的均值为 2.65，处于中等水平。可以得知科技人才还是能够意识到创新的重要作用并且比较重视创新。雇用公平实践和创新行为（$r = 0.784$，$p < 0.01$）、差异整合和创新行为（$r = 0.832$，$p < 0.01$）、决策包容和创新行为（$r = 0.914$，$p < 0.01$）都显著正相关。这些分析结果与理论预期关系相一致，为研究假设提供了初步支持。

表 12-2　　　　　　　　　　　描述统计及相关性分析

变量名称	平均值	标准差	雇用公平实践	差异整合	决策包容
雇用公平实践	2.631	0.94			
差异整合	2.629	0.89	0.867**		
决策包容	2.624	0.99	0.826**	0.890**	
创新行为	2.651	0.88	0.784**	0.832**	0.914**

注：** 表示 $p<0.01$。

三、回归分析

相关分析已经说明包容型氛围的各个维度各个因子与创新行为之间存在着正相关的关系。为了进一步了解包容型氛围的不同维度不同因子对创新行为的影响，研究在控制了性别、年龄、文化程度、学科背景等人口统计学变量的基础上，将三个包容型氛围的维度作为自变量，将创新行为作为因变量进行层次回归分析，分析结果如表 12-3 所示。

表 12-3　　　　　　　　　　　回归分析结果

变量	创新行为	
	模型 1	模型 2
年龄	-0.362	-0.018
性别	0.29	0.021
文化程度	-0.114	-0.057
学科背景	-0.085	0.066
雇用公平实践		0.045
差异整合		0.046
决策包容		0.733***
R^2（Adj. R^2）	0.128（0.11）	0.843（0.838）
F	7.127***	147.79***

注：*** 表示 $p<0.001$。

具体分层分析过程分为两步：

第一步，先把年龄、性别、文化程度和学科背景作为控制变量放入回归方程的第一层。

第二步，把三个包容型氛围维度作为自变量放入回归方程的第二层，以创新行为作为因变量。从结果来看，在控制了年龄、性别、文化程度和学科背景等人口统计变量之后，模型 2 比只含有控制变量的模型 1 对创新行为变异的解释能力提高了 71.5%（F = 147.79，$p<0.001$），其中，决策包容（β = 0.733，$p<0.001$）对创新行为有着显著的正向影响。

从上述回归分析的结果可以得出以下结论：包容型氛围中的三个维度，只有决策包容对创新行为产生显著的正向影响，验证了假设 H_{2c}。虽然相关分析结果说明雇用公平实践和差异整合与创新行为是正相关的，但是回归分析结果中，这两个因子对创新行为的影响都不显著，所以假设 H_{2a} 和假设 H_{2b} 不成立。

第三节 研究结论及启示

一、研究结论

本章以浙江省为例进行实证调研，研究包容型氛围对科技人才创新行为的影响。基于实证分析，结合文献研究，利用描述性统计分析、相关分析和回归分析等统计分析工具，得出以下的基本结论。

（一）包容型氛围由雇用公平实践、差异整合和决策包容三个维度组成

通过因子分析，可知包容型氛围由三个维度组成，包括雇用公平实践、差异整合和决策包容。其中雇用公平实践包括恰当地安排工作、人力资源管理公平公正、晋升流程公平公正、绩效评估过程公平公正；差异整合包括做真实的自己、展现"真我"、多元化意识、倡导工作与生活平衡的价值观、尊重人与人的差异、有效解决冲突、分享观点和互相学习、赋予相关工作决策权；决策包容包括提倡百家争鸣、认真考虑每个人改进工作的想法、鼓励员工对工作范畴之外的领域提出建议、采纳员工观点、坚信成员投入和能力的提高成正比、员工参与提高决策能力、成员充分施展拳脚。

（二）包容型氛围每一个维度与创新行为有着不同程度相关

从包容型氛围三个维度与创新行为的相关分析和回归分析结果来看，包容型氛围每一个维度与创新行为有着不同程度的相关。其中，显著影响创新行为的维度是包容型氛围中的决策包容。雇用公平实践和差异整合对创新行为的影响都不显著。

二、对管理实践的启示

在管理实践中，企事业单位的领导者要为科技人才营造一个包容型的氛围，以提高他们的创新行为。不仅仅是科技人才，领导者对待他们的员工都要包容。

领导者在营造包容型氛围时，要注意雇用公平实践、差异整合和决策包容这三个方面的改进，尤其着重关注决策公平。领导者要通过做到以下八点来提高科技人才的创新行为。

（一）鼓励百家争鸣

让科技人才可以各抒己见、畅所欲言，说出他们心中对事物的真实的想法，而不是为了迎合领导，去揣摩领导的心思，说出虚假的想法。

（二）认真考虑科技人才对改进工作的想法

当他们通过认真思考，提出对改进工作的想法时，领导者要认真考虑其中的优缺点。

（三）鼓励他们对工作范畴之外的领域提出建议

领导者要鼓励科技人才对他们工作范畴之外的领域提出一些建议，以开阔他们的视野，激发创新行为。

（四）采纳他们的观点来对实际工作进行重新思考或定义

领导者要相信，如果有不同的观点，是否需要改革或改变。

（五）员工可以积极建言献策

领导者可以提供献策的渠道，鼓励员工积极建言献策。

（六）坚信成员投入和能力的提高成正比

领导者要践行这样的信条：当不同角色、等级和职能的员工投入都被重视，解决问题的能力就会提高。

（七）员工参与有建设性的争论以提高决策能力

重要决策，不妨听听员工的声音。

（八）员工可以用自己的知识充分施展拳脚

要鼓励和允许员工大胆地做出自己想做而且能做好的事情。

第十三章

包容型人才管理模式对新生代员工离职倾向的影响——工作激情的中介作用

"新生代员工"即出生于1980年以后并已具备劳动能力的年轻从业者逐步成为劳动力主体,他们追求自由、个性鲜明,将成为企业发展的主力员工。在职业生涯的前5年,新员工比老员工有更高的离职率,并且在二者工作周期最长的职位上,新生代员工平均工作周期更短(Becton et al., 2014)。帕克等(Park et al., 2013)指出,员工频繁离职行为会导致内部知识泄露、重要客户流失等问题,也就是说,新生代员工的频繁离职行为将会给企业管理带来一定的困扰。需要关注的是,组织如何吸引并保留新生代员工,削弱其离职意愿的问题依然存在(Twenge et al., 2012)。组织工作场所对新生代员工的工作态度和行为影响十分重要,企业管理者可以通过制定策略,有针对地解决新生代员工的关注和需求(Gallicano et al., 2012)。所以,管理者应当采取何种管理实践来有效管理新生代员工的离职问题?随着人才需求的提升和组织结构的变迁,越来越多的组织需要把包容理念融入现代管理实践中,"包容"不仅是一种优质的品德修养,而且是一种重要的管理理念,包容的组织管理实践更容易被员工和组织所接受。

以往学者针对员工离职倾向的前因变量研究,主要从工作满意度、工作嵌入、组织承诺、组织支持感等方面进行考量,对包容管理实践影响员工离职的研究比较欠缺(景保峰等,2017)。随着越来越多的学者提出包容型组织氛围,包容型领导等组织情境因素能够影响员工的包容感知,并进一步对组织公民行为、员工离职等产生一定的影响(Shore et al., 2011; Hollander et al., 2012)。当前国内外基于组织层面对企业的包容型人才管理模式的实证研究还处于起步阶段。黄等(Hwang et al., 2015)指出,组织采用更加包容的管理模式,有助于员工组织承诺、提高工作满意度,进而降低员工的离职倾向。鉴于组织包容管理与员工行为的作用机制是复杂的,有必要在中国情境下研究包容型人才管理模式对于员工离职倾向产生影响的作用机制，从而揭开包容型人才管理模式发挥作用的"黑箱"。值得关注的是，前程无忧网关于"工作激情"的职场调查数据显示，97.5%的受访者表示工作激情正在或者已经流失，只有2.5%的受访者表示依然抱有工作激情。现有研究指出，工作激情对职业幸福感、职业倦怠等变量有独到的解释力，能很好地帮助我们理解既往研究其他变量无法透彻解读的现象（蒋昀洁，等，2017），有学者建议从组织管理层面来激发个体的工作激情（Zigarmi et al.，2019）。基于此，我们将关注包容型人才管理模式是否会对员工的工作激情产生影响，进而影响员工的离职倾向。换言之，我们将分析工作激情在包容型人才管理模式与新生代员工离职倾向之间的中介作用。

第一节　研究设计

一、研究假设

（一）包容型人才管理模式与工作激情

传统的企业人才开发是指企业为了提高员工职业技能和素养，将员工的人力资本当成一种资源进行发掘和培养，而人才开发模式是指解决此类问题的方法论（方阳春，等，2018）。包容型人才管理模式将包容理念有机融入企业的人力资源管理实践中，它是一种把传统的"包容文化"和现代的"包容理念"有机融合到引才、用才、育才和激励人才等一系列人才开发工作（方阳春，等，2015）。与传统的人力资源管理实践不同，包容型人才管理模式不局限于人力资源管理的传统模块，更多地侧重通过构建包容型的组织氛围来有效管理和培育员工，达到员工与组织可持续发展的目的。进一步讲，包容型人才管理模式是组织为了给员工构建包容的工作环境、提供优质的工作资源而采取的一系列人才开发工作。

包容型人才管理模式与新员工工作激情之间的关系可以通过自我决定理论进行解释。自我决定理论（Deci et al.，1989）指出，胜任、自主、关系三大基本心理需要是与生俱来的，所有个体都为了满足这些需要而努力，并且趋向于满足这些需要的环境。胜任需要即个体能够成功完成富有挑战性的任务并取得期望的结果（White et al.，2000）；自主需要指个体能够自主选择与决策并感知到自己是行动的创造者；关系需要指建立与他人相互尊重和依赖的感觉（Deci et al.，2000）。包容型人才管理模式包含多元化人才队伍建设、理性包容员工观点和失败、注重员工培养、重视公平和共赢、重视员工优势发挥五个维度，可以满足个体对三大基本心理需要的需求。

具体而言，多元化人才队伍建设是指组织接受多元化人才，愿意提高多元化员工的工作参与度和赋能授权。有研究指出，诸如性别、年龄、民族等员工多样性特征，对其在工作场所产生的被组织排斥等负面情感有较强影响（Hwang et al.，2015），采取多元化人才队伍建设，有利于员工感知与组织的包容与支持；同样地，理性包容员工观点和失败，不仅可以保证员工在说出失败时不必受到责罚，还可以缓解员工在经历工作失败后可能产生的消极悲观的情绪状态，进而促使员工感知到组织的支持与尊重；注重员工培养可以帮助员工成长以提高个人职业技能，从而更好地完成组织中富有挑战性的任务；重视公平和共赢可以给员工提供更多的公平体验，保证员工完成组织任务时能够得到期望的结果。重视员工优势发挥，即组织根据员工优势，合理地安排工作与赋能授权，有利于提升其内部人身份感知与自主性体验。

依据自我决定理论，包容型人才管理模式给予员工一定的工作自主性，可以影响员工的工作激情。有学者指出，在工作场所中，诸如截止日期，强制任务等外部控制因素都会对员工的自主性感知产生一定的影响，进而影响其工作激情（Fernet et al.，2014）。此外，工作自主性也可以体现在员工在工作中的决策过程上，它反映了员工在职业中能够通过决策机会和控制完成任务的程度。德西（Deci et al.，2000）指出，自主支持的环境促进了员工对活动内化的过程，使员工在工作中更加自由地掌控行为、表达观点。换句话说，工作自主将促进个体自主内化的过程。由于新生代员工具有强烈自主导向，个人自然倾向于采取主动，寻求有趣和具有挑战性的活动。因此，工作自主性将更容易促进新员工的和谐式工作激情。相反地，低工作自主性的环境会促进个体对受外部因素控制并内化的过程（Deci et al.，1989）。因为个体缺乏在重要任务中做出决策的机会，且不得不遵守和处理不符合其目标和价值观的外部任务，这个过程会破坏员工自我内化过程之间的和谐并产生冲突，进而产生强迫式工作激情。

基于以上分析，本章提出以下假设。

假设 H_1：包容型人才管理模式（H_{1a} 理性包容员工观点和失败；H_{1b} 多元化人才队伍建设；H_{1c} 注重员工培养；H_{1d} 重视公平和共赢；H_{1e} 重视员工优势发挥）与新生代员工和谐式工作激情正相关。

假设 H_2：包容型人才管理模式（H_{2a} 理性包容员工观点和失败；H_{2b} 多元化人才队伍建设；H_{2c} 注重员工培养；H_{2d} 重视公平和共赢；H_{2e} 重视员工优势发挥）与新生代员工强迫式工作激情负相关。

（二）工作激情与新生代员工离职倾向

瓦莱兰等（Vallerand et al.，2015）指出工作激情是组织成员对一项工作的强烈倾向或意愿，即个体对一项工作喜欢甚至热爱、愿意投入时间和精力，并将这项工作视为自我认同的一个核心身份特征。此外二元工作激情作为一种动机结构，可分为和谐式工作激情与强迫式工作激情。其中，和谐式工作激情与个体自主内化相关联，个人可自愿地将工作视为构成其身份的重要部分；而强迫式工作激情与个体在工作内部或人际压力的受控形式的内化有关。

以往研究表明，工作激情可以对员工的态度和行为产生显著的影响（Ho et al.，2018）。研究认为和谐式工作激情和强迫式工作激情均可以预测新生代员工的离职倾向。离职模型指出员工离职倾向原因各异，但或多或少都会受到外部因素的影响，例如，组织中的奖励制度，工作需求以及同事关系等（Steel et al.，2014）。依据自我决定理论，个体受外部因素影响的程度取决于个体对活动内化的程度水平。尽管和谐式工作激情和强迫式工作激情都可以被影响（Forest et al.，2011），但它们受外部因素影响的程度却不同。和谐式激情来源于个体的认知和积极情绪，这种激情受外部因素的影响较少（Vallrand et al.，2007），因此拥有和谐式工作激情的员工能够自由掌控自己在工作中的决策和行为。有研究表明，对工作的控制感可以削弱员工的离职倾向（Firth et al.，2004），因此我们预测和谐式工作激情与员工离职倾向负相关。相反，具有强迫式工作激情的个体倾向于认为他们是在受外部控制的环境中从事工作（Vallerand et al.，2010），由于外部控制因素的存在，这些员工可能会感到特定的工作方式充满压力，为了减轻外部控制感而可能会选择离职，因此可以预测强迫式工作激情与员工离职倾向正相关。以往研究也证明了工作激情与离职倾向相关变量之间的关系。瓦莱兰等的研究发现，和谐的激情积极地预测员工的工作满意度，并抑制了员工的职业倦怠感，但强迫式工作激情会导致更多的工作冲突，进而产生工作倦怠感。以往研究表明，工作满意度、职业倦怠感均会对员工离职倾向产生显著的影响。

基于以上分析，本章提出以下假设。

假设 H_3：新生代员工的和谐式工作激情与员工离职倾向显著负相关。

假设 H_4：新生代员工的强迫式工作激情与员工离职倾向显著正相关。

（三）工作激情的中介效应

多数研究发现，工作激情在相关变量的研究当中起中介作用，如许黎明等发现了二元工作激情在上级辱虐管理与下级建言行为的中介（许黎明，等，2018）；类似地，有学者探究了二元工作激情在企业伦理型领导与员工建言之间的中介作用（许黎明，等，2017）。基于前人研究，以及上述关于包容型人才管理模式与工作激情，工作激情与离职倾向之间的探讨，我们推测包容型人才管理模式与新生代员工离职倾向之间可能受到二元工作激情的中介作用。

具体而言，多元化人才队伍建设、理性包容员工的观点和失败、注重员工优势发挥可以促使员工感知组织包容与工作自主性。依据自我决定理论（Deci et al.，1989），在具有自主性的工作环境中，员工容易将外部工作内化为其身份的一部分，产生和谐式工作激情并以充沛的状态投入工作。相反地，自主支持的环境可降低员工对外部控制的感知，抑制强迫式工作激情的产生。已有研究表明和谐式工作激情可以提升员工工作满意度，进而缓解职业倦怠（李力，等，2017）。相关学者研究表明，职业倦怠模型可以正向预测员工的离职倾向（顾远东，等，2010）。注重员工培养和重视公平与共赢可使员工体验到更多的工作资源。资源保存理论指出个体拥有获取、保持、保护和培养有价值资源的本能（Hobfoll et al.，2001），因此当员工通过组织包容管理体验到良好的工作资源时，会更加努力保护和培养这个资源。

需要指出的是，包容型人才管理模式可以给员工提供更多的工作资源（方阳春，等，2018），激发员工的和谐式工作激情并抑制员工强迫式工作激情的产生。从资源保存理论视角（Hobfoll et al.，2001）来看，当新生代员工拥有和谐式工作激情时，他们更倾向将丰富的资源投入某项工作以保护、培养、获取更多资源，而不是离开工作岗位失去工作资源；相反地，拥有强迫式工作激情的个体虽然会投入某项工作，但会感受到受控和自身资源的损失（Halbesleben et al.，2014），因此产生离职倾向来规避未来可能的资源损耗。

基于以上分析，可以认为包容型人才管理模式对员工离职倾向的影响可以通过二元工作激情这一特殊机制。由此提出以下假设。

假设 H_5：新生代员工的和谐式工作激情在包容型人才管理模式（H_{5a} 理性包容员工观点和失败；H_{5b} 多元化人才队伍建设；H_{5c} 注重员工培养；H_{5d} 重视公平和共赢；H_{5e} 重视员工优势发挥）与新生代员工离职倾向之间起中介作用。

假设 H_6：新生代员工的强迫式工作激情在包容型人才管理模式（H_{6a} 理性包容员工观点和失败；H_{6b} 多元化人才队伍建设；H_{6c} 注重员工培养；H_{6d} 重视公平和共赢；H_{6e} 重视员工优势发挥）与新生代员工离职倾向之间起中介作用。

二、研究方法

（一）研究样本

本次问卷调查的对象是新生代员工。主要通过线上、线下相结合的方式在浙江、江苏、安徽等地的企业中发放问卷。其中，线上发放主要通过问卷平台在线发放问卷。在线下发放的过程中，主要通过以下两个方式进行展开：（1）通过学校 MBA 教育中心的培训课程对受访群体进行发放。（2）在实地走访浙江省企业过程中，在企业内部进行问卷发放。

数据收集活动主要集中在2019年5～8月，共收集问卷320份。在筛选问卷的过程中，主要删除乱填、漏填以及年龄特征不符合新生代员工的问卷，最终保留有效问卷290份，有效回收率为90.6%。

（二）变量测量

在研究中，包容型人才管理模式为15题项量表，借鉴以往研究访谈设计形成。该量表分为五个维度，各分量表的Cronbach's α值均大于0.7，因此包容型人才管理模式量表具有良好的信度。工作激情量表为瓦莱兰（2003）设计的14题项量表，该量表分为两个维度，分别是和谐式工作激情、强迫式工作激情，各分量表的Cronbach's α分别为0.886、0.883，因此，工作激情量表具有良好的信度。

离职倾向量表为法尔（Farh，1998）设计的4题项量表，该量表为单维度量表，Cronbach's α值为0.828。因此，离职倾向表具有良好的信度。表13-1展示了量表信度与收敛效度检验相关指标。

表13-1　信度与收敛效度检验相关指标

变量	Cronbach's α	因子载荷	CR	AVE
F1	0.885	0.830～0.864	0.885	0.720
F2	0.795	0.751～0.763	0.801	0.573
F3	0.817	0.739～0.814	0.819	0.601
F4	0.858	0.780～0.865	0.859	0.670
F5	0.855	0.700～0.919	0.861	0.677
HP	0.886	0.691～0.742	0.887	0.529
OP	0.883	0.697～0.727	0.884	0.522
Y	0.828	0.589～0.852	0.832	0.557
建议范围	>0.7	>0.6	>0.8	>0.5

注：F1理性包容员工的观点和失败；F2多元化人才队伍建设；F3注重员工培养；F4重视公平和共赢；F5重视员工优势发挥；HP和谐式工作激情；OP强迫式工作激情；Y离职倾向。

（三）共同方法偏差检验

由于在发放问卷的过程中，信息均由同一人填写，无法消除存在的共同方法偏差的问题。为此，借鉴哈曼单因素检验法对共同方法偏差进行检测。以往研究多采用将问卷中所有题项放入探索性因子分析中，通过判断析出的因子或某个因子的解释力特别大来判断共同方法偏差的问题。分析结果显示，析出的第一个因子的解释量为29.71%，远低于临界值40%，且不存在唯一的因子出现的情况，因此研究中共同方法偏差的问题并不严重。

第二节 实证分析结果

一、描述性统计及相关分析

描述性统计结果如表 13-2 所示,包容型人才管理模式各维度平均分从高到低依次为理性包容员工的观点和失败（3.37 分）、多元化人才队伍建设（3.24 分）、注重员工培养（3.41 分）、重视公平和共赢（3.10 分）、重视员工优势发挥（2.95 分）。在员工感知到的包容型人才管理模式中,理性包容员工的观点和失败、注重员工培养、多元化人才队伍建设均达到了较高的水平,说明在所调研的企业中,领导能够进行多元化的人才队伍建设,保证了员工的多样性；在新员工的职业生涯中,相关领导能够较好地包容下属的观点和失败并重视新员工的培养,保证其在企业的快速成长。而重视与员工的公平共赢以及重视员工的优势发挥在员工感知到的情境下,并没有达到较高水平,说明相关企业在营造组织公平氛围以及员工优势发挥方面,仍有一定的提升空间。

表 13-2　　　　　　　描述性统计及皮尔逊相关系数

变量	均值（分）	X1	X2	X3	X4	X5	HP	OP	Y
F1	3.37	0.849							
F2	3.24	0.410***	0.757						
F3	3.41	0.487***	0.359***	0.775					
F4	3.10	0.330***	0.329***	0.361***	0.819				
F5	2.95	0.426***	0.404***	0.413***	0.553***	0.823			
HP	3.07	0.516***	0.283***	0.508***	0.432***	0.432***	0.727		
OP	2.78	-0.177***	-0.181***	-0.272***	-0.469***	-0.517***	-0.341***	0.722	
Y	2.72	-0.395***	-0.222***	-0.487***	-0.411***	-0.438***	-0.466***	0.449***	0.746

注：F1 理性包容员工的观点和失败；F2 多元化人才队伍建设；F3 注重员工培养；F4 重视公平和共赢；F5 重视员工优势发挥；HP 和谐式工作激情；OP 强迫式工作激情；Y 离职倾向。***$p<0.001$。

在进行回归分析及中介效应的检验前,应对各变量间的相关性进行考察。从表 13-2 中可以看出包容型人才管理模式各维度均与离职倾向显著负相关,而自变量各维度与因变量显著相关,为后续的回归分析和中介效应的检验奠定了基础。

此外,包容型人才管理模式各维度与新生代员工和谐式工作激情显著正相关、与员工强迫式工作激情呈显著负相关,即组织采取包容型人才管理模式越好,新生代员工和谐式工作激情越高,反之,强迫式工作激情越低,基于以上分析,可初步认为假设 H_1、假设 H_2 成立。

和谐式工作激情与员工离职倾向显著负相关,即员工拥有和谐式工作激情的水平越高,越有可能抑制离职倾向的产生,这一结果初步支持了本章的假设 H_3;相反地,强迫式工作激情与员工离职倾向水平显著正相关,即强迫式工作激情水平越高的员工,越可能产生离开组织的倾向,这初步支持了假设 H_4。

二、回归分析

为了研究包容型人才管理模式各维度对员工二元工作激情、离职倾向,以及二元工作激情对员工离职倾向之间的影响,本章通过回归分析方法,分别以和谐式工作激情、强迫式工作激情、离职倾向为因变量,对包容型人才管理模式变量、工作激情以及离职倾向之间的作用进行分析。结果如表 13-3 所示,方程 1-1、方程 1-2 以和谐式工作激情为结果变量进行回归。结果显示,进入回归方程的包容型人才管理模式五个因子可以解释总变异的 32.8%;其中 F1(理性包容员工的观点和失败)、F3(注重员工培养)、F4(重视公平和共赢)对员工和谐式工作激情产生显著正向影响,而 F2(多元化人才队伍建设)、F5(重视员工优势发挥)没有对员工和谐式工作激情产生显著影响。因此,假设 H_{1a}、假设 H_{1c}、假设 H_{1d} 成立,而假设 H_{1b}、假设 H_{1e} 没有通过检验。

方程 2-1、方程 2-2 以强迫式工作激情为因变量进行逐步回归。结果表明,进入回归方程的包容型人才管理模式五个因子可以解释总变异的 27.4%;其中 F1(理性包容员工的观点和失败)、F2(多元化人才队伍建设)、F3(注重员工培养)并未对员工强迫式工作激情产生显著影响,而 F4(重视公平和共赢)、F5(重视员工优势发挥)对员工强迫式工作激情产生显著负向影响。因此,假设 H_{2d}、假设 H_{2e} 成立,假设 H_{2a}、假设 H_{2b}、假设 H_{2c} 不成立。

在以离职倾向为因变量的回归分析中,分别检验了包容型人才管理模式各维度对员工离职倾向的影响,以及二元工作激情对员工离职倾向的影响。方程 3-1、方程 3-2 以二元工作激情为自变量对离职倾向进行分析,结果显示,和谐式工作激情对员工离职倾向有显著的抑制作用,而强迫式工作激情对员工离职倾向有显著的正向作用,进入回归方程的二元工作激情因子可以增加解释变异的 25.1%。因此,假设 H_3、假设 H_4 通过数据检验。方程 4-1、方程 4-2 以包容型人才管理模式五因子为自变量对员工离职倾向进行分析,结果显示,F1(理性包容员工的观点和失败)、F3(注重员工培养)、F4(重视公平和共赢)、F5(重视员工优势发挥)均对员工离职倾向产生显著负向影响,而 F2(多元化人才队伍建设)并未对新生代员工离职倾向产生显著影响。

表 13-3　回归分析

解释变量	因变量								
	HP		OP		Y				
	方程 1-1	方程 1-2	方程 2-1	方程 2-2	方程 3-1	方程 3-2	方程 4-1	方程 4-2
控制变量								
性别	-0.009	0.012	-0.120*	-0.092	-0.029	0.005	-0.029	-0.037
年龄	0.059	0.06	0.017	0.068	0.061	0.075	0.061	0.078
学历	0.071	0.056	-0.008	-0.012	-0.024	0.001	-0.024	-0.018
工作年限	-0.012	-0.01	-0.032	-0.025	-0.089	-0.083	-0.089	-0.091
职位等级	-0.018	-0.046	0.018	0.02	-0.001	-0.012	-0.001	0.017
自变量								
F1		0.270***		0.049				-0.119*
F2		-0.017		0.109				0.003
F3		0.232***		-0.086				-0.253***
F4		0.171**		-0.238***				-0.153**
F5		0.098		-0.378***				-0.196**
中介变量								
HP						-0.316***		
OP						0.308***		
模型统计量								
R^2	0.009	0.337	0.017	0.291	0.014	0.266	0.014	0.296
ΔR^2	0.009	0.328	0.017	0.274	0.014	0.251	0.014	0.282
F 值	0.51	14.179***	0.97	11.464***	0.834	14.596***	0.834	11.749***

注：F1 理性包容员工的观点和失败；F2 多元化人才队伍建设；F3 注重员工培养；F4 重视公平和共赢；F5 重视员工优势发挥；HP 和谐式工作激情；OP 强迫式工作激情；Y 离职倾向。*p<0.05，**p<0.01，***p<0.001。

三、中介效应检验

以往研究表明，Mplus 在处理复杂的过程模型时，具有较好的检验效力。为此研究选用 Mplus7.4 为分析软件，来检验和谐式工作激情与强迫式工作激情在包容型人才管理模式各维度与员工离职倾向之间的中介作用。通过 Mplus 语言编程，并设定 Bootstrap（N=1000）进行参数估计和中介效应的检验。表 13-4 显示，中介模型的所有拟合指数都达到拟合标准，表明模型数据拟合良好，模型结果可以接受。

表 13-4　　　　　　　　中介作用模型拟合指数

指标	CMIN/DF	RMSEA	CFI	TLI	SRMR
数值	1.397	0.037	0.960	0.956	0.050
建议范围	<3	<0.08	>0.9	>0.9	<0.05

中介效应检验结果如表 13-4 所示。在企业的包容型人才管理模式中，理性包容员工的观点和失败可以经由和谐式工作激情对员工的离职倾向产生影响，中介效应为 -0.038，在 95% 的置信区间中（SE=0.019，95%CI=[-0.089，-0.010]）不包含 0，因此假设 H_{5a} 成立。

和谐式工作激情在多元化人才队伍建设与员工离职倾向之间不存在中介效应，在 95% 的置信区间中（SE=0.009，95%CI=[-0.008，0.032]）包含 0，因此假设 H_{5b} 不成立。

和谐式工作激情在注重员工培养与员工离职倾向之间存在显著的中介效应，中介效应为 -0.036，在 95% 的置信区间中（SE=0.019，95%CI=[-0.093，-0.008]）不包含 0，因此假设 H_{5c} 成立。

重视与员工的公平共赢可以经由和谐式工作激情对新生代员工的离职倾向产生显著影响，中介效应为 -0.024，在 95% 的置信区间中（SE=0.009，95%CI=[-0.065，-0.006]）不包含 0，因此假设 H_{5d} 成立。

在重视员工优势发挥与员工离职倾向的关系中，未发现和谐式工作激情存在显著的中介效应，95% 的置信区间中（SE=0.014，95%CI=[-0.051，0.005]）包含 0，因此假设 H_{5e} 不成立。

此外，在强迫式工作激情作为中介变量的检验方面。可以发现，强迫式工作激情在理性包容员工观点和失败与员工离职倾向之间不存在中介效应，在 95% 的置信区间中（SE=0.014，95%CI=[-0.005，0.051]）包含 0，因此假设 H_{6a} 不成立。

多元化人才队伍建设对新生代员工离职倾向影响过程中，强迫式工作激情并未起到显著的中介作用,在 95% 的置信区间内（SE = 0.012, 95% CI = [-0.012, 0.038]）包含 0,因此假设 H_{6b} 不成立。

强迫式工作激情在注重员工培养对员工离职倾向的过程中,也不存在显著的中介效应,在 95% 的置信区间内（SE = 0.014, 95% CI = [-0.053, 0.009]）包含 0,因此假设 H_{6c} 不成立。强迫式工作激情在重视员工公平共赢与新生代员工离职倾向中起中介作用,中介效应为 -0.042,且在 95% 的置信区间内（SE = 0.018, 95% CI = [-0.088, -0.016]）不包含 0,因此假设 H_{6d} 成立。

强迫式工作激情在重视员工优势发挥与新生代员工离职倾向中起中介作用,中介效应为 -0.067,在 95% 的置信区间内（SE = 0.026, 95% CI = [-0.130, -0.027]）不包含 0。因此,假设 H_{6e} 成立（见表 13-5）。

表 13-5　中介效应的检验

路径	Estimate	SE	Est./S.E.	95%置信区间	
				上限	下限
F1→HP→Y	-0.038	0.019	-1.992	-0.089	-0.010
F2→HP→Y	0.005	0.009	0.545	-0.008	0.032
F3→HP→Y	-0.036	0.019	-1.843	-0.093	-0.008
F4→HP→Y	-0.024	0.014	-1.726	-0.065	-0.006
F5→HP→Y	-0.016	0.014	-1.151	-0.051	0.005
F1→OP→Y	0.015	0.014	1.089	-0.005	0.051
F2→OP→Y	0.009	0.012	0.714	-0.012	0.038
F3→OP→Y	-0.012	0.014	-0.800	-0.053	0.009
F4→OP→Y	-0.042	0.018	-2.332	-0.088	-0.016
F5→OP→Y	-0.067	0.026	-2.544	-0.130	-0.027

注：F1 理性包容员工的观点和失败；F2 多元化人才队伍建设；F3 注重员工培养；F4 重视公平和共赢；F5 重视员工优势发挥；HP 和谐式工作激情；OP 强迫式工作激情；Y 离职倾向。

第三节　研究结论及启示

一、研究结论

本章应用自我决定理论和资源保存理论,构建了包容型人才管理模式对新生代员工工作激情及离职倾向的作用机制理论模型,并通过实证检验理论假设。研究从以下两个方面对已有的理论和文献进行补充。

（一）对包容型人才管理模式对二元工作激情进行了检验

研究表明,理性包容员工的观点和失败、注重员工培养、重视公平和共赢对员工和谐式工作激情有显著正向影响，而多元化人才队伍建设、重视员工优势发挥未发现对和谐式工作激情产生显著影响；理性包容员工的观点和失败、多元化人才队伍建设、注重员工培养并未对强迫式工作激情产生显著影响，而包容型人才管理模式中重视公平和共赢、重视员工优势发挥两个维度均可对员工强迫式工作激情产生显著负向影响。该发现将二元工作激情的前因变量延伸到了组织层面的包容型人才管理模式。

（二）考察了二元工作激情在包容型人才管理模式与离职倾向之间的中介作用

研究发现，包容型人才管理模式中有理性包容员工的观点和失败、注重员工培养、重视公平和共赢、重视员工优势发挥四个维度均可对新生代员工的离职倾向有显著负向影响，且中介效应表明，和谐式工作激情在理性包容员工的观点和失败、注重员工培养、重视公平和共赢对员工离职倾向的影响中起中介作用，而强迫式工作激情在重视公平和共赢、重视员工优势发挥对员工离职倾向的影响过程中起显著中介作用。这一结果进一步支持了组织应当实施较好的包容型人才管理模式。即组织采取较好的包容型人才管理模式时，员工的和谐式工作激情会提升，而强迫式工作激情会降低，进而抑制员工离职倾向的产生，这是一个潜在的动力过程。非常意外的是，多元化的人才队伍建设并未对员工的工作激情产生显著影响，也未对员工的离职倾向产生显著的抑制作用，可能的是异质性的人才队伍会使成员在工作中产生一定的观念与行为冲突，进而削弱了员工对较好的工作环境资源的感知，而无法对员工的工作激情与离职倾向产生显著的影响。

二、理论贡献

（一）完善和发展了包容型人才管理模式的研究内容

包容型人才管理模式是包容管理研究理论框架重要的情景变量和多样性研究的重要视角。因此，开展包容型人才管理模式的理论和实证研究，不仅对于完善包容管理研究的理论框架以及丰富多样性研究的理论视角具有重要的理论意义，也对于完善和发展了包容型人才管理模式的研究内容具有重要的理论意义。

（二）完善和发展了包容型人才管理模式的应用情境

回顾发现，包容型人才管理模式的相关研究较少，且对于新生代员工的影响机制还未有专门文献的探讨。因此以中国企业新生代员工为对象，考察和验证包容型人才管理模式的量表对不同研究对象的有效性，不仅可以丰富本土化包容实践的实证研究，还可以对完善和发展包容型人才管理模式应用情境具有重要的理论意义。

三、管理建议及未来研究方向

（一）包容型人才管理模式可以成为管理员工工作激情的有效途径

本章在企业的人力资源管理实践中有一定的启示，尤其是对于如何激发员工工作激情以及抑制离职倾向方面。由于包容型人才管理模式对员工的工作激情有积极影响，因此，采取良好的包容型人才管理模式可以成为管理员工工作激情的有效途径。在一定情况下，管理者应注重包容下属的观点和失败，一方面，领导应鼓励下属勇于表达个人观点与工作创新，保证员工想法和观点得到展现或表达。另一方面，应包容其创新失败与建言中的不足，并给出相应的指导意见，为他们营造良好的包容型组织氛围；应注重对新生代员工培养，尤其是刚入职的员工，通过提供专业培训、外出交流的机会来培养员工，有效的职业培训可以提升员工的职业能力，减少工作过程遇到的阻碍，削弱新生代员工的离职倾向；在日常的组织管理中，应重视与下属的公平和共赢，保证与下属的互动公平，不仅可以激发员工的工作激情，还可以增加他们的留任意愿；同时，应重视下属优势发挥并及时的授权赋能，提升其工作自主性感知，以帮助组织发掘出合适的内部人才。

（二）研究的局限性

首先，研究所收集问卷均由员工填写，尽管已经验证统计结果不存在严重的共同方法偏差的问题，但仍无法完全排除。未来研究可以采用多报告源方式收集问卷，以减少共同方法偏差的问题。其次，包容型人才管理模式作为一种新型的包容管理实践，还未得到学术界的重视，且现有研究多关注包容型人才管理模式对于员工积极行为的正向影响，下一步研究可探讨包容型人才管理模式与个人消极工作行为之间的关系。最后，鉴于本章的研究数据局限于华东地区员工，因此未来可扩大研究范围开展关于包容型人才管理模式与新生代员工离职倾向之间的研究，以验证研究结论对中国新生代员工管理是否具有普适性。

第十四章

包容型人力资源管理实践对员工创新行为的影响——基于创新自我效能感的中介作用

党的十九大报告明确指出，创新是引领发展的第一动力，是建设现代化经济体系的战略支撑。个体创新是组织创新的基础，关系到企业的生存与发展（Amabile，1996）。员工创新行为是由创意的产生以及实施多种活动构成的复杂行为（Scott，1994），只有当人们感知到周围的环境对创新的行为有促进作用时，创新的意识才会产生（Amabile，1996）。人力资源管理实践作为组织环境中联结员工个体和组织之间的纽带，能够影响雇员的态度和行为（王颖，李树茁，2002），对员工的创新行为具有很大的影响。因此激发员工的创新行为，必须建立有效的人力资源管理实践。

包容是中国传统文化和文明的特征，如何把优秀的包容理念融入现代管理中，推动企业创新和高质量发展，是目前管理研究需要深思的问题。有关包容型增长、包容型创新、包容型领导研究已经风生水起（赵武，孙永康，朱明宣，2014；George，2012；方阳春，2014）。多元化管理研究领域受到广泛的关注（Roberson，2006）。随着人才重要性的凸显、人才多元化特征呈现和人才内在需求的提升，亟待将"包容"理念与人力资源管理实践相结合，构建包容型人力资源管理实践。人力资源管理实践是一系列支撑企业战略落地的内部相互匹配的活动和政策（Schuler，1987），涵盖引才、用才、育才、激励人才等各个模块（Delaney，1996；Prefer，1994；Delery & Doty，1996）。人才开发中必须融入"包容"的理念（Midtsundstad，2011；邓亚兰，2012），包容管理能满足员工归属感和独特性需求（Shore & Randel，2011；Mor Barak，2000）。包容型人力资源管理实践把包容理念有机融入引才、用才、育才、激励人才等人力资源管理实践中，重视员工的体验感，包括"多元化引进人才""用人所长""容错鼓励建言""重视员工培养""注重跨部门交流""公平共赢"六个方面。

学界开始呼吁包容型人力资源实践，探究包容型组织的理论依据（瞿皎姣、赵曙明，2018），但对包容型人力资源管理的深入研究非常少。本章界定了包容型人力资源实践的内涵和主要维度，通过理论和问卷实证统计分析，探讨了包容型人力资源管理实践对员工创新行为的影响机理和效应，验证员工创新自我效能感的中介作用，为构建包容型人力资源管理实践提供理论依据和对策建议。其中，社会认同理论（Farfel & Turner, 1986）、社会交换理论（Homans, 1958）、社会公平理论（罗宾斯，1997）为研究提供了理论支持。

第一节　研究设计

一、研究假设

（一）包容型人力资源管理实践对员工创新行为的影响

创新行为（innovative behavior）是指个体在组织中有意识的产生、促进和实现新颖想法的行为（Janssen & Van Yearn, 2004）。达斯和滕特（Das & Tent, 1998）指出个人的创新行为包括创新观点的产生、导入以及应用于组织中的所有个人行动，包括机会的探索、创新想法的形成、新想法的实施和应用。基于以往研究成果，认为员工创新行为是员工将工作过程中的创新构想或问题解决方案付诸实践的行为，包括创新过程和创新结果两个阶段的行为表现。

包容型人力资源管理实践融入传统"公平、尊重、共享"理念，强调通过"多元化引进人才""用人所长""容错鼓励建言""重视员工培养""注重跨部门交流""公平共赢"六个方面促进员工创新行为的产生。企业要吸纳各种文化背景的群体（Amabile, 1983；易华、胡斌，2009），加斯曼（Gassmann, 2001）指出多样性能够促进员工创新行为的产生。根据马斯洛的自我实现理论，每个人都有潜能和专长，用人所长能诱发人的创新行为。企业容许犯错文化，会鼓励员工大胆尝试。有研究者指出，创新因为新颖，容易失败，因此对于创新的人来说，有一个"没有压力、安全和积极"的组织环境特别重要（Shore, 2011）。理性包容员工的创新思想与失败对员工创新行为具有正向影响（Scott, 1994；方阳春、贾丹，等，2017；方阳春、贾丹，等，2015）。创新活动也是"试错"的过程，要原谅和允许错误，建立一个鼓励创新、敢于挑战传统和困难的环境。直接上级能够接受下属的建议，尊重下属的思考成果，肯定下属主动思考的态度，正向影响员工的创新自我效能感及创新行为（高宏，2010；Nembhard & Edmondson, 2006）。在包容型人力资源管理实践中，注重跨部门的交流，让员工能够在跨界的交流中，思想碰撞、产生灵感、分享知识、共同成长（Collins，2006）。社会认同理论研究指出个体在某一群体中期待获得社会群体身份上的认同和情感上的肯定（Farfel & Turner，1986），人力资源管理实践正向影响工作投入。牟蕾、惠嘉（2016）研究表明创新实践能力培养投入对于创新人才提升创新能力有重要的意义。社会公平理论研究得出个体在组织当中会把自己的投入和产出与他人的投入和产出进行比较，通过比较，来感知组织的公平，最终依据感知情况，来确定行为主动性（罗宾斯，1997）。公平对待员工能提高员工的满意度（方阳春，贾丹，等，2015）。包容型的人力资源管理实践因其包容、尊重、共享的特征，增加了员工的心理安全，进而促进员工产生创新行为。因而，提出本章的假设 H_1 和假设 H_2。

假设 H_1：包容型人力资源管理实践对员工创新过程具有显著影响。

假设 H_{1a}："公平共赢"的人力资源管理实践，对员工创新过程具有显著影响。

假设 H_{1b}："容错鼓励建言"的人力资源管理实践，对员工创新过程具有显著影响。

假设 H_{1c}："注重跨部门交流"的人力资源管理实践，对员工创新过程具有显著影响。

假设 H_{1d}："用人所长"的人力资源管理实践，对员工创新过程具有显著影响。

假设 H_{1e}："多元化引进人才"的人力资源管理实践，对员工创新过程具有显著影响。

假设 H_{1f}："重视员工培养"的人力资源管理实践，对员工创新过程具有显著影响。

假设 H_2：包容型人力资源管理实践对员工创新结果的产生具有显著影响。

假设 H_{2a}："公平共赢"的人力资源管理实践，对员工创新结果的产生具有显著影响。

假设 H_{2b}："容错鼓励建言"的人力资源管理实践，对员工创新结果的产生具有显著影响。

假设 H_{2c}："注重跨部门交流"的人力资源管理实践，对员工创新结果产生具有显著影响。

假设 H_{2d}："用人所长"的人力资源管理实践，对员工创新结果的产生具有显著影响。

假设 H_{2e}："多元化引进人才"的人力资源管理实践，对员工创新结果产生具有显著影响。

假设 H_{2f}："重视员工培养"的人力资源管理实践，对员工创新结果的产生具有显著影响。

（二）员工创新自我效能感的中介作用

员工创新自我效能感是指"个体对于自己是否有能力取得创新性成果的信念"（Tiemey & Farmer，2002）。顾远东等（2010）将创新自我效能感界定为"个人对于自己在工作上能否有创造性表现的信念，即对自己创造性地完成工作任务，有创意地克服困难与挑战等能力的信心评价"。本章研究认为创新自我效能感是个体对于自己是否能够达到工作目标或者取得超预期工作期望的自我肯定的心理信念，相信自己具有创新能力和创新结果。员工创新自我效能感的中介作用在组织因素、领导行为、工作因素、个人因素四个方面，都有相关的理论研究（Wang, Tshiht & Tsaimt, 2014；杜鹏程，2015）。

包容型人力资源管理实践关注员工的体验感，尊重员工并且能和员工共享组织成果，社会交换理论指出，当组织提供的资源能够满足员工的交换需求时，组织的行为对创新自我效能感有显著的正向影响，最终会促进创新行为的产生（Homans, 1958）。班杜拉（2001）指出"一个人除非相信自己能通过自己的行动产生所期待的效果，否则，他们很少具备行动的动机，因而效能信念是行动的重要基础"。员工创新自我效能感与员工的创新行为和绩效有重要关系（顾远东，彭纪生，2010）。基于以上分析，本章提出以下假设。

假设 H_3：创新自我效能感是包容型人力资源管理实践作用于员工创新过程的中介变量。

假设 H_{3a}：创新自我效能感是"公平共赢"作用于员工创新过程的中介变量。

假设 H_{3b}：创新自我效能感是"容错鼓励建言"作用于员工创新过程的中介变量。

假设 H_{3c}：创新自我效能感是"注重跨部门交流"作用于员工创新过程的中介变量。

假设 H_{3d}：创新自我效能感是"用人所长"作用于员工创新过程的中介变量。

假设 H_{3e}：创新自我效能感是"多元化引进人才"作用于员工创新过程的中介变量。

假设 H_{3f}：创新自我效能感是"重视员工培养"作用于员工创新过程的中介变量。

假设 H_4：创新自我效能感是包容型人力资源管理实践作用于员工创新结果的中介变量。

假设 H_{4a}：创新自我效能感是"公平共赢"作用于员工创新结果的中介变量。

假设 H_{4b}：创新自我效能感是"容错鼓励建言"作用于员工创新结果的中介变量。

假设 H_{4c}：创新自我效能感是"注重跨部门交流"作用于员工创新结果的中介变量。

假设 H_{4d}：创新自我效能感是"用人所长"作用于员工创新结果的中介变量。

假设 H_{4e}：创新自我效能感是"多元化引进人才"作用于员工创新结果的中介变量。

假设 H_{4f}：创新自我效能感是"重视员工培养"作用于员工创新结果的中介变量。

(三) 概念模型

综上研究，本节尝试构建一个概念模型（如图14-1所示），旨在进一步探讨包容型人力资源管理实践及创新行为的要素，通过构建模型，进一步梳理包容型人力资源管理实践、员工创新自我效能感及员工创新行为三者之间的关系。

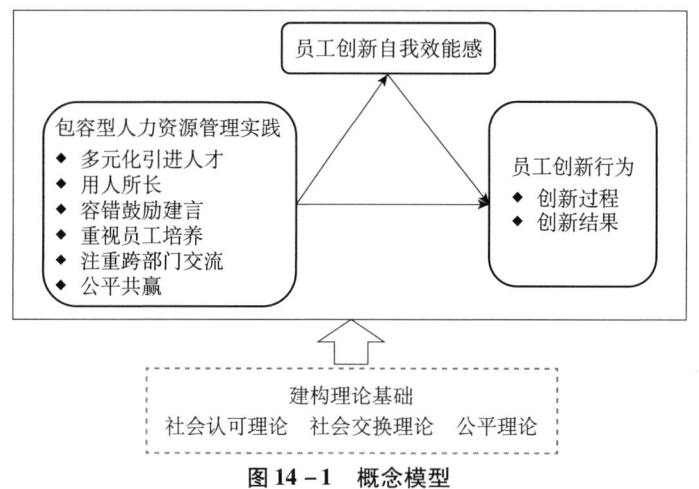

图 14-1　概念模型

二、研究方法

(一) 研究对象

样本1为预测样本，主要为了包容型人力资源管理实践量表的预测和修订。以浙江省某上市集团企业为样本（涵盖其17家不同管理体制的子公司），共发放问卷158份，收回有效问卷150份，有效回收率为94.94%。样本2为正式调查样本。选取研究对象以浙江企业为主，其他省份企业为辅，共发放问卷300份，收回有效问卷267份，有效回收率为89%。

(二) 质量控制

本章所采用的量表，主要是基于国内外核心期刊发表论文已使用的量表。在问卷发放上，采用线上线下发放问卷的方式，告知被调查者填写问卷的目的和注意事项，确保了问卷的数据质量。本章运用SPSS探索性因子分析验证同源误差，整份问题数据自动提取因子，且第一个因子的方差贡献率为32.55% (<40%)，说明同源误差不严重。

(三) 研究工具

1. 包容型人力资源管理实践量表

在包容型人才管理模式量表的基础上 (方阳春，2015)，通过文献分析、深度访谈设计包容型人力资源管理实践量表，共包含了28个题目，采用李克特五点量表记分。使用样本1的数据对包容型人力资源管理实践量表调查数据进行因子分析，采用主成分抽取特征值大于1的公共因子，共提取6个因子："公平共赢""容错鼓励建言""注重跨部门交流""用人所长""多元化引进人才""重视员工培养"，分别解释了18.56%、13.86%、11.88%、8.12%、7.88%、7.55%变异，这6个因子总共解释总变异的67.85%。各项目的因子载荷在0.45~0.90之间。包容型人力资源管理实践风格量表的Cronbach's α 系数为0.95，说明问卷的信度良好。

使用样本2的数据通过验证性因子分析对包容型人力资源管理实践量表进行结构维度检验，模型拟合卡方检验值为590.051，df为335，卡方值与自由度的比值1.76<3，在可接受的范围之内，p值为0，RMSEA、SRMR分别为0.053、0.053，均小于0.08，CFI和TLI分别为0.909、0.897，说明模型和数据拟合良好。

2. 员工创新自我效能感量表

在卡梅利和绍贝克编制的创新自我效能感问卷的基础上 (Carmeli & Schau Broeck, 2007)，根据访谈情况略有修改，共包含10个题目，采用李克特五点量表记分。使用样本1的数据对员工自我效能感量表调查数据进行因子分析，采用主成分抽取特征值大于1的公共因子，共提取1个因子，解释总方差的48.72%。各项目的因子载荷在0.67~0.74之间。员工自我效能感量表的Cronbach's α 系数为0.88，说明问卷的信度良好。

使用样本2的数据通过验证性因子分析对员工自我效能感量表进行结构维度检验，模型拟合卡方检验值为94.067，df为35，卡方值与自由度的比值为

2.69 < 3，在可接受的范围之内，p 值为 0，RMSEA、SRMR 分别为 0.080、0.053，基本达到要求，CFI 和 TLI 分别为 0.928、0.907，均在 0.9 以上，说明模型和数据拟合良好。

3. 员工创新行为量表

采用创新行为量表借鉴斯科特和布鲁斯（1994）问卷，共包含 17 个题目，采用李克特五点量表记分。使用样本 1 的数据对员工创新行为量表调查数据进行因子分析，采用主成分抽取特征值大于 1 的公共因子，共提取 2 个因子：创新过程和创新结果，解释总方差的 49.05%。各项目的因子载荷在 0.35~0.86 之间。员工创新行为量表的 Cronbach's α 系数为 0.90，KMO 值为 0.889、df 值为 136、p 值为 0，说明问卷的信度良好。

使用样本 2 的数据通过验证性因子分析对创新行为量表进行结构维度检验，模型拟合卡方检验值为 281.720，df 为 118，卡方值与自由度的比值为 2.39 < 3，在可接受的范围之内，p 值为 0。选取 RMSEA、SRMR、CFI 和 TLI 作为评价标准。RMSEA、SRMR 分别为 0.072、0.063，均小于 0.08，CFI 和 TLI 值分别为 0.900、0.884，说明模型和数据拟合良好（见表 14-1）。

表 14-1　　各量表的验证性因子分析结果（N=267）

量表	Chi-square	df	Chi-square/df	RMSEA	SRMR	CFI	TLI
包容型人力资源管理实践模型	590.051*	335	1.76	0.053	0.053	0.909	0.897
员工创新自我效能感模型	94.067*	35	2.69	0.080	0.053	0.928	0.907
员工创新行为模型	281.720*	118	2.39	0.072	0.063	0.900	0.884

注：* $p<0.05$。

第二节　实证分析

一、描述性统计结果

用样本 2 进行描述性统计分析，表 14-2 结果显示，包容型人力资源管理实践各维度平均分由高到低依次为"多元化引进人才""容错鼓励建言""用人所长""注重跨部门交流""重视员工培养""公平共赢"。"注重跨部门交流""重视员工培养""公平共赢"三个方面有较多提升的空间，要予以重视。创新行为的两个维度创新过程、创新结果的平均分分别为 4.115、3.819，由此可见创新结果更需要加强。

由表 14-2 可以看出，包容型人力资源管理实践的六个维度与员工创新自我效能感及员工的创新过程、创新结果都呈显著正相关。

表 14-2 描述性统计及相关分析结果

变量	均值	标准差	性别	年龄	学历	岗位	bf1	bf2	bf3	bf4	bf5	bf6	x	c1
性别	1.46	0.500	—											
年龄	2.33	0.860	-0.179**	—										
学历	2.79	0.820	-0.161**	-0.189**	—										
岗位	2.31	1.558	0.169**	-0.158**	-0.218**	—									
bf1	3.743	0.615	-0.026	-0.065	-0.064	0.131*	—								
bf2	4.117	0.497	0.059	-0.061	0.012	0.062	0.527**	—							
bf3	3.921	0.553	0.074	-0.099	0.029	0.057	0.614**	0.547**	—						
bf4	4.042	0.511	0.065	-0.077	0.037	0.074	0.687**	0.571**	0.662**	—					
bf5	4.137	0.631	0.018	0.084	0.122*	-0.006	0.274**	0.545**	0.224**	0.242**	—				
bf6	3.912	0.623	-0.092	0.047	-0.015	0.013	0.706**	0.444**	0.608**	0.649**	0.229**	—			
x	4.026	0.423	-0.061	-0.010	0.018	-0.009	0.422**	0.429**	0.413**	0.463**	0.185**	0.339**	—		
c1	4.115	0.427	0.031	-0.058	0.008	-0.008	0.341**	0.406**	0.383**	0.455**	0.132*	0.268**	0.809**	—
c2	3.819	0.513	-0.017	0.010	-0.051	0.076	0.507**	0.414**	0.408**	0.461**	0.187**	0.398**	0.767**	0.760**

注：bf1 "公平共赢"；bf2 "容错鼓励建言"；bf3 "注重跨部门交流"；bf4 "用人所长"；bf5 "多元化引进人才"；bf6 "重视员工培养"；c1 创新行为之创新过程；c2 创新行为之创新结果。x 创新自我效能感。

** 在 0.01 水平（双侧）上显著，* 在 0.05 水平（双侧）上显著相关。

二、主要假设检验

对样本 2 运用 SPSS22.0 进行分层多元回归分析，验证包容型人力资源管理实践各维度对创新行为的影响以及员工创新自我效能感的中介作用。

1. 包容型人力资源管理实践各维度对员工创新自我效能感的回归分析

以创新自我效能感为因变量，分两步引入回归方程的自变量。首先，引入控制变量（见表 14-3 模型 M1）。然后再引入包容型人力资源管理六个维度（见表 14-3 模型 M2）。在控制了员工性别、年龄和学历等人口统计变量后，模型 M2 比只包含控制变量的模型 M1 的解释力有显著提高（$\Delta R^2 = 0.284$, $F = 10.164$, $p < 0.01$）。其中，bf2 "容错鼓励建言"（M2, $\beta = 0.222$, $p < 0.05$）、bf4 "用人所长"（M2, $\beta = 0.233$, $p < 0.05$）对员工创新自我效能感具有显著正向影响。

2. 包容型人力资源管理实践各维度对创新行为的回归分析及自我效能感中介作用检验

分别以员工创新过程和员工创新结果为因变量，分三步引入变量。首先，引入控制变量（见表 14-3 模型 M3 和模型 M6）。其次，引入包容型人力资源管理六个维度（见表 14-3 模型 M4 和模型 M7）。最后，引入中介变量（员工创新自我效能感）（见表 14-3 模型 M5 和模型 M8）。根据巴伦和肯尼的建议，中介效应应当满足四个条件：(1) 自变量对因变量存在显著影响；(2) 自变量对中介量存在显著影响；(3) 中介变量对因变量存在显著影响；(4) 自变量与中介变量同时代入回归方程解释因变量时，中介变量的效应显著而自变量的效应消失（完成中介效应）或减弱（部分中介效应）。

控制变量、包容型人力资源管理实践和员工创新自我效能感对员工创新过程的分层回归结果见模型 M3、模型 M4、模型 M5。通过模型 M3 及模型 M4 的数据分析可知，在控制了员工性别、年龄和学历等人口统计变量后，模型 M4 比只包含控制变量的模型 M3 的解释力有显著提高（M4, $R^2 = 0.258$, $F = 8.919$, $p < 0.01$），其中 bf2 "容错鼓励建言"（M2, $\beta = 0.248$, $p < 0.05$）、bf4 "用人所长"（M2, $\beta = 0.322$, $p < 0.01$）对员工创新过程具有较为显著影响，假设 H_{1b}、假设 H_{1d} 成立。其他假设 H_{1a}、假设 H_{1c}、假设 H_{1e}、假设 H_{1f} 没有得到验证。模型 M5 加入中介变量员工创新自我效能感之后发现，员工创新自我效能感对员工创新过程具有显著正向影响（M5, $\beta = 0.766$, $p < 0.01$），bf2 "容错鼓励建言" 对员工创新过程的影响由原模型 M3 的显著影响降为不显著（M5, $\beta = 0.077$, ns），而且从模型 M2 可知 bf2 "容错鼓励建言"（M2, $\beta = 0.222$, $p < 0.05$）对自我效能感具有显著的正向影响，模型 M5 矫正后的 R^2 比模型 M4 提高了 0.42。而根据巴伦和肯尼的建议，创新自我效能感是 "容错鼓励建言" 作用于员工创新过程的中介变量，假设 H_{3b} 得到验证。同时模型 M5 加入中介变量员工创新自我效能感

表14-3 分层回归分析结果

解释变量		因变量							
		员工自我创新效能感		创新行为之创新过程			创新行为之创新结果		
		M1	M2	M3	M4	M5	M6	M7	M8
控制变量	性别	-0.064	-0.090	0.024	-0.015	0.054	-0.034	-0.032	0.029
	年龄	-0.021	0.027	-0.058	-0.006	-0.027	0.008	0.053	0.034
	学历	0.004	-0.002	-0.004	-0.015	-0.013	-0.039	-0.027	-0.026
	岗位	0.000	-0.047	-0.022	-0.060	-0.024	0.075	0.020	0.051
自变量	bf1: "公平共赢"		0.151		0.041	-0.074		0.304**	0.201*
	bf2: "容错鼓励建言"		0.222*		0.248*	0.077		0.173*	0.021
	bf3: "注重跨部门交流"		0.121		0.111	0.019		0.061	-0.022
	bf4: "用人所长"		0.233*		0.322**	0.144*		0.140	-0.019
	bf5: "多元化引进人才"		-0.04		-0.085	-0.054		-0.034	-0.007
	bf6: "重视员工培养"		-0.091		-0.129	-0.059		-0.019	0.043
中介变量	创新自我效能感					0.766**			0.680**
模型统计量	调整后的 R^2	-0.011	0.256	-0.011	0.229	0.664	-0.007	0.278	0.620
	ΔR^2	0.004	0.284	0.004	0.258	0.678	0.008	0.305	0.636
	F值	0.279	10.164**	0.278	8.919**	48.871**	0.552	11.224**	40.439**

注：*** 在0.01水平（双侧）上显著，* 在0.05水平（双侧）上显著相关。

之后发现，bf4"用人所长"对员工创新过程的显著影响减弱，而且从模型 M2 可知 bf4"用人所长"（M2，$\beta = 0.233$，$p < 0.05$）对自我效能感具有显著的正向影响，模型 M5 矫正后的 R^2 比模型 M4 提高了 0.42。而根据巴伦和肯尼的建议，创新自我效能感是"用人所长"作用于员工创新过程的中介变量，假设 H_{3d} 得到验证。综上，假设 H_{3a}、假设 H_{3c}、假设 H_{3e}、假设 H_{3f} 没有得到验证。

从模型 M6、模型 M7、模型 M8 可以看出，包容型人力资源管理实践对员工创新结果的影响及员工创新自我效能感的中介作用。控制了员工性别、年龄和学历等人口统计变量后，模型 M7 比只包含控制变量的模型 M6 的解释力有显著提高（$R^2 = 0.305$，$F = 11.224$，$p < 0.01$），其中 bf1"公平共赢"（M7，$\beta = 0.304$，$p < 0.01$）、bf2"容错鼓励建言"（M7，$\beta = 0.173$，$p < 0.05$）对员工创新结果具有较为显著的影响，假设 H_{2a}、假设 H_{2b} 成立。其他假设 H_{2c}、假设 H_{2d}、假设 H_{3e}、假设 H_{3f} 没有得到验证。模型 M8 加入中介变量员工创新自我效能感之后发现，员工创新自我效能感对员工创新结果具有显著正向影响（M8，$\beta = 0.680$，$p < 0.01$），bf2"容错鼓励建言"对员工创新结果的显著影响由模型 M7 的显著影响降为不显著（M8，$\beta = 0.021$，ns），而且从模型 M2 可知 bf2"容错鼓励建言"（M2，$\beta = 0.222$，$p < 0.05$）对自我效能感具有显著的正向影响，模型 M8 矫正后的 R^2 比模型 M7 提高了 0.33。而根据巴伦和肯尼的建议，创新自我效能感是"容错鼓励建言"作用于员工创新结果的中介变量，假设 H_{4b} 得到验证。综上，假设 H_{4a}、假设 H_{4c}、假设 H_{4d}、假设 H_{4e}、假设 H_{4f} 没有得到验证。

为了进一步验证员工创新自我效能感的中介效应，运用 Bootstrapping 方法来计算包容型人力资源管理实践通过员工创新自我效能感作用于员工创新行为的间接效应（Preacher & Hayes，2008），重复抽样 5000 次。结果显示：员工创新自我效能感在 bf2"容错鼓励建言"与员工创新过程中介效应为 0.141（$95\% CI = [0.042, 0.256]$），创新自我效能感在 bf4"用人所长"与员工创新过程中介效应为 0.137（$95\% CI = [0.014, 0.293]$），该结果再次验证了假设 H_{3b}、假设 H_{3d}。员工创新自我效能感在 bf2"容错鼓励建言"与员工创新结果中介效应为 0.150（$95\% CI = [0.047, 0.268]$），该结果再次验证了假设 H_{4b} 成立。

第三节 研究结论与讨论

一、研究结论

本章研究结论包括以下三点内容。

（一）验证了包容型人力资源管理实践的主要维度

通过探索性和验证性因子分析，验证了包容型人力资源管理实践的主要维度，包容型人力资源实践包括"公平共赢""容错鼓励建言""注重跨部门交流""用人所长""多元化引进人才""重视员工培养"六个维度。

（二）包容型人力资源管理实践各维度与员工创新行为具有显著正相关

研究表明，包容型人力资源管理实践与员工创新行为之间的相关系数都显著。

"公平共赢"对员工的创新过程没有显著的正向作用，对员工创新结果有显著影响。

"容错鼓励建言"对员工的创新过程和员工创新结果都有显著影响。

"注重跨部门交流"对员工的创新过程和员工创新结果没有显著影响。

"用人所长"对员工的创新过程具有显著影响，对创新结果没有显著影响。

"多元化引进人才""重视员工培养"投入对员工的创新过程和员工创新结果均没有显著影响。

（三）"容错鼓励建言"和"用人所长"对员工创新自我效能感具有显著影响

员工创新自我效能感在"容错鼓励建言"与员工创新过程和创新结果之间起到完全中介作用。"用人所长"通过员工自我效能感影响员工创新过程，员工创新自我效能感起到部分中介作用。

二、理论贡献

本章的理论贡献主要表现在两个方面。

（一）进一步验证了包容型人力资源管理实践的理论框架

通过数据分析，验证了包容型人力资源管理实践的关键因素，对企业开展包容型人力资源管理实践具有指导作用。

（二）验证了包容型人力资源管理实践影响员工创新行为机理

研究提出并验证了包容型人力资源管理实践影响员工创新行为的机理及效应，发现了自我效能感在包容型人力资源管理实践和员工创新行为之间的中介作用。

三、实践意义

本章的实践意义包括以下两点内容。

（一）要重视员工的体验，尊重员工的心理感受和价值

在人力资源管理实践中融入包容的理念，设计人力资源管理实践活动时，能够秉持"兼容""公平""尊重""共享"的原则，重视员工的体验，尊重员工的心理感受和价值。

（二）要建立用人所长、公平共赢、容错鼓励建言的对应机制

企业要促进员工创新行为的产生，要建立"用人所长""公平共赢""容错鼓励建言"的对应机制。例如，目前新安化工集团股份有限公司开展积分制管理正向激励员工，鼓励"用人所长"，华为技术有限公司的价值分配机制体现"公平共赢"，这些优秀的人力资源管理实践都值得借鉴和学习。

四、研究的局限性

本章的研究还有一定的局限性，主要包括以下两方面内容。

（一）没有采用动态纵向数据

研究主要是使用横截面静态数据，没有采用动态纵向数据。后续研究尝试分阶段收集数据，进行动态结构方程分析。

（二）样本的区域与数量仅限浙江

研究样本以浙江企业为主，涵盖多种行业，建议未来研究扩大样本的区域与数量，同时分行业进行研究分析，例如，对高科技企业开展专项研究。同时，为了避免同源误差，应当由直接上级填写员工创新行为量表，由员工填写包容型人力资源管理实践及自我效能感量表，从多个渠道收集数据。

第十五章

包容型人才管理模式对创新激情和行为的影响研究

第一节 引言

"海纳百川,有容乃大"。创新人才开发模式,激发员工创新激情,促进员工创新行为,是企业人才开发亟待解决的现实问题和关键因素。人才开发亟须包容文化和包容理念的滋养。人才开发须"包容"(吴德兴,2011)。"包容"指容纳和宽容,是吸引人才、留住人才、用好人才和激励人才的重要环境因素。传统包容文化源远流长,最早语自《汉书·五行志下》"上不宽大包容臣下,则不能居圣位",后来见于明朝李东阳《大行皇帝挽歌辞》"草木有情皆长养,乾坤无地不包容"和宋朝苏轼《上神宗皇帝书》"若陛下多方包容,则人才取次可用"。"包容"是一种包含,一种顾及,一种宽容和融合(李冬梅,2014),是一种成熟、理性和有序的表现(程萍,2013)。包容特别倡导机会平等,强调"公平与共享"。目前,针对人才开发因循守旧、故步自封和缺乏人文关怀与公平共赢基础的现状,包容理念已经成为人才开发与经济发展的热词。习近平主席关于人才开发的论述和中共中央《关于深化人才发展体制机制改革的意见》,以及G20杭州峰会的主题都蕴含着鲜明的现代的包容理念,为构建"包容型人才开发新模式"提供了理论指南。

包容型人才管理模式是一种把传统的"包容文化"和现代的"包容理念"有机融合到引才、用才、育才、激励人才等人才开发工作中,以多元化人才队伍建设吸引人才,以发挥人才优势使用人才,以注重培养来育才,以公平和双赢激励人才,以理性包容员工的创新思想与失败激发人才创新激情,从而全面提升员工的"能力—动机—机会"的一种创新型人才开发模式。本章在方阳春、贾丹等（2015）提出的包容型人才管理模式的概念基础上进一步完善，构建了以涵盖重视公平和共赢、理性包容员工的创新思想与失败、注重员工优势的发挥、加强员工培养、强调多元化人才队伍建设五大维度的包容型人才管理模式，为现代企业构建有效的人才开发模式提供了理论依据和实践参考。

第二节 研究设计

一、研究假设

（一）包容型人才管理模式对员工创新行为的影响

"机会提升—动机提升—能力提升"三者是一个有机的整体（Jiang et al., 2012）。包容型人才管理模式以包容理念把"机会提升—动机提升—能力提升"三种人力资源管理实践整合为一个系统，提供驱动员工创新的人才开发系统模型，强调人才开发的系统性。首先，这一模式为员工的创新活动提供有利机会，通过多元化的方式加强人才队伍建设，利于人才的异质、碰撞创新火花，理性包容员工的创新思想与失败，给员工"试错"机会，减少员工创新的后顾之忧。其次，这一模式为员工提供创新动力，重视公平和共赢，满足了员工的尊重和成就需求，从而提升员工的创新激情和动机。最后，这一模式强调通过员工优势的发挥、注重员工培养等方式来增强员工的创新能力。

包容型人才管理模式的五大维度作为实现上述三大提升的重要手段和主要途径，应协调发展，把包容理念和谐地贯穿于引才、用才、育才、激励人才等一系列人才开发实践中。

创新行为是员工创新想法的产生、推动和实践的复杂过程（Scott & Bruce, 1994），是员工产生创新构想或问题解决方案，并努力将之付诸实践的行为（Amabile, 1998），包括产生和执行创新构想等行为表现（顾远东，彭纪生, 2011）。创新过程具有高不确定性、高难度和低成功率等特征（Amabile, 1996）。本章结合企业创新型员工的职业特点，将员工创新行为概括为员工在工作过程中，产生创新构想并将其付诸实践的创新活动，从而推动企业创新绩效，增强企业的核心竞争力。

包容型人才管理模式强调公平共赢、包容创新思想和失败、人尽其才、能力培养、多元化人才队伍建设，大大激发员工的创新激情，促进员工的创新行为。组织公平对创新行为具有显著作用（姚艳虹，韩树强，等, 2013），内部人身份感知、"员工—组织"关系与创新行为显著正相关（王永跃，王慧娟，等, 2015；俞明传，顾琴轩，等，2014），组织所体现出的公平性和共赢性能有效提高员工的创新行为。研发人员的失败学习对其创新行为有显著正向影响（黄海艳，苏德金，等，2016），个体感知到的差错反感文化将负向影响员工创新行为（杜鹏程，李敏，等，2015）。理性包容员工的失败，正向影响着员工创新行为。人才开发过程中要重视员工优势的发挥，"人—工作"匹配正向影响员工创新行为（赵斌，韩盼盼，2016）。科技人才创新实践能力培养研究对于促进科技人才全面发展，培养创新精神，提升创新能力有着重要的意义（牟蕾，惠嘉，2016）。多元化能促进员工和团队的创新（Gassmann，2001），知识的平衡流动对员工创新行为存在直接影响和协同作用（赵立雨，2016）。因此，提出假设 H_1。

假设 H_1：包容型人才管理模式对员工创新行为产生正向影响。

假设 H_{1a}：重视公平和共赢对员工创新行为具有正向影响。

假设 H_{1b}：理性包容员工的创新思想与失败对员工创新行为具有正向影响。

假设 H_{1c}：员工优势的发挥对员工创新行为具有正向影响。

假设 H_{1d}：注重员工培养对员工创新行为具有正向影响。

假设 H_{1e}：多元化人才队伍建设对员工创新行为具有正向影响。

（二）创新激情的中介作用

工作激情是一个人对工作的强烈意愿，表现为对工作热爱，觉得工作重要，愿意把时间和精力投入到工作中（Vallerand & Houlfort，2003），是一种包含认知和情绪因素的工作态度，表现为对工作的强烈爱好和积极投入（Ho，2011）。工作激情会成为个体自我认同的一个核心特征（Vallerand，2012）。马什等（Marsh et al.，2013）的激情二元模型指出，大部分人会慢慢对某些令人愉快和能满足心理需要的活动产生偏爱，其中特别令人愉快和个体认为特别重要的活动会逐渐转化成个体身份的一种特征标志。当个体将从事某活动的外部动机向自己的身份认同进行内化的过程时，个体对该活动的激情也随之产生。工作激情包含了认知、动机和情感（宋亚辉，等，2013）。工作激情分为强迫式激情与和谐式激情两个维度（Vallerand & Houlfort，2003）。

学术界对创新激情的理论研究极少（Lavigne，2014）。本章根据工作激情文献和创新活动特点，认为创新激情是一种特定的工作激情，是个体对开展创新活动表现出强烈的意愿（动机）、喜爱（情感）、意义感（认知）的工作状态，对创新活动的热爱和投入通过主动或被动的形式内化为个体的心理特征，唤醒个体的创新行为。创新激情分为强迫式创新激情与和谐式创新激情两个维度。强迫式创新激情来源于外部动机、压力而认同并接受创新的重要价值，被迫投入地开展创新活动；和谐式创新激情源于外部工作动机的自主性内化过程，快乐而有意义地、自主自愿地开展创新活动。

包容型人才管理模式有助于提高创新激情，同时创新激情可促进创新行为。创新激情源于崇高的使命和强烈的责任心，责任感、宽松的氛围、人才协作等是提升创新激情的重要因素（安静娴，2001）。相互信任、彼此尊重能够让员工更加自由地表达非传统观点，甚至无所忌惮地表达与权威者不同的意见（秦伟平，赵曙明，2015），宽松的组织环境使员工表现出更积极的工作激情和创新激情，从而促进员工的创新行为。创新活动也是"试错"的过程，要原谅和允许错误，要建立一个鼓励创新思维、自由表达和自由讨论的环境，要吸纳各种文化背景的群体（易华，胡斌，2009）。提高创新人才质量的措施之一是开展终身培训，进行创新人才的再培养（黄梅，吴国蔚，2008），员工能力得到培养后，为实现自身的价值，能增强员工的创新积极性，提高员工的创新激情，从而提升创新行为。创新是一个艰巨而复杂的活动，在这一过程中需要创新激情激励人们挑战创新的困难，创新激情是创新行动的原动力（杨朝仁，2006）。工作激情影响员工的创造性绩效（宋亚辉，等，2013），和谐式工作激情能够显而易见地激发个体创造力（梁祺，雷星晖，等，2013）。因此，提出假设 H_2。

假设 H_2：创新激情是包容型人才管理模式作用于员工创新行为的中介变量。

假设 H_{2a}：创新激情是重视公平和共赢作用于员工创新行为的中介变量。

假设 H_{2b}：创新激情是理性包容员工的创新思想与失败作用于员工创新行为的中介变量。

假设 H_{2c}：创新激情是员工优势地发挥作用于员工创新行为的中介变量。

假设 H_{2d}：创新激情是注重员工培养作用于员工创新行为的中介变量。

假设 H_{2e}：创新激情是多元化人才队伍建设作用于员工创新行为的中介变量。

二、研究方法

（一）研究对象

本章利用课题组和政府部门联合给浙江企业员工开展讲座的机会，组织了问卷调查。累计发放问卷133份，现场收回有效问卷126份，有效问卷回收率为94.7%。被调查的有效样本中男性66名，女性60名；年龄主要分布在30岁以下和30～39岁两个年龄段，分别占38.1%、34.9%；大部分企业员工具有本科学历，为65.9%；一般员工、基层领导者、中层领导者和高层领导者分别占38.9%、23%、22.2%、15.9%。所在企业人力资源规模为100人以内、100～500人、500～1000人、1000人以上的分别占26.2%、32.5%、12.7%、28.6%，所在企业为高科技企业的被调查者占37.6%。

（二）研究工具

本章总共包括三个量表。在以往研究的基础上，通过深度访谈和开放式问卷调查设计包容型人才管理模式量表。员工创新激情量表参考瓦莱兰与霍尔福特（Vallerand & Houlfort, 2003）的工作激情量表、结合创新活动的特点编写的，员工创新行为量表采纳斯科特和布鲁斯（1994）问卷。

（三）数据处理办法

本章采用 SPSS20.0，既对数据进行了 KMO 和 Bartlett 检验、探索性因子分析和 α 系数检验，又对调查数据进行了描述性分析、相关性分析和回归分析，以探讨包容型人才管理模式对企业员工创新行为的影响机制。

第三节 实证分析结果

一、问卷量表的信度和效度检验结果

对包容型人才管理模式量表进行 KMO 和 Bartlett 检验，KMO 的值为 0.92，Bartlett 球体检验的 Sig 值小于 0.001 为高度显著，量表适合做因子分析。探索性因子分析结果显示，包容型人才管理模式共有 5 个因子：重视公平和共赢、理性包容员工的创新思想与失败、员工优势的发挥、注重员工培养、多元化人才队伍建设，分别解释了 19.00%、15.47%、13.82%、13.41%、11.55% 的变异，累计解释变异量为 73.25%。各项目的因子载荷在 0.53~0.90 之间。包容型人才管理模式量表的 α 系数为 0.94，具有良好的信度。

员工创新激情量表的 KMO 值为 0.88，Bartlett 球体检验的 Sig 值小于 0.001 为高度显著，可以做因子分析。探索性因子分析后，共提取 2 个因子，分别为强迫式创新激情与和谐式创新激情，分别解释了 35.35% 和 26.63% 的变异，累计解释变异量为 61.98%。因子负荷在 0.57~0.85 之间。该量表 α 系数为 0.89，具有较好的信度。创新绩效量表的 α 系数为 0.92，具有较好的信度。创新行为量表共提取出 1 个因子，累计解释变异量为 60.72%，量表的 α 系数为 0.92，信度良好。

二、描述性分析结果

表 15-1 的描述性统计结果显示，包容型人才管理模式各维度平均分从高到

低分别为：F4 注重员工培养、F5 多元化人才队伍建设、F3 员工优势的发挥、F2 理性包容员工的创新思想与失败、F1 重视公平和共赢，由此可见企业在人才开发中迫切需要提高对员工创新思想和失败的包容度，重视公平性，加强员工和企业的共赢机制。员工的强迫式创新激情（C1）、和谐式创新激情（C2）的平均分分别是 3.19 和 3.92，被调查员工的和谐式创新激情更强。企业员工的创新行为（CX）的平均分数达到 3.88，整体表现较好，但仍有较大的提高空间。

表 15-1　　　　　　　　变量的描述统计及相关系数矩阵

变量	Mean	S.D.	N	F1	F2	F3	F4	F5	C1	C2	CX
F1	3.43	0.87	126								
F2	3.61	0.75	126	0.595**							
F3	3.66	0.88	126	0.791**	0.555**						
F4	3.80	0.76	126	0.713**	0.638**	0.701**					
F5	3.77	0.84	126	0.529**	0.627**	0.415**	0.542**				
C1	3.19	0.85	126	0.393**	0.423**	0.229**	0.275**	0.312**			
C2	3.92	0.56	126	0.544**	0.392**	0.390**	0.512**	0.403**	0.530**		
CX	3.88	0.63	126	0.496**	0.368**	0.299**	0.408**	0.431**	0.600**	0.756**	

注：F1 重视公平和共赢；F2 理性包容员工的创新思想与失败；F3 员工优势的发挥；F4 注重员工培养；F5 多元化人才队伍建设；C1 强迫式创新激情；C2 和谐式创新激情；CX 创新行为；** $p<0.01$。

三、相关性分析

表 15-1 的相关性分析结果显示，包容型人才管理模式五个维度与企业员工的创新激情、企业员工的创新行为均显著正相关；员工的创新激情与员工的创新行为正相关。包容型人才管理模式的不同维度与企业员工创新行为、员工创新激情的相关性存在差异。与企业员工创新行为的相关系数从高到低依次是 F1 重视公平和共赢、F5 多元化人才队伍建设、F4 注重员工培养、F2 理性包容员工的创新思想与失败、F3 员工优势的发挥。与强迫式创新激情的相关性最强的两项包容型人才管理模式维度是"F2 理性包容员工的创新思想与失败"和"F1 重视公平和共赢"。与和谐式创新激情的相关性最强的两项包容型人才管理模式维度分别是"F1 重视公平和共赢"和"F4 注重员工培养"。

四、回归分析及创新激情中介变量的检验

通过回归分析检验包容型人才管理模式对员工创新行为的影响及员工创新激情的中介作用。中介作用的检验主要参照巴伦和肯尼（1986）的验证方法。回归分析结果如表 15-2 所示。

表 15-2　　　　　　　　　　　分层回归分析结果

指标名称	第一步		第二步	第三步	
	强迫式创新激情	和谐式创新激情	员工创新行为	员工创新行为	
性别	-0.281	-0.125	-0.129	-0.024	-0.035
年龄	-0.076	0.042	-0.009	0.020	-0.040
学历	-0.018	0.023	-0.028	-0.021	-0.045
所在岗位	0.102	0.017	-0.004	-0.042	-0.016
企业人力资源规模	0.016	0.027	0.004	-0.003	-0.017
是否为高科技企业	0.065	-0.043	-0.098	-0.122	-0.066
F1	0.562***	0.295**	0.366***	0.156	0.145
F2	0.373**	-0.001	0.017	-0.123	0.018
F3	0.340*	-0.151	0.223*	0.096	0.109
F4	-0.091	0.202*	0.106	0.140	-0.046
F5	0.052	0.082	0.159*	0.140*	0.098
C1				0.375***	
C2					0.750***
R^2（Adj. R^2）	0.303 (0.222)	0.380 (0.307)	0.333 (0.255)	0.512 (0.450)	0.616 (0.567)
F	3.716***	5.229***	4.258***	8.259***	12.585***

注：F1 重视公平和共赢；F2 理性包容员工的创新思想与失败；F3 员工优势的发挥；F4 注重员工培养；F5 多元化人才队伍建设；C1 强迫式创新激情；C2 和谐式创新激情；＊$p<0.05$，＊＊$p<0.01$，＊＊＊$p<0.001$。

在回归分析的第一步，以控制变量和包容型人才管理模式各维度为自变量，分别以强迫式创新激情和和谐式创新激情为因变量进行回归分析。控制变量和包容型人才管理模式解释了强迫式创新激情22.2%的变异（F=3.716，$p<0.01$），"重视公平和共赢"（F1，β=0.562，$p<0.001$）、"理性包容员工的创新思想与失败"（F2，β=0.373，$p<0.01$）、"员工优势的发挥"（F3，β=0.340，$p<0.05$）能显著地解释强迫式创新激情。控制变量和包容型人才管理模式各维度一起解释了和谐式创新激情30.7%的变异（F=5.229，$p<0.001$），"重视公平和共赢"（F1，β=0.295，$p<0.01$）、"注重员工培养"（F4，β=0.202，$p<0.05$）能显著地解释和谐式创新激情。

第二步，以控制变量和包容型人才管理模式各维度为自变量，以员工创新行为为因变量进行回归分析。控制变量和包容型人才管理模式解释了员工创新行为变异的25.5%（F=4.258，$p<0.001$）。其中，"重视公平和共赢"（F1，β=0.366，$p<0.001$）、"员工优势的发挥"（F3，β=0.223，$p<0.05$）、"多元化人才队伍建设"（F5，β=0.159，$p<0.05$）对员工创新行为有显著的解释力，因此，假设H_{1a}、假设H_{1c}、假设H_{1e}成立。

第三步，分别引入强迫式创新激情与和谐式创新激情为中介变量，以控制变量和各个包容型人才管理模式维度为自变量，以员工创新行为为因变量进行回归分析。控制变量、包容型人才管理模式各维度和强迫式创新激情一起解释了员工创新行为变异的45.0%（$F = 8.259$，$p < 0.001$）。"重视公平和共赢"（F1，$\beta = 0.156$，ns）、"员工优势的发挥"（F3，$\beta = 0.096$，ns）对员工创新行为不再具有显著的解释能力，强迫式创新激情能显著解释员工创新行为（$\beta = 0.375$，$p < 0.01$）。在第一步中"F1重视公平和共赢""F3员工优势的发挥"对强迫式创新激情具有显著影响。因此，强迫式创新激情在"F1重视公平和共赢""F3员工优势的发挥"对员工创新行为的影响中起中介作用。检验和谐式创新激情的中介作用时，发现控制变量、包容型人才管理模式各维度与和谐式创新激情共同解释了员工创新行为变异的56.7%（$F = 12.585$，$p < 0.001$）。"F1重视公平和共赢"（F1，$\beta = 0.145$，ns）、"员工优势的发挥"（F3，$\beta = 0.109$，ns）、"多元化人才队伍建设"（F5，$\beta = 0.098$，ns）不再对员工创新行为有显著的解释能力，和谐式创新激情对企业创新绩效的解释作用明显（$\beta = 0.750$，$p < 0.001$）。在第一步中"重视公平和共赢"对和谐式创新激情具有显著影响，"员工优势的发挥""多元化人才队伍建设"对和谐式创新激情没有显著影响。因此，根据中介作用的检验标准，和谐式创新激情在"重视公平和共赢"对员工创新行为的影响中起中介作用。

综上所述，强迫式创新激情与和谐式创新激情在"重视公平和共赢"对员工创新行为的影响中起中介作用，强迫式创新激情在"员工优势的发挥"对员工创新行为的影响中起中介作用，假设H_{2a}成立，假设H_{2c}部分成立。

第四节　研究结论和未来研究方向

一、主要研究结论

（1）丰富了人才开发模式对创新行为的影响机制理论，为增强企业创新绩效提供了新的理论指导。将中国传统的包容文化、现代的包容理念与人才开发紧密结合，创造性地提出了包容型人才管理模式的概念，内容涵盖到人才引进、使用、培训、激励等人才开发的各个方面，丰富了人才开发模式对创新行为的影响机制理论，为激发企业员工创新行为、增强企业创新绩效提供了新的理论指导。研究引入创新激情作为中介变量，检验了创新激情在这一模式作用于员工创新行为过程中的中介作用，明晰了包容型人才管理模式影响创新行为的内在机理，充实了创新激情理论的研究。

（2）在创新驱动发展背景下包容型人才管理模式具有重要研究价值。包容型人才管理模式的五大维度，即重视公平和共赢、理性包容员工的创新思想与失败、注重员工优势的发挥、加强员工培养、强调多元化人才队伍建设，可以解决目前人才开发中因循守旧、故步自封和缺乏人文关怀与公平共赢等问题，具有重要的理论价值和现实意义。

（3）包容型人才管理模式与员工创新行为和创新激情正相关。创新激情主要分为强迫式创新激情与和谐式创新激情两大维度。其中，重视公平和共赢、理性包容员工的创新思想与失败、员工优势的发挥等能显著解释强迫式创新激情；重视公平和共赢、注重员工培养等能显著影响和谐式创新激情；重视公平和共赢、员工优势的发挥、多元化人才队伍建设等对员工创新行为有显著的解释力。这一模式可有力提升员工的创新激情和创新行为。

（4）人才开发尤其需要"重视公平和共赢"和"员工优势的发挥"。创新激情是"重视公平和共赢"影响员工创新行为的中介变量，强迫式创新激情在人才优势的发挥对员工创新行为的影响中起中介作用。"公平和共赢"是现代包容理念的核心，既能激发员工的强迫式创新激情，也能激发员工的和谐式创新激情，从而促进员工创新行为。企业越注重公平与共赢，员工越表现出高昂的创新激情和创新行动，企业的创新绩效越显著。用人所长、发挥员工的优势，可以有力提升员工的强迫式创新激情和创新行为。

二、未来研究方向

（1）后续研究要注重提高调查问卷数据的普遍性和代表性。该研究问卷仅选取浙江一省内企业，发放数量相对有限，问卷数据普遍性和代表性还不够。在创新激情中介作用的检验中，发现创新激情是"重视公平和共赢"影响员工创新行为的中介变量，随着问卷数量的增加，其他因子是否会通过创新激情的中介作用来影响员工创新行为还有待验证。后续研究可增加问卷发放数量，增加其他地区的数据，以减少研究误差。如果研究对象更集中于高科技创新企业员工，结论可能更符合研究假设。

（2）后续研究应当突出诸如心理安全感等因素的中介作用。该研究引入创新激情作为中介变量，检验了创新激情在这一模式作用于员工创新行为过程中的中介作用，对其他中介变量作用的研究相对有限，后续包容型人才管理模式对员工创新行为的影响机理研究，应当突出诸如心理安全感、创新自我效能、内在动机等因素的中介作用，从而更全面地了解这一模式作用于员工创新行为的机理，为提高员工创新行为提供更系统科学的理论依据。

（3）包容型人才管理模式的理论研究需要进一步深化和提高。该研究将中国传统的包容文化、现代的包容理念与人才开发紧密结合，虽然创造性地提出了包容型人才管理模式的概念，丰富了人才开发模式对创新行为的影响机制理论，但是由于理论的局限性和研究方法的局限，对样本的采集、模型的建立等方面存在许多不足，需要引入其他中介变量，进一步明晰包容型人才管理模式影响创新行为的内在机理，充实创新激情理论的研究。

第十六章

驱动浙商创新的企业家胜任特征模型及其验证研究

第一节　引言

党的十八大报告明确指出,"科技创新是提高社会生产力和综合国力的战略支撑,必须摆在国家发展全局的核心位置",强调"要坚持走中国特色自主创新道路、实施创新驱动发展战略。"提升国家的创新能力是增强自身国力的根本所在,企业的创新能力更关系着企业自身的生存与发展。在市场竞争激烈和科技进步的今天,企业在创新驱动发展战略中发挥着主体作用,根据国家统计局公布的数据,2018年受理专利申请量和专利授权量分别比上年增长16.9%和33.3%并仍呈现逐年递增的趋势;同时,越来越多的企业开始认识到创新的重要性,2018年全国研究与试验发展(R&D)经费支出与国内生产总值相比,较上年提高0.03个百分点。经济学家熊彼特(1912)在他的《经济发展理论》一书中指出:"经济发展的原因在于创新,而创新活动的主体就是企业家。"企业家才能作为经济学生产投入要素之一,是经济发展最宝贵、最稀缺的资源。企业家队伍建设乃至新生代企业家的培养,是关系经济社会发展的关键因素。近年来,企业家越来越受到国家和社会的关注,党的十九大报告强调,要"激发和保护企业家精神,鼓励更多社会主体投身创新创业。建设知识型、技能型、创新型劳动者大军,弘扬劳模精神和工匠精神,营造劳动光荣的社会风尚和精益求精的敬业风气。"而浙江作为中小企业和民营企业的沃土,已成为改革开放40多年来企业创新发展的缩影,2019年中国民营企业500强中浙江企业有92家,占比将近20%,连续21年居全国第一,选取浙江企业家进行研究具有一定的典型意义。数字经济背景下浙江企业转型发展更需要新生代企业家全面参与企业在制度、技术、管理等方面的创新，最终实现企业创新能力和综合实力的提升，应对数字经济转型带来的机遇和挑战。因此，本章以浙江省创新型领军企业的企业家为研究对象，基于扎根理论概括并总结驱动浙商创新的企业家特征模型并进行检验，为企业家的队伍发展提供科学和客观的依据，为建设企业家队伍提供理论和实践指导。

第二节 驱动浙商创新的企业家胜任特征模型构建

一、主要概念

（一）企业家

"企业家"一词最早由法国经济学家坎提龙提出，认为企业家就是市场中充分利用未被他人认识的获利机会而成就一番事业的人，而后经济学领域对于"企业家"内涵的探讨集中于"破坏平衡"和"打破平衡"的经济行为两个方面。随着"企业家"的概念延伸到管理学和心理学领域，管理学和心理学学者开始进一步从企业家特质、行为和能力三个视角开展研究。其中，国内外学者广为推崇的是能力视角对于企业家概念的界定，认为企业家是具备企业家才能的经营者（于东平，等，2012）。虽然目前学术界对于企业家概念的认识仍未统一，然而，不论是哪一种研究领域，对于企业家与创新的关系都有着同样的共识："企业家"是"作为创新个体的企业家"（朱海就，2009），从词源的角度来说，"entrepreneur（企业家）"与其派生词"enterpriser"本意均为"创业家"，另一派生词"entrepreneurship"则可以译为企业家精神或创业精神。因此，企业家是企业的人格化身，其主要特征就是创新（张序，2005）。

（二）企业家胜任特征模型

胜任特征模型（competency model）是指承担某一特定的职位角色所应具备的胜任特征要素的总和，即针对该职位表现优异者要求结合起来的胜任特征结构（时勘，2006）。管理胜任力特征结构由管理素质和管理技能等两个维度构成（王重鸣，等，2002），对于不同的企业，高层管理者或者企业家的胜任特征模型各有不同。在家族企业中，高层管理者的胜任特征模型包括威权导向、主动性、捕捉机遇、信息寻求、组织意识、指挥、仁慈关怀、自我控制、自信、自主学习、影响他人等11项胜任特征（仲理峰，等，2004）；在民营企业中，企业家胜任力应该包括个人特质、态度和能力、管理能力、人员管理、认知和价值及人际洞察力六个维度共 24 个特征（邰政文，2014）。林泽炎和刘理晖认为，转型时期的中国企业家胜任特征包括个性特征、行为特征和能力特征三个维度（林泽炎，等，2007）。从企业家层面来说，刘陆芳等（2008）通过分析 30 位成功企业家的传记认为中国企业家胜任特征为坚韧性、果断性、捕捉机遇能力、自信、进取性、战略及方向性、策略性、变革催化、商业头脑、主动性。成功的企业家需要具备对权力的需求、社会取向、自我效能、高度的耐力、风险承担、市场意识、创造力和灵活性八项能力（Verni，2014）。

目前，关于企业家胜任特征的模型的研究多集中于不同类型的企业研究，没有具体针对企业家本身不同类型展开的研究，但是对于企业家在企业当中的重要地位，针对驱动浙商创新的企业家胜任特征模型进行研究在一定程度上弥补了当前研究中的空白，也为浙商提升企业创新竞争力提供了方向。

二、驱动浙商创新的企业家胜任特征模型构建

本章通过对 2017 年浙江省创新型领军企业排名靠前的 6 家企业的企业家近 5 年的 60 篇演讲稿进行分析，通过扎根理论构建驱动浙商创新的企业家胜任特征模型。

（一）开放式编码

通过分析企业家的演讲稿得到 120 条重点原始语句和相应的初始概念，因为初始概念数量比较多，也可能存在相互交叉的关系，所以文章将初始概念进行分类并组合，删除重复频次低于 2 次的初始概念，对重复频次在 3 次及以上的初始概念进行范畴化（如表 16-1 所示）。为了节省篇幅，文章只在每个范畴内截取 2~3 条原始语句及相应的初始概念。

表 16-1　　　　　　　　　开放式编码范畴化

初始范畴	原始语句（初始概念）
全球思维	A2 主动地去推动本土化的研发、本土化的人才、本土化的采购、本土化的市场与全球的研发、全球的人才、全球的采购、本土市场的资源与全球市场的资源相互协调是在竞争对手中获得胜利的关键（全球协作） A10 我们追求的是全球化的视野、国际化的能力（全球视野）
关注创造需求	A1 我们始终围绕用户和市场的需求，使产品在各个细分市场中都能有举足轻重的地位，并且能够随时满足消费者不断变化的需求和个性化的需求（创造需求） A23 我们始终以提高产品品质和技术含量为重心，与合作伙伴紧密合作，时刻关注市场和消费者的需求，以更快的速度投放新一代产品（关注需求）

续表

初始范畴	原始语句（初始概念）
长远决策和判断力	A29 我们做企业，在中国这样的环境中，一定要思考10年以后的事情，如果你做任何事情今天做，明天就想赢，这个机会已经不多了。我们只有对未来的经济有长远的认识和合理的预测，对未来的前进方向准确定位，企业才有可能长久地生存下去（眼光长远） A29 我们要有战略把握未来，战略是基于自身的认识对未来的一个判断，企业战略从愿景来，愿景从使命来。所以所有企业使命、愿景、战略、组织、文化、人才体系的建设都要完善和强大，才有可能做好企业（放眼未来） A11 所以只要没有边界的思考，才是真正的未来（无边界思考）
开放包容共享	A3 企业文化要开放包容，有极度的远见卓识，愿意积极承担社会责任，勇于挑战攀登科技的高峰，勇于探索商业文明，充分体现开放、包容、公平、相互尊重的企业的经营（治理）理念（开放包容） A26 应该靠创新赢得市场，要靠技术赢得利润、要靠担当、要靠共享、要靠普惠精神，才能赢得尊重（共享） A10 我们企业想走得长远就要懂得把自己的技术、资源和经营方法变成普惠的，让整个社会来分享（社会分享）
战略定位能力	A10 明确自身的需求，明确该放弃什么，知道自己应该拥有什么，就是知识驱动（明确自身需要） A7 我们企业家要想自己的企业走得长久，必须了解自己拥有什么、想要什么、应该放弃什么（了解自己） A25 明白什么是我不要的东西，你才懂得什么是你必须要坚持的东西（明确该放弃和坚持的事物）
创新和冒险勇气	A10 我觉得企业家必须要去打破传统、拥抱变革、创造变革，企业家最不能做的就是墨守成规（拥抱变革） A10 企业家要有冒险的勇气，明知结果是未知的，也要坚持为之，这才是真正的领导力，也是道家思想的无为而治（冒险勇气）
创新意识	A6 一个企业要想不断地向前发展，必须通过创新、通过持续不断地追求创新，无论是解决问题的方法、技术路线、制度、管理方面都要创新，无论是面对失败还是面对成功，都要不退缩地坚持下去（明确创新的重要性） A12 我们坚持创新驱动，没有离开制造业、没有离开实业、没有去做房地产、没有去做任何东西，觉得这块做好就够了（坚持创新）
创新能力	A10 到目前为止，我最得意的一件事情就是居安思危，防患于未然，做企业是"在阳光灿烂的时候修理屋顶"。在企业经营最好的时候，必须要改变，绝对不要在遇到困难时才想到要改变自己的战略。如果你的战略改变了，而组织没有相应的改变，就相当于没有改变（创新的时机选择） A29 企业家必须懂知识、懂科学。而遵照规律的同时，还要能够破坏规律（破坏规律）
善于学习	A10 我们应该多看、多学习，在享受中学习，在学习中享受（享受学习） A13 我们要从自己的错误中学习，吸取经验教训。每个人，无论是谁，都会犯错。从错误中学习，不是为了避免错误的再次发生，而是为了再遇到错误时知道该如何应对（从错误中学习）

续表

初始范畴	原始语句（初始概念）
乐观	A6 要想成功创办企业并有条不紊地坚持经营下去，还要适应不断创新的市场环境，必须要做好充分的遭受磨难的心理准备，而且必须要走在正确的道路上，摆正心态（摆正心态） A4 认真生活、快乐工作，我特讨厌认真工作的人，工作不要太认真，工作快乐就行，因为只有快乐才能让你创新（快乐工作） A24 我们是乐观主义者，我对未来和技术抱有乐观积极的态度（乐观积极的态度）
危机感	A12 我们要居安思危（准备随时应对意外） A10 我们必须学会做一名优秀的"医生"，"上医治未病"，"未病"就是指企业经营中可能会出现的问题，因为这个智能时代很多事情会发生无法预料的变化（解决可能出现的问题）
坚毅力	A14 我们始终围绕实业不忘初心，很多人都在说我们办企业一根筋，我们一直坚守实业，到现在还在搞制造业（坚守、不忘初心） A17 坚守也不容易。要在坚守中创新，在创新中坚守，真正坚守下来也是很难的。这就需要把自己放低，要自己坚持下来，有基于要素发展、基于创新发展等诸多模式供企业选择（放低自己、坚持）
风险控制能力	A7 我们公司可能会有很多不可预期的困难出现，看清楚未来的灾难，仍旧为之（认清风险） A7 创新也是有巨大风险的。传统的风险防范措施是把"防弹衣"做得越来越厚、越来越好，而我们的创新是让风险根本没有机会靠近你（做好风险防范）
人才引进能力	A1 目前我们企业在国内外总共建造了四大研发中心，包括中国的宁波、杭州，瑞典的哥德堡和英国的考文垂，拥有过万名的研发人员（引进研发人员） A4 决定一个公司最好的素质是你的基础员工的招聘（招聘优秀员工）
人才培养能力	A1 通过持续不断地进行研发投入，培养领先全世界的技术研发体系和技术的原创能力，以期能够培养出高素质的研发和技术人才队伍（培养人才） A8 我们严格训练他们，让他们起早、让他们贪黑、让他们快乐、让他们有成长。让他们有钱买得起房子、买得起车，让他们永远能够找到最好的女朋友和男朋友，这是我们希望的（训练人才）
关心人才	A7 我们要为自己的企业、自己的员工、自己的后代找到一个很安稳、平稳的福气，只有你的家人、企业、员工、客户都得到好的、圆满的结局，这才是我们要的首福（首要的福气），福气的福（关心员工） A5 企业走到现在为止生存下来很重要的一点就是我们关心自己，如果你不关心自己、不关心自己员工、家人、朋友，不要希望他会关心所有人（关心员工）
人才激励能力	A1 我们强调以员工为本，并通过快乐工作的理念提高执行力。我们从员工角度出发，更亲民、更科学的方法能很好地提高团队的向心力，激发员工对工作的激情和投入（激发工作积极性） A8 每一个人都不要小看你的工作，因为你影响了这个世界，以大家为傲，不管一年以后你还在不在这个团队，只要你在Z集团一天，Z集团记得你、感谢你，并以你感到骄傲（明确员工的重要性）
尊重他人	A2 逐渐形成一种全新的企业文化和价值理念，其核心特点是尊重、适应、包容与融合（尊重的理念） A13 你不应当靠给他很多钱去激励他，你要给他尊重、信任和感谢，你要给他诚恳的正确的建议（以尊重激励他人）

续表

初始范畴	原始语句（初始概念）
整合能力	A1 我们要充分利用资源，加强内部和外部资源的整合与协同（内外部的资源整合与协同） A12 坚定信念、加大投入、两化融合，很多人退、我们就进，很多人看、我们就干，我们不断完善产品研发、生产、检测等（两化融合）
协调能力	A18 跨界应用、道法自然（与其他行业协调） A21 过去一年，我们见证了密切合作带来的益处，同时也保留了各个品牌的独特个性（密切合作，并保留个性）
爱商	A10 从以往的经验看，成功的企业是因为他们情商很高，不败的企业是因为他们智商很高。但是如果想赢得尊重，要有爱商（爱的智慧） A13 我认为一个人想要成功的话，应该拥有比较高的情商，如果不想快速失败的话，要有高智商，但你如果想要受人尊敬的话，你要有比较高的爱商，就是爱别人的能力，这三个"商"应该放在一起（爱别人）
感恩心	A6 不是所有人都能够成功地进行创新创业，所以我们要有感恩的心，多吃一点亏、多经历失败也是经验的积累（心怀感恩） A6 要想创新创业取得巨大的成功，我们必须要带着一颗感恩的心，并且持之以恒地不断顽强拼搏，一直走在正确的道路上（要感恩）
自信心	A24 人类应该对自己有信心（对自己有信心） A12 根据自己的实际，坚定信心、发展实业这是我们自身的定位（坚定信心）
谦卑心	A15 我们必须明白，也必须拥有一颗谦卑的心（拥有谦卑的心） A1 要想经营好一家企业，我们必须拥有谦卑的心态（谦卑心态）
责任心	A27 解决的社会问题越大，责任就越大，利益也就来得更多（责任） A11 我们必须要有市场的力量，必须有技术的力量，必须市场上有像我们这样的"鲶鱼"去倒逼这个市场进步，这是互联网大公司的责任，也是我们的担当（担当起市场进步的责任）

注：A××表示第××篇企业家演讲稿的原话。末尾括号中的词语表示对该原始语句进行编码得到的初始概念。

（二）主轴编码

主轴编码是要分析和建立各个范畴之间的相互关系。将开放式编码过程中所提取的初始概念进行比较，从原始语句中提炼归纳出与驱动企业创新的企业家胜任特征相关联的核心概念，共归纳出 6 个主范畴。各主范畴及其对应的开放式编码范畴如表 16-2 所示。

表 16-2 主轴编码形成的主范畴

主范畴	初始范畴	关系内涵
战略能力	全球思维	意识到全球化的重要性，有全球视野，能充分合理地利用资源进行全球协作
	关注和创造需求	时刻关注消费者不断变化的需求，满足和引领消费者不断升级和个性化的需求

续表

主范畴	初始范畴	关系内涵
战略能力	长远决策判断力	有长远的眼光，能对未来进行预测，进行无边界的思考，准确判断未来经济的方向
	开放包容共享	要具有开放、包容、共享的治理理念
	战略定位能力	充分了解企业，明确企业自身的需要和战略定位，具有攻击性的市场定位能力
创新意识和能力	创新和冒险勇气	敢于进行创新和冒险活动，创造和拥抱变革
	创新意识	能意识到创新对企业的重要性，并坚持创新
	创新能力	准确选择创新时机，并且不断提供具有经济、社会、生态价值的新思想、新理论、新方法和新发明的能力
	善于学习	学习新知识、新理论，享受学习且在错误中学习，为创新活动积累相关的知识
危机管理能力	乐观	不论面对何种环境，都能摆正心态，保持一颗积极向上的心
	危机感	及时发现并解决可能出现的问题，不安于现状，准备随时应对意外和危机
	坚毅力	明确目标后，长久地坚持下去，并且不忘初心
	风险控制能力	及时地发现存在的风险隐患，做好风险防范工作
人才队伍建设能力	人才引进能力	重视人才引进，愿意投入时间和财力引进本企业所需求人才
	人才培养能力	加大人力资本投资，对人才进行培训和培养，提高员工的身价
	关心人才	关心人才的发展和进步，以及生活和工作中的困难和需求
	人才激励	明确员工激励的重要性，激发员工的内外部动机，引导他们朝着制定的目标前进
人际协调能力	尊重他人	充分体现对员工和合作人员的尊敬和重视
	整合能力	根据目标将企业内外部资源进行有效整合和融合
	协调合作能力	有效协调内外部关系，促进大家求同存异密切合作
	爱商	具有大我意识和爱的智慧，学会爱别人，了解爱的本质，具备无条件接纳他人和表达爱的能力
自我管理能力	感恩心	对他人和社会所给的帮助和支持表示感激，对他人和社会帮助给予回馈
	自信心	对自身力量表示确信，深信自己一定能做成某件事，实现所追求的目标
	谦卑心	谦虚、不自高自大，对于众生，心底生起自然的尊崇与敬爱
	责任心	担负起对自己和他人甚至对国家和社会所负的责任，承担起应负的责任

（三）选择性编码

通过对主轴编码得出的主范畴进行分析，发现主范畴中起关键作用的一个或几个核心范畴，分析核心范畴与其他主范畴的关系点，最后形成一个比较稳定的理论模型。主范畴间的典型关系如表16-3所示。

表16-3　　　　　　　　　　主范畴的典型关系结构

典型关系结构	关系结构的内涵
自我管理能力→企业管理能力	企业家的自我管理能力是驱动企业创新的企业家最基本的要求，自身管理好了才能更有效地进行企业管理，才能更好驱动企业创新

本章确定"驱动浙商创新的企业家胜任特征模型"为核心范畴，围绕核心范畴的主范畴分别为战略能力、创新意识和能力、危机管理能力、人才队伍建设能力、人际协调能力、自我管理能力。

（四）理论饱和度检验

本章另外搜集了大华集团和天能集团两个浙商企业的10篇演讲稿，按照扎根研究法进行分析，结果显示：模型中的范畴已经整理发展得非常充分和丰富了，对于驱动企业创新的企业家胜任特征模型的六个主范畴，均没有发现形成新的主范畴，六个主范畴内部也没有发现新的初始范畴。

第三节　驱动浙商创新的企业家胜任特征模型验证

一、理论基础与假设

（一）企业创新绩效

企业创新绩效分为技术创新绩效、管理创新绩效（缪洋，2017），技术创新绩效是对技术应用投入的财力和物力研发出新产品、新工艺，进而产生经济效益能力的综合考核，技术创新绩效易于量化、便于科学考核，是评价创新生产活动效率的有效手段；管理创新又称非技术创新、组织创新，主要是指组织结构和管理方式的进步，包含服务创新、制度创新、体制机制创新等非技术类创新的集合。企业创新绩效是企业创新活动效率和效果的全面综合性评价指标，是企业提升核心竞争力的关键因素（缪洋，2017）。

（二）企业家胜任特征与企业创新

企业家胜任特征对企业绩效的影响在很多研究中已经得到了证实。高管胜任特征在创新性与企业绩效的关系中起到了完全中介的作用（贾建锋，等，2013）。

从具体胜任维度来说，战略意识、组织建设能力、品质素养和洞察力对不同类型的企业绩效均有不同的影响（贾建锋，等，2015）。从集体胜任特征角度，创新团队胜任特征对企业绩效有正向的促进作用（赫连志巍，等，2016），而高管团队的异质性有助于加强创业导向与创新绩效的关系（蔡俊亚，等，2015）。由此可见，无论是企业高管还是团队，其胜任特征都能影响企业绩效。

企业家的战略能力是通过管理竞争环境的不确定性而获得竞争优势的能力（项国鹏，2007），是企业家的核心能力（刘进，等，2011）。在所有企业家能力中，企业家战略管理能力对企业创新能力影响的显著程度最强（段晓红，2010）。具备战略能力的企业家通过制定与企业发展相匹配的创新制度促进企业创新绩效的提升，要发展创新就必须发展企业特有的创新模式和战略（Aslan et al.，2016）。在此基础上，颜云云（2007）提出危机管理应当与企业战略管理紧密融合，企业家危机管理能力的高低会直接影响着企业的寿命和经营质量，从而影响企业自身的创新绩效。同时，企业家创新能力与企业绩效之间有着明显的正向关系（Yang，2014）。薛豪娜（2014）通过研究发现企业家创新意识对创新型企业持续创新有直接显著的正向影响，企业家创新意识和创新行为是企业持续创新的动力，为这一结论提供了实证支持。创新的主体是员工，构建适配于企业发展目标的人才队伍，是建设创新型企业的基础，企业家作为企业的掌舵人，在企业的识人、用人、管人和培养人整个过程中发挥着不可忽视的重要作用，其人才队伍建设能力直接关系着企业是否拥有可供创新想法实践化的人力资源。从员工角度出发，企业家具备良好的人际协调能力可以使员工的工作氛围更加融洽，从而通过组织氛围（叶许红，等，2006）、员工感知的组织支持感等变量间接影响企业创新（顾远东，等，2014）。同时，成功的创新和创业，主要取决于领导者的沟通和信息处理能力（Li et al.，2009），企业家的人际协调能力可以为企业家累积更多的社会资本和关系资源，对新企业创新绩效具有明显促进作用（耿新，2008）。社会在发展，市场经济背景下企业竞争加剧，对企业家提出了更高的要求，企业家的自我管理、领导与绩效提升之间有着密切的联系（Neck et al.，1999）。

因此，本章提出以下假设。

假设 H_1：驱动浙商创新的企业家胜任特征与企业创新绩效之间存在正向影响。

假设 H_{1a}：企业家战略能力对企业创新绩效有正向影响。

假设 H_{1b}：企业家创新意识和能力对企业创新绩效有正向影响。

假设 H_{1c}：企业家危机管理能力对企业创新绩效有正向影响。

假设 H_{1d}：企业家人才队伍建设能力对企业创新绩效有正向影响。
假设 H_{1e}：企业家人际协调能力对企业创新绩效有正向影响。
假设 H_{1f}：企业家自我管理能力对企业创新绩效有正向影响。

二、研究设计

（一）量表设计

1. 驱动浙商创新的企业家胜任特征量表

根据基于扎根理论分析所开发的驱动浙商创新的企业家胜任特征模型，编制出对应六个维度的 25 个驱动浙商创新的企业家胜任特征作为原始量表，调查对象是对企业家胜任特征进行自我评价和重要性评价，本量表采用李克特（Likert）五点式量表。

2. 企业创新绩效量表

借鉴勒芙蕾丝等（Lovelace et al.，2001）所采用的衡量指标，通过近三年内与竞争对手相比，新产品的数量、申请的专利数、新产品销售额占总销售额比重、新产品的问世速度、新产品的成功率以及人力资源管理的创新六个指标来衡量，采用 Likert 五点式量表。

（二）样本与数据收集

本章调查对象为企业董事长，共发放问卷 280 份，回收 271 份，回收率为 90.33%，其中，有效问卷为 262 份，回收情况良好。被调查的样本中男性有 142 人，女性 120 人；年龄 30 岁以下的占 26%，30~39 岁之间的占 38.8%，40~49 岁的占 27.5%，50~59 岁的占 7.3%，60 岁以上的占 0.4%；本科学历超过 50%，硕士比例也达到了 30.5%；民营企业所占最多 58%；行业分布较广，科技企业占了 37.8%；员工规模 100 人以内的企业所占最多，达到 41.2%。

三、实证分析

（一）描述性统计分析

从驱动浙商创新的企业家胜任特征的数据分析来看，自我评价排在前三位的依次是自我管理能力、危机管理能力和人际协调能力；排在后三位的是人才队伍建设能力、战略能力、创新意识和能力,说明企业家在这三个方面做得相对不足。从重要性的数据分析来看,排在前三位的是战略能力、创新意识和能力、人才队伍建设能力;排在后三位的是危机管理能力、人际协调能力、自我管理能力。战略能力、创新意识和能力以及人才队伍建设能力是企业家一致认为在企业发展过程中企业家最应当具备的能力特征,同时也是当今企业家最缺失的。

(二)探索性因子分析

探索性因子分析结果显示,驱动浙商创新的企业家胜任特征量表的 KMO 值为 0.887,Bartlett 球体检验结果表明其显著性水平小于 0.001,达到了显著性水平。对驱动浙商创新的企业家胜任特征进行因子分析后,从中提取了 6 个因子,对原始变量累计解释变异量为 74.106%,这 6 个因子的 Cronbach's α 系数在 0.856~0.902 之间,说明信度良好。根据归因成分的不同,将因子 1 命名为战略能力,因子 2 命名为创新意识和能力,因子 3 命名为危机管理能力,因子 4 命名为人才队伍建设能力,因子 5 命名为人际协调能力,因子 6 命名为自我管理能力,如表 16-4 所示。

表 16-4   探索性因子分析结果

因子名称	项目名称	因子1	因子2	因子3	因子4	因子5	因子6	α系数
战略能力	全球思维	0.704						
	关注和创造需求	0.772						
	长远决策判断力	0.819						0.874
	开放包容共享	0.713						
	战略定位能力	0.804						
创新意识和能力	创新和冒险勇气		0.722					
	创新意识		0.815					
	创新能力		0.822					0.856
	善于学习		0.723					
危机管理能力	乐观			0.788				
	危机感			0.829				
	坚毅力			0.83				0.882
	风险控制能力			0.785				
人才队伍建设能力	人才引进能力				0.824			
	人才培养能力				0.87			
	关心人才				0.769			0.898
	人才激励				0.802			

续表

因子名称	项目名称	因子1	因子2	因子3	因子4	因子5	因子6	α系数
人际协调能力	尊重他人					0.79		0.902
	整合能力					0.772		
	协调合作能力					0.848		
	爱商					0.731		
自我管理能力	感恩心						0.805	0.885
	自信心						0.799	
	谦卑心						0.833	
	责任心						0.829	
解释变异量（%）		36.174	11.542	7.558	7.403	6.382	5.048	
解释累计变异量（%）		36.174	47.716	55.273	62.677	69.058	74.106	

经过探索性因子分析得到的驱动浙商创新的企业家胜任特征量表 α 系数为 0.926，表明该量表具有良好的稳定性。

进一步通过验证性因子分析验证结果表明，总的来说六因素模型拟合较好，卡方值为 341.784，卡方自由度比 = 1.401，RMR = 0.039 < 0.05，RMSEA = 0.039 < 0.05，GFI = 0.907 > 0.9，NFI = 0.924 > 0.9，IFI = 0.977 > 0.9，CFI = 0.977 > 0.9。

（三）回归分析

1. 企业家胜任特征核心范畴对创新绩效的回归结果

控制变量为企业行业、企业类型、企业规模、是否高科技企业、企业家性别、年龄、学历。从回归结果的 F 值来看，所有回归模型均高度显著。

首先对驱动浙商创新的企业家胜任特征整体模型进行回归分析，从表 16-5 回归结果看，驱动浙商创新的企业家胜任特征中，战略能力、人才队伍建设能力、自我管理能力与创新绩效呈显著的正相关关系，其余特征无显著关系。

表 16-5　　企业家胜任特征对创新绩效的回归结果

变量	指标名称	模型1	模型2
控制变量	企业行业	0.031	0.018
	企业类型	0.103	0.115
	企业规模	0.021	-0.007
	企业家性别	-0.006	0.06
	年龄	-0.191**	-0.101
	学历	-0.247***	-0.12
	是否高科技企业	-0.373***	-0.212

续表

变量	指标名称	模型1	模型2
解释变量	战略能力		0.288***
	创新意识和能力		0.048
	危机管理能力		0.1
	人才队伍建设能力		0.257***
	人际协调能力		0.054
	自我管理能力		0.106*
模型统计	调整后 R^2	0.179	0.52
	F值	9.148***	22.707***

注：*、**和***分别表示在0.05、0.01和0.001水平下显著。

2. 企业家胜任特征主范畴对创新绩效的回归结果

分别对战略能力、创新意识和能力、危机管理能力、人才队伍建设能力、人际协调能力、自我管理能力六个主范畴进行回归分析，控制变量为企业行业、企业类型、企业规模、是否高科技企业、企业家性别、年龄、学历。从表16-6回归结果看，战略能力中全球思维、关注和创造需求、开放包容共享、战略定位能力与创新绩效呈显著的正相关关系，长远决策和判断力无显著关系。

表16-6 企业家战略能力对创新绩效的回归结果

变量	指标名称	模型1	模型2
控制变量	企业行业	0.031	0.044
	企业类型	0.103	0.065
	企业规模	0.021	-0.043
	企业家性别	-0.006	0.046
	年龄	-0.191**	-0.118*
	学历	-0.247***	-0.156***
	是否高科技企业	-0.373***	-0.206***
解释变量	全球思维		0.197**
	关注和创造需求		0.183**
	长远决策和判断力		-0.074
	开放包容共享		0.164*
	战略定位能力		0.161*
模型统计	调整后 R^2	0.179	0.409
	F值	9.148***	16.07***

注：*、**和***分别表示在0.05、0.01和0.001水平下显著。

从表16-7回归结果看，创新意识和能力中创新和冒险勇气、善于学习与创新绩效呈显著的正相关关系，其余特征无显著关系。

表 16-7　　　　企业家创新意识和能力对创新绩效的回归结果

变量	指标名称	模型1	模型2
控制变量	企业行业	0.031	0.041
	企业类型	0.103	0.057
	企业规模	0.021	0.034
	企业家性别	-0.006	0.039
	年龄	-0.191*	-0.134*
	学历	-0.247***	-0.163**
	是否高科技企业	-0.373***	-0.246***
解释变量	创新和冒险勇气		0.27***
	创新意识		-0.056
	创新能力		0.209
	善于学习		0.035*
模型统计	调整后 R^2	0.179	0.319
	F 值	9.148***	12.104***

注：*、** 和 *** 分别表示在 0.05、0.01 和 0.001 水平下显著。

从表 16-8 回归结果看，危机管理能力中风险控制能力与创新绩效呈显著的正相关关系，其余特征无显著关系。

表 16-8　　　　企业家危机管理能力对创新绩效的回归结果

变量	指标名称	模型1	模型2
控制变量	企业行业	0.031	0.011
	企业类型	0.103	0.106
	企业规模	0.021	0.022
	企业家性别	-0.006	0.043
	年龄	-0.191**	-0.157**
	学历	-0.247***	-0.204**
	是否高科技企业	-0.373***	-0.353***
解释变量	乐观		0.085
	危机感		-0.01
	坚毅力		-0.027
	风险控制能力		0.349***
模型统计	调整后 R^2	0.179	0.312
	F 值	9.148***	11.768***

注：** 和 *** 分别表示在 0.01 和 0.001 水平下显著。

从表 16-9 回归结果看，人才队伍建设能力中关心人才和人才激励能力与创新绩效呈显著的正相关关系，其余特征无显著关系。

表 16-9　企业家人才队伍建设能力对创新绩效的回归结果

变量	指标名称	模型 1	模型 2
控制变量	企业行业	0.031	-0.02
	企业类型	0.103	0.127
	企业规模	0.021	0.014
	企业家性别	-0.006	0.034
	年龄	-0.191**	-0.086
	学历	-0.247***	-0.181**
	是否高科技企业	-0.373***	-0.287***
解释变量	人才引进能力		0.142
	人才培养能力		-0.124
	关心人才		0.21**
	人才激励能力		0.333***
模型统计	调整后 R^2	0.179	0.427
	F 值	9.148***	18.649***

注：**和***分别表示在 0.01 和 0.001 水平下显著。

从表 16-10 回归结果看，人际协调能力中尊重他人和爱商与创新绩效呈显著的正相关关系，其余特征无显著关系。

表 16-10　企业家人际协调能力对创新绩效的回归结果

变量	指标名称	模型 1	模型 2
控制变量	企业行业	0.031	0.066
	企业类型	0.103	0.115
	企业规模	0.021	0.008
	企业家性别	-0.006	-0.004
	年龄	-0.191**	-0.154**
	学历	-0.247***	-0.174**
	是否高科技企业	-0.373***	-0.337***
解释变量	尊重他人		0.182*
	整合能力		0.098
	协调和合作能力		-0.133
	爱商		0.312***
模型统计	调整后 R^2	0.179	0.355
	F 值	9.148***	14.041***

注：*、**和***分别表示在 0.05、0.01 和 0.001 水平下显著。

从表 16-11 回归结果看，自我管理能力中自信心与创新绩效呈显著的正相关关系，其余特征无显著关系。

表 16-11　　　　　企业家自我管理能力对创新绩效的回归结果

变量	指标名称	模型 1	模型 2
控制变量	企业行业	0.031	0.05
	企业类型	0.103	0.135
	企业规模	0.021	0.04
	企业家性别	-0.006	-0.018
	年龄	-0.191**	-0.197
	学历	-0.247***	-0.209
	是否高科技企业	-0.373***	-0.345
解释变量	感恩心		0.011
	自信心		0.247**
	谦卑心		0.115
	责任心		0.028
模型统计	调整后 R^2	0.179	0.302
	F 值	9.148***	11.273***

注：** 和 *** 分别表示在 0.01 和 0.001 水平下显著。

第四节　研究结论与讨论

一、基本结论

本章围绕驱动浙商创新的企业家胜任特征这一核心问题，深入展开质性分析及实证分析。研究发现以下结论。

（1）驱动浙商创新的企业家胜任特征模型包括六个主范畴：战略能力、创新意识和能力、危机管理能力、人才队伍建设能力、人际和协调能力、自我管理能力。其中，战略能力包括全球思维、关注和创造需求、长远决策判断力、开放包容共享能力、战略定位能力；创新意识和能力包括创新和冒险勇气、创新意识、创新能力、善于学习；危机管理能力包括乐观、危机感、坚毅力、风险控制能力；人才队伍建设能力包括人才引进能力、人才培养能力、关心人才、人才激励能力；人际和协调能力包括尊重他人、整合能力、协调合作能力、爱商；自我管理能力包括感恩心、自信心、谦卑心、责任心。

（2）驱动浙商创新的企业家胜任特征模型中，战略能力、人才队伍建设能力、自我管理能力对创新绩效有显著影响。其中，战略能力中的全球思维、关注和创造需求、开放包容共享、战略定位能力与创新绩效呈显著的正相关关系；创新意识和能力中的创新和冒险勇气、善于学习与创新绩效呈显著的正相关关系；危机管理能力中的风险控制能力与创新绩效呈显著的正相关关系；人才队伍建设能力中的关心人才和人才激励能力与创新绩效呈显著的正相关关系；人际协调能力中的尊重他人和爱商与创新绩效呈显著的正相关关系；自我管理能力中的自信心与创新绩效呈显著的正相关关系。

二、研究讨论

1. 企业家必须具备优秀的胜任特征，尤其是人才队伍建设能力、创新意识能力和战略能力

在市场经济竞争激烈的今天，企业想要在行业中站稳脚跟，就必须努力成为一个创新型企业，创新是企业核心竞争力的体现，如何提高企业竞争力成为我国企业亟待解决的问题（Wang et al., 2013）。企业家作为企业最重要的驱动力，决定着整个企业的创新能力（Suping et al., 2010），企业想要在市场经济的浪潮中乘风破浪，就需要企业家具备优秀的胜任特征。本章具有一定的实践意义，从调查中可以发现，人才队伍建设能力、创新意识能力和战略能力是企业家认为最应当具备的胜任特征，同时也是自身所欠缺的，是企业家在后续工作和学习中需要着重提升的方面。在回归分析中，只有战略能力、人才队伍建设能力和自我管理能力对企业创新绩效有显著的影响，因此在今后的浙商企业家队伍建设中要侧重培养企业家人才队伍建设能力、战略能力和自我管理能力，可以通过建设案例库、企业家论坛、"产学研"合作、设置有针对性的提升课程等方式，促进大型企业企业家与中小型企业企业家之间的交流学习，以企业家自身和外部环境双重作用的方式提升企业家的胜任特征，从而推动企业整体的创新绩效提升。同时，弥补了当前研究中对不同类型企业家的胜任特征模型的研究，以驱动浙商创新的企业家胜任特征模型为研究对象，填补了当前对于该研究的不足，具有一定的理论意义。

2. 扩大样本范围，增加样本数量，使研究结果更具有普适性

本章也存在一定的不足，研究对象均为浙江省的企业家，虽然具有一定的代表性，但是不能排除浙商本身的群体特点对研究结果的影响，在接下来的研究中可以扩大样本的范围，增加样本的数量，使研究结果更具有普适性。

第三篇

包容型人才管理模式案例研究

第十七章

企业人力资源管理案例

第一节　A 公司：打造共创共享共担的平台，促进企业和员工共同发展

A 公司是我国领先的安防产品及行业解决方案提供商，致力于不断提升视频处理技术和视频分析技术，面向全球提供领先的监控产品、技术解决方案与专业优质服务。A 公司的营销及服务网络覆盖全球，目前在中国 23 个城市已设立分公司，在中国香港、美国洛杉矶和印度也已设立了全资和合资子公司。

企业的发展离不开人才。A 公司已经在研发团队建设、研发生产管理、渠道建设和资金积累方面有了很大的进步，品牌影响力得到不断提升。从研发体系上看，A 公司已经建立起一支从基础算法研究到应用开发，从监控后端产品到监控前端产品，从硬件产品到中间软件的综合研发团队，目前这一队伍已超过 500 人，占到公司总人数的 1/4。除了优秀的研发人才和充足的研发经费投入之外，A 公司还致力于打造一个高效的研发管理体系。目前，A 公司采取了矩阵式的研发管理体系，通过对研发过程的管理、评审和研发人员的绩效管理，以及研发方向的管理，来全面控制产品的质量。这个体系对研发人员的考核采取简单、实用的原则，剔除考核中的功利性取得了很好的实效。

A 公司把人才作为最核心的资产。在财务数据中要精算，人才的管理也是如此，要精确地将工作岗位和人员相匹配。在人力资源管理层面，A 公司分为人才招聘、干部管理、人才发展、人才激励和创新运用融合具有"工程师"文化的人力资源管理文化（即专业化、厚实、积累、厚积薄发、踏实前进的组织文化）。公司运用"三支柱"模式，以共享中心、专业中心为基础支持，突出定制化的服务功能，利用人力资源业务合作伙伴（HR Business Partner, HRBP）识别业务痛点，整合调动模块资源提供高效的员工服务和员工关怀。在人才招聘上公

司注重内部推荐制度，同时通过人才合作、社会招聘、校园招聘、内部招聘、区域招聘、人员外包等渠道多层次地吸引人才，开展类似精英挑战赛、雇主品牌等活动挖掘优秀人才，培养员工技能和团队凝聚力。

在干部管理层面，A公司通过后备、新任和履岗制度使人才管理形成梯队式成长。在后备层面通过"飞鹰计划"对继任管理人员进行管理人员储备，在新任管理人员层面进行选拔任用，在履岗层面进行对任用人员进行绩效评价，确保管理人员的选任和聘用留任有据可依、有理可循。A公司还形成了比较完备的人才评鉴中心，用以评价全体员工的绩效表现，形成以认识复杂度、内在驱动力、人际连接力、学习敏捷力四个方面的潜力模型，评价人员基于未来的潜力和基于当前的胜任力。在实践层面，A公司摒弃传统的演示文稿介绍模式，改用案例分析的方法进行干部评鉴；在干部选拔过程中，中层管理岗位全公司范围内公开竞聘，通过在线学习系统，培训制度建设和领导者培养领导队伍建设等方式开展职业双通道模式，即管理层通过经理、总监、总经理、高管的晋升通道，技术人员通过高级工程师、专家、资深专家、首席专家的晋升通道。

在人才发展方面，A公司以员工成长为重心，满足员工不断发展的需要，不断提升员工能力。公司建立新人成长计划，通过专业岗位进阶计划、主管见面会、新人训练营和导师跟踪辅导等方式确保新人快速融入企业，并健康、有效成长。

在人才激励方面，A公司以组织绩效和员工绩效相结合的方式最大限度地激励员工。组织绩效是承接公司战略目标和战略举措的分解和落地；员工绩效承接部门绩效目标的分解和落地。公司以"原则导向"为基础，实现股东价值最大化，提升客户价值和公司长期发展，以此达成组织目标和公司整体价值。形成诚于己、信于人、明于事的价值观，并将此运用到招聘、培训、绩效管理和组织氛围中。

在薪酬管理方面，A公司通过下面几个层面来开展，分别是工资和福利补贴、短期激励、中长期激励、其他。工资和福利补贴以现金为主；短期激励以奖金、现金为主；中长期激励以股权和跟投为主要方式；而其他的可以辅助以晋升、领导认可以及提供较高的发展平台。A公司实施了限制性股票激励计划，覆盖从高管、中层到基层管理人员及业务骨干的核心人才队伍，并且以业务骨干作为主要激励对象。2016年，公司实施核心员工跟投创新业务机制，员工设立的跟投平台成为互联网视频（萤石）、汽车电子、A公司机器人及其他创新业务的股东，大量核心员工成为与公司创新业务共担风险、共享收益的事业合伙人。在A公司的创新业务上，公司和员工以6∶4的股权比例共创子公司，使一大批核心员工和技术骨干成为A公司的"合伙人"。公司实施四期限制性股票计划，形成共享、共创、共担的全员参与模式。

公司还充分考虑员工办公、生活、健康等多方面的需求，为员工提供宽敞舒适的办公环境，同时也提供了特色员工餐厅、健身房、超市、理疗室、心理咨询室等休闲配套设施，为女员工提供员工交流活动、温馨便利的母婴室，为员工提供定期免费医疗问诊等服务。A 公司一直倡导"快乐工作，快乐生活"原则，设置专员为员工组织大量娱乐、互动活动，2017 年，展开了"健康行""挑战赛""运动会""荧光夜跑""中秋音乐会"等一系列趣味活动，让员工能够在工作中调节自我、平衡生活。关爱员工，同样也关爱员工的家人，公司打造的"同乐堂""幸福季"等系列家属互动活动，旨在感谢员工家属在背后的支持和奉献。

在信息化管理方面，A 公司利用公司专业技术优势，形成人力资源信息化建设系统。比如，人事证明自主打印、人脸考勤签到制度。开创嗨行手机软件，进行线上报销结算、对公结算等服务，最大限度地信任员工。除此之外公司还实行自助入职区，以人力资源服务为中心，实现员工自助、共享中心模式、标准化操作流程降低劳动风险。

A 公司建立高效、开放的沟通平台，组织"高管面对面""对话经理人""高管挑战赛"等员工和高管互动交流的活动，打破了工作关系的层级感，让员工的声音能够有效传递，也让员工的需求能得到及时反馈和实现，活动中，员工可以学习了解高管的管理理念，有效表达自己对公司管理的想法和意见，提升了员工对公司管理的参与感。

第二节　B 公司：以人为本的包容氛围

一、公司概况

B 公司主要从事抗生素、中成药、化学合成药、基因工程药品的生产销售，以及中西药、中药材医疗器械等的批零经销业务，是一家集医药研发、制药工业、药品分销、零售、医药物流为一体的大型综合性医药上市公司，承担着国家、省、市政府药品特储任务。公司于 1999 年 12 月在深交所成功发行 5000 万 A 股股票。目前公司注册资本 14.58 亿元，公司及主要下属子公司现有职工 8000 余人。公司拥有完善的浙江全省商业网络和深度渗透的基层终端市场网络，并已具有浙江乃至华东地区高度自动化医药物流中心。公司医药商业连续多年位居全国医药商业企业十强，医药商业销售规模和市场份额处于浙江省内第一位。

围绕医药业务的发展，在创造企业经济效益的同时，公司始终坚持"济世""诚正""执着""务实"的核心价值观，为服务大众健康事业做出应有的贡献。企业的使命是，服务大众健康；对于员工，企业为他们提供有意义的工作和良好的福利待遇，并指导其进行职业生涯规划，同时给予良好的晋升机会；对于合作者，企业谋求共同发展，互利共赢；对于投资者，公司通过企业盈利，给予优厚回报；对于社会，公司始终以大众健康为己任，致力于提供优质产品及服务以达到满足顾客需求和改善其生活质量的目标。

二、包容型人力资源管理氛围

公司强调以人为本的包容型人力资源管理氛围。公司拥有完整且成熟的人力资源管理模式，处处以员工和企业的共同发展为第一要务，从生活细微处关怀员工，从个人发展上培育员工，从文化生活中服务员工。B公司非常强调"管理"的理念，公司认为管理的本质就是让平凡的人做出不平凡的事情。

B公司重视开放的人力资源管理氛围。第一，提倡学习新知识和新方法。会研究、会学习是B公司的主要成长文化，从公司董事长到部门员工上下一致保持学习的激情和态度。公司注重知识的培育和创新，将知识分为固定知识和流动知识，注重从生活中、细节处学习。公司不仅重视传统优良文化的宣传和传承，同时也重视借鉴和吸收新思想和文化，实事求是、与时俱进。公司通过年会、中层干部小组会议、党课等形式，不断学习海尔、华为等成功企业的优秀经营理念和经营模式，并将这种管理理念运用到工作中，不断实践。第二，注重培养员工，公司通过把员工派到先进企业去学习，轮岗跨部门交流等方式，让员工在学习中成长，在人才流动中学习，共同分享学习心得，从而带动所有人共同进步。公司坚持文化统领企业的理念，每个季度坚持"文化课"的形式，让员工在文化课中逐步学习、逐步实现、逐步坚持。第三，在用人上公司强调一定要用比你能力强的人，把下属培养成比你强的人是公司开放式管理的落脚点。第四，公司在用人留人方面特别注重福利、薪酬待遇的提升。公司以文化家园的形式向员工敞开怀抱。公司食堂自己种有蔬菜瓜果，让员工吃得放心，每天晚上提供时令小菜让员工带回家充分体现了公司在生活中关怀员工的情怀。公司另外还设有幼儿园，让双职工家庭不必为了孩子的安置问题发愁。除此之外，公司注重员工的归属感培育，支付较高的退休工资，公司周年庆分享福利不仅涉及在职员工还把已退休员工都聚集起来共同庆祝，让所有员工都感受到了公司带给他们家一般的温暖。

第三节　H集团：新员工三年内不定岗

一、H集团简介

H集团创建30多年来，专业、专心、专注为高等院校、职业院校、技工院校、行业企业等提供电气自动化、机电一体化、工业机器人应用、教育机器人、数控机床、数控机床装调与维修、电子电工技术、虚拟仪器、物联网、综合布线、装配钳工、机械传动、液压与气动、电机装配与维修检测、智能楼宇、电梯安装与维修保养、家用电器、制冷、户式中央空调、轨道交通、汽车运用与维修、新能源汽车、风能与太阳能、供配电技术、智能电网等智能装备和工业软件、智能教育装备、课程咨询服务、线上线下培训等做学教一体化人才培养整体解决方案服务。

二、H集团的创新发展得益于人才开发

H集团2019年有员工1000余人，其中工程师、高级工程师、技师、高级技师300余人。是国家高新技术企业、中国质量月—全国质量诚信标杆典型企业、全国教学仪器标准委员会委员单位、教育部远程职业教育资源开发基地、教育部高职和中职青年教师实践培训基地、全国机械工业职业教育装备技术研发中心、全国机械职业教育教师培训基地、教育部高等教育司产学合作协同育人项目立项培训单位、香港华夏基金某教育全国职业院校师资培训基地、浙江省教育装备工程技术研究中心、浙江省企业技能人才评价标准化体系建设基地、财政部产业化重点支持企业、科技部创新基金重点支持企业、博士后科研工作站、院士工作站、电气数字化设计技术国家地方联合工程实验室某科研基地。获得温州市领军企业、温州市市长质量奖等荣誉。

三、H集团以包容型人才管理模式激发人才潜能

H集团股份有限公司有个特色人力资源管理实践，就是新员工三年内不定岗，员工可以随意换岗，在公司内部可以自由地换岗和换部门。员工可以摸着石头过河，通过岗位的调试和转换，最终找到与自己的兴趣、价值观和才能相匹配的岗位。公司实现员工发挥特长、在公司具有用武之地的人才管理目标。

第四节　J公司：实行"一日总经理"制度

一、J公司简介

J公司是专注于仪器/仪表/工业自动化/电气行业的公司，主要经营生产销售，包括轴承及配件、汽车配件、摩托车配件、球笼、传动轴、轮毂轴承、制动器、链条、减震器、十字节、转向器、传感器、轮毂支承、轮毂单元修理包、轮

毂轴承修理包、液压挺杆、气门挺杆；同时销售：化工产品（不含化学危险品、易制毒品、监控化学品）、五金机械、汽车配件、家用电器；货物进出口、技术进出口。J 公司始终坚持"诚信为本、客户至上、互惠互利、开拓创新"的企业宗旨，本着"本质为本、专业执着、精益求精"的经营销售理念，力求给客户提供全方位优质服务，相信诚实正直、开拓进取地为公司发展做正确的事情，将为公司和个人带来共同的利益和进步。经过几年的发展，已成为仪器/仪表/工业自动化/电气行业知名企业。

二、J 公司的"一日总经理"制度

J 公司实施了一项非常有特色的人才培养制度"一日总经理"制，这项制度不仅间接地通过实践活动培训了中层干部员工，而且也保持了中层干部员工的稳定性。在这项制度中，由企业的中层干部轮流担任一天的总经理，每月会找出大大小小的问题 200~300 个，总经理跟踪解决这些问题，确定问题的进程、解决期限等，这些问题的解决情况也是中层干部的考核标准。这项制度，不仅培训了中层干部在各个方面的业务知识和管理能力，而且也主动地发现问题，并解决问题，有利于企业和管理层的共同发展。

第五节　P 公司：把沟通指标列入考核指标

P 公司是 P 公司集团旗下三大品牌之一。P 公司在全国 300 个城市拥有近 2000 家酒店。P 公司多年获得中国金枕头奖"中国最佳经济型连锁酒店品牌"殊荣。2014 年，P 公司品牌价值入选中国品牌 100 强。P 公司非常强调管理层与员工的沟通，把沟通指标列为管理考核指标，要求管理人员每个月必须与下属沟通交流一次。

第六节　S 公司：师生文化

S 公司自创办以来，始终专注于精细化工，坚持创新驱动和均衡、永续发展理念，在营养品、香精香料、原料药、高分子新材料等领域，为全球 100 多个国家和地区的客户在动物营养、人类营养、医药、生命健康、环保、工程塑料等方面提供解决方案，以优质健康和绿色环保的产品不断改善人类生活品质，为利益相关方创造可持续的价值。S 公司以"创造财富、成就员工、造福社会"为宗旨，努力践行企业公民社会责任，在帮困助学、扶贫救困、捐赠弱势群体等方面也用实际行动书写了"造福社会"的责任。S公司视公司为学校、老板为老师、视员工为学生，"师生文化"立志把来到S公司的人培养成科研、生产、管理等方面的优秀人才，为员工打造锻炼成长平台，使员工与企业共同成长。今天的S公司，已与国内外行业龙头企业建立了紧密的合作关系，成为国际知名医药和化妆品公司信赖和认可的品牌，并跻身中国医药工业百强、中国上市公司百强。

第七节　X集团：文化与人才双驱动

一、利用文化与人才来驱动业务的快速发展

X集团人力资源的工作经历了几个阶段，2009年之前是比较粗放的，没有人力资源管理体系，各子公司各自为战，根据自己的需要找人。企业意识到这种粗放式的管理越来越不能满足企业快速发展的需要，人力资源管理急需进行变革。

2009—2013年，X集团层面逐渐建立起人力资源管理体系，搭建招聘、培训、干部管理、员工关系、薪酬福利等人力资源体系，通过人力资源信息化建设推动体系落地。

2014年开始，X集团提出了精品车战略，三支柱架构深化服务业务，通过建立人力资源共享中心以及专家中心全面推进人力资源业务合作伙伴（HR business partner HRBP）模式，人力资源重心调整为业务驱动创新。为了配合集团未来的发展，X集团希望利用文化与人才来驱动业务的快速发展。

X集团支撑业务发展的人力资源N支柱模式有专家委员会、企业大学、共享服务交付中心等，业务伙伴（business partner，BP）就是业务伙伴关系，是未来发展的重要支撑，会进行进一步深化变成"BP+"，BP的工作职责将不断发生变化。

X集团人力资源业务转化。最开始是最基础的招人，也就是人力资源事务，慢慢要向做团队融合等方向转化，也就是跟业务要跟得非常紧，要了解X集团的业务发展趋势如何，业务升级方向是什么？业务复杂程度在哪里？需要什么样的复合型人才？如何做前瞻性的规划？它更多的是和业务进一步融合在一起。未来，X集团认为人力资源更多的是做企业文化的推进，聚焦人才发展，做人才的规划、人才梯队的建设，做战略型人才的招募和储备工作。

X集团在主要业务的地方建立了人力资源共享中心，充分利用信息化互联网

技术，实现员工自助服务，建立高效统一的共享服务平台，形成有市场竞争力的高效运营团队，是员工人事薪酬服务的运营管理和实施部门。X集团主旨是做有温度的人力共享服务团队，以客户为出发点，设立了贯穿员工在企业生命周期的入职、在职、离职的服务产品，比如说"某时语""某时办""某淘淘"，还有统一的大数据和IT管理平台，提供多数据分析，推动人力资源管理的预警和决策。

招聘共享中心是根据人力资源的业务需求，把招聘市场化的一个机制。可以理解为一个内部猎头机构。招聘中心2018年因为有这样一个招聘中心，所以对外面猎头的依赖程度低一些。2018年上半年节省了4000万元，也就是如果说X集团完成业务外包，要多花掉4000万元。招聘共享中心大大提高了各个业务人才供给的服务效率，也建立了大量的人才共享数据库。X集团在全国和570多个职业院校、大专院校建立合作关系，提前培养和储备人才。与很多学校建立了招聘直供，每次学生毕业之前X集团都到学校进行招聘。

说到企业大学，X集团有"左右手"。"左手"是企业大学为各个级别的人才提供定制化培训和服务。"右手"是X集团的梦想公园，包括办公大楼、培训机构、体验中心，还包括高端酒店和公寓式服务。X集团规划，从2019年开始建设，到2025年分两期完成，完成之后可以同时接纳培训及学术交流超过11万人，而且整个是一条龙的服务。

企业大学的使命主要有几个方面，一是人才培养，二是文化传播，三是智慧碰撞。以后学习、工作、交流都是在一个地方完成，不仅是机械式的培训，更多的是和人去做头脑碰撞时提升自己的专业能力，而且一定是一个国际化的交流平台，它一定能够把中西方所有员工、专家都集中在一起。

除了X集团学堂之外，X集团还做了很多比较专业的培训院校，成立了10个区域分校/专业学院，未来还会成立营销学院。运作模式将突破专业人才培养边界，由业务负责人挂帅。企业大学提供人才培养解决方案、业务下沉、资源整合，在支持业务发展、人员能力提升方面发挥学院优势。2017年，X集团企业大学，包括各个分院共举办了超过2.5万场培训，培训人数达到49万人次。

这是基于全球领导力对不同层级的管理人才量身定制的培训项目，X集团分为高层、中层和基层培养，设立了在岗期的"领航计划"。X集团的领航项目已经开展了4年，有十五六次的培训。

二、"2521"原则来甄别奋斗者

X集团有一个"2521"原则来甄别奋斗者。绩效前20%的员工，X集团认为是高绩效的奋斗者，给予高奖励，他是带头人。对胜任的50%给予常规激励，对一般的20%不激励，对不积极、业绩差、不胜任的10%给予负激励。当然有一个培训再激活的机制，X 集团称为"追赶"计划。

在 X 集团，还有一个星级奋斗者激励机制。通过持续的奋斗和优秀业绩输出，在一个自然年度内，员工可从一星奋斗者一直晋升至四星奋斗者，直至年度获得五星奋斗者。奋斗者绩效工资最高可以拿到普通员工的 3 倍。除此之外，X 集团还给星级奋斗者予以荣誉、福利及其他激励政策。奋斗者追赶计划，如果说你是末位 10% 的员工，要为你设置专门培训项目，希望从价值观、专业能力、团队配合、管理能力方面进行追赶，经过培训考核可以胜任，就回到公司内部、回到本岗或其他岗位了，如果还不能胜任就要淘汰。

快乐经营体。X 集团有很多的经营体，包括研发、采购、制造、HR 也有。以快乐经营体为机制，以市场占有率论英雄，以用户满意度为导向。培育市场标杆，攻坚重点市场，达成销售目标，共享经营成果。首先，共生共赢，团结一致。其次，超贡献重奖励，有保底目标、确保目标和挑战目标，能挑战到什么程度就给什么样的回报，这就为经营体注入了力量的源泉，大家的潜力都被充分释放出来。再次，能上能下、上不封顶、下不保底。有的人拿得多，有的人什么也拿不到，甚至有的人被负激励。

X 集团实践尊重人、成就人、幸福人的人力资源管理理念，关爱也是非常重要的。公司为员工拿出几亿元来购买保险，保险覆盖范围非常广，除了自己之外还包括配偶、父母、子女都在这个范围之内。X 集团的保险服务还会不断深化下去。

X 集团人力资源管理主要是以业务为导向、以奋斗者为根本，在设定清晰目标基础上利用市场化手段，实现高业绩、高回报的体制，让人真正在工作当中实现成长，让每个人把价值充分发挥出来。

第八节　Z 集团：用人所长

Z 集团经营多项业务，另外也从关联公司的业务和服务中取得经营商业生态系统上的支援。Z 集团的人力资源管理非常有特色，其中大家印象比较深刻的是公司非常重视对员工价值观的考核。而引起本书关注的是另一个制度安排，即是一些员工没有固定的岗位。Z 集团很多任务采用项目制度，员工根据自己的才干参与到各个项目中。如果自己的才能不够，可能就在公司内部"失业"，找不到合适的项目。如果才能充足甚至多才多艺，可能有不少项目在吸纳其参与，员工可以自由地选择自己合适的岗位。也就是说，Z 集团通过项目制和内部劳动力市场，建立了灵活的内部员工流动制和淘汰制度。

第四篇

包容型人才管理模式对策研究

第十八章

杭州市吸引全球高端科技人才创新创业的机制研究

习近平总书记在党的十九大报告中指出:"培养造就一大批具有国际水平的战略科技人才、科技领军人才、青年科技人才和高水平创新团队。"高端科技人才是实现创新驱动战略的关键资源,在科技领域处于主导地位,他们是发现、掌握和应用最前沿科技的开拓者,是拥有先进的科技成果的领军人才,他们致力创新成果的开发与产业化,其创新成果对战略性产业发展、突破学科和产业技术难题具有重要作用。高端科技人才对人才和团队的集聚具有辐射和联动效应。浙江省人民政府印发的《高水平建设人才强省行为纲要》提出要大力集聚创新型科技人才。《杭州市国民经济和社会发展第十三个五年规划纲要》要求建设世界名城,在集聚创新人才、优化创业创新环境、增强自主创新能力上下功夫。目前,高端科技人才短缺是杭州急需解决的重大问题,杭州要充分利用 G20 峰会带来的国际化效应,创新人才体制机制,吸引全球高端科技人才,建成高端科技人才集聚名城和人才强市。本研究通过分析高端科技人才现状和政策,实地走访企业和相关政府部门,对高端科技人才进行问卷调查,借鉴国内外人才管理先进理念和经验,提出了杭州吸引全球高端科技人才创新创业的长效机制和对策。

一、杭州高端科技人才队伍建设现状

(一) 杭州高端科技人才队伍建设取得的主要成绩

杭州为了吸引人才,从 2001 年《关于进一步鼓励出国留学人员来杭创业的若干意见》颁布开始,以 2005 年的《关于加强高层次人才引进工作的若干意见》为标志,逐步加大了对出国留学人才、海内外高层次人才的引进力度。2010 年制定了《关于鼓励和吸引海外高层次人才入驻浙江海外高层次人才创新园创新创业的若干意见》,"十二五"期间制定了"115"引进国外智力计划,2010年启动全球引才"521"计划。2015年"人才新政27条"进入全面落实阶段,建立了杭州全球引才"521"计划、西湖"双子星"杰出人才集聚计划、领军型创新创业团队引进培育计划、信息经济人才集聚计划等分层分类的人才开发计划。通过高层次人才、创新创业人才及团队的引进培养,努力打造区域性人才高地。2016年,得益于G20效应和优惠政策,杭州的人才净流入居全国第一,成为对海归人才吸引力上升最快的城市之一。同年,全市人才总量达到215万,同比增长4.9%,其中海外高层次人才达到2.5万人,同比增长8%,"国千""省千"等高端人才入选数走在全国和全省(区市)前列。2017年11月,诺贝尔医学奖得主罗夫·辛克纳吉受聘担任杭州高新区(滨江)杭州英百睿生物医药技术有限公司的联合实验室主任。目前,杭州位列"十大创业城市",是"中国人才市场最有竞争力和最具开放商业氛围"的城市,并入选了"美丽中国——外籍人才眼中最具吸引力的十大中国城市评选。"

(二)杭州高端科技人才队伍建设存在的主要问题

1. 高端科技人才总量亟待提升

高端科技人才的数量与杭州经济地位不相称。据调查,高端科技人才紧缺是杭州企事业单位做大做强的瓶颈。目前,企业最缺乏的是具有国际声誉的高端科技人才,尤其缺乏像中科院与工程院院士、国家千人计划、国际高端科技的人才。院士是国家科技方面最高学术称号,是高端科技人才的典范。据中国科学院官网的统计数据显示,杭州引进的外国院士寥寥无几。截至2017年12月数据,中国科学院院士总人数为800位,工作地分布在全国25个省(区市),其中17人在浙江工作,总人数不及江苏省的一半,在全国排名第9位。中国工程院院士(资深院士除外)有522位,浙江只有16人,排在陕西、辽宁、湖北等省份之后。2017年新增的67位中国工程院院士,浙江仅有2位入选。在各省份工作的院士大多集中在省会城市,由此可见,杭州集聚的院士数量非常有限。

2. 浙籍和浙江培养的高端科技人才流失严重

江浙是院士盛产之地,但据2017年9月数据,中国工程院浙籍院士45位中仅有14人在浙工作。据调查,不少企业、高校和医院的高端科技人才因外地诱人的优惠政策、优质的教育资源或本地发展空间受阻等原因流向了北上广等一线城市。根据杭州市发布的2016年接收高校毕业生就业情况报告显示,2016年杭州接收的研究生学历毕业生中,在杭高校毕业生仅占51.55%,在杭高校培养的大学生仅约有50%左右留杭工作。

3. 人才机制的特色性、战略性、系统性和长效性有待增强

由于政策的顶层设计、系统性和长效性不够,人才政策与战略性产业规划的耦合性有待增强，人才政策与省内兄弟市和一线城市的同质性高，人才管理部门及其政策缺乏合力。尽管杭州为人才的引进、开发、培养、激励和保障方面制定了积极优惠政策，提出了吸引人才和团队的具体数量目标，但是人才规划的顶层设计和系统性不足。人才政策重点关注用重金引进人才，对人才管理的长效系统机制和人才发展环境的关注不够。人才政策的最终目标是要服务于经济、社会和产业发展，高端科技人才要服务于战略性产业，杭州要成为战略性产业人才集聚地，人才政策要与战略性产业规划实现有效耦合。

4. 对人才的平台、公共服务和信息化管理有待提升

杭州重点将创新创业人才政策放在吸引人才方面，对人才的有效使用、培养和公共服务能力的涉及相对较少。高端科技人才的引进只是人才队伍建设的开端，关键是能让其安心工作、扬其所长并为浙江的发展做出贡献。因此，在引进人才的同时，需投入更多的财力物力提高城市服务和使用人才的平台和能力。必须在引才、用才、育才、激励人才、服务人才等方面环环相扣，尤其要重视人才使用和发展平台建设，提供配套的人才公寓、医疗卫生、子女教育、交流平台、创新创业平台等公共服务。杭州是第三方支付宝平台高度发达的城市，但是，杭州对人才管理的手段和技术还是比较传统，对高端科技人才的数据库建设、人才供需信息的公布和人才匹配能力都有待增强。

二、国内吸引高端科技人才创新创业的先进经验借鉴

（一）深圳：打造灵活、全方位的人才引进机制

作为改革开放的先行区，深圳早在 2002 年便开展全球高端人才寻聘工作。根据 2017 年 11 月 15 日深圳商报《深圳认定高层次人才 9604 人》显示，截至 2017 年 10 月，累计认定国内外高层次人才 9604 人。其中，国内高层次人才数量是 2009 年的 5.1 倍，海外高层次人才数量是 2012 年的 14.8 倍。这与深圳近年来推出的"促进人才优先发展的若干措施"密不可分。

1. 政策"筑巢"吸引人才

近年来，从实施中长期人才发展规划纲要，到实施引进培育高层次专业人才和高技能人才的"高层次专业人才 1+6"文件、引进海外高层次创新创业人才和团队的"孔雀计划"，以及实施"人才安居"、鹏城杰出人才奖、产业发展和创新人才奖等人才激励保障政策，深圳人才政策创新力度不断加大，政策红利得以充分释放。2016 年 3 月出台了《关于促进人才优先发展的若干措施》，包括 20 个方面 81 条 178 个政策点，涵盖从人才引进到培养、评价、使用、激励等方面。目前已收到了基础人才引进、杰出人才引进、高层次人才和团队爆发式增长的效果。

2. 制度"落地"引进人才

深圳完善了人才引进配套措施，引进高层次数量、博士后、海外留学人员、毕业生接收等数量再创新高。深圳扩大了"鹏城优才卡"覆盖人群及优惠政策范围，覆盖人群包括国内外高端人才及优秀留学生，持卡人可在入户、配偶就业、子女入学、医疗保健、人才安居、出入境居留等方面享受优惠政策。落实人才签证政策，放宽外国人才签证有效期限，除了对外籍高层次人才及其外籍配偶、子女申请办理签证或者居留证件依法依规提供便利等方面外，深圳采用"互联网+政务服务"模式，实现外专、外交、公安之间信息互联互通互认，提高服务效率。据2017年11月15日今日广东·侨报《深圳扩大外国人才签证发放范围》报道，放宽部分港澳台地区及外籍专家参保缴费年龄限制——在深圳合法就业且在管理岗位工作的港澳台地区及外籍女性专家，可通过用人单位申请参保缴费至55周岁；合法就业的持有外国人来华工作许可证的A类或高层次"孔雀计划"引进的港澳台地区及外籍女性专家，可通过用人单位申请参保缴费至60周岁；被评为我国两院院士的港澳台地区及外籍专家可通过用人单位申请参保缴费至70周岁，个别国家重大项目特殊需要的，可通过用人单位申请再参保缴费至75周岁。

3. 体制改革"松绑"人才

深圳人才体制机制改革不断推进，更多的改革红利惠及人才。目前，深圳已取消、转移、下放300余项行政职权事项，赋予高校、科研机构高度灵活的人事管理权限，取消中小学校长行政级别，探索公立医院去行政化、去编制化管理，实行高层次人才机动编制管理、科研人员兼职及离岗创业等制度。在人才评价方面，深圳着力构建用人主体"自主评价"、行业组织"业内评价"、领军人才"伯乐相马"的多元化评价体系；首创高层次专业人才评价选拔"举荐制"，同时将社会化职称评审职能全部下放给行业组织。深圳市人民政府印发了《深圳前海深港现代服务业合作区境外高端人才和紧缺人才个人所得税财政补贴暂行办法》，对境外人才缴纳个税超过15%的部分给予补贴。

4. 优化环境"留住"人才

深圳着力提高人才服务水平，不遗余力优化环境留住人才，营造爱才尊才的良好氛围。深圳优化人才平台环境，营造尊才爱才重才的人才环境；2016年10月，全国首创的深圳市人才研修院正式揭牌成立，推动资智、企智对接。同时，深圳着力强化人才安居保障，市财政注资1000亿元设立人才安居集团，"十三五"期间将为人才提供30万套住房；杰出人才可免租10年入住面积200平方米左右住房（10年后符合条件可赠予），其他高层次人才给予最长3年、面积最大150平方米的免租住房或每月最高1万元的租房补贴，新引进大学生给予最高3万元的一次性租房和生活补贴，在深圳工作的外籍人才、获得永久居留权人员和港澳台地区人员,在缴存、提取住房公积金方面享受市民待遇。设立80亿元规模的人才创新创业基金,为初创期、种子期的人才项目提供支持;构建全市统一的人才综合服务平台,实现一窗受理;打造作为全国首个以人才为主题的市政公园。同时,深圳"鼓励创新、宽容失败"的文化氛围以及开放包容的城市环境,提升了人才的归属感。

(二) 武汉:打造大学生梦想之城和国际人才自由港

随着武汉推出各项吸引国际人才、高端创新创业人才、留住大学生等政策措施,净流入人才剧增。2017年8月24日,武汉市政府印发了《武汉市人力资源和社会保障事业发展"十三五"规划》明确大力培育引进集聚产业领军人才、知名创业投资人和优秀青年创新创业人才,作为"城市合伙人",着力打造国际性创新创业人才高地,打造大学生就业梦想之城,建立充满生机与活力的人事管理体制机制。

1. 降低绿卡门槛推出"五合一窗口",打造武汉国际人才自由港

武汉市陆续推出72小时过境免签、设立外国人永久居留服务窗口等出入境便利政策。2017年8月24日,印发《武汉市人民政府关于推出出入境便利政策措施、打造人才自由港的实施意见》,决定设立外国人服务"五合一窗口"将分属招才、公安、外专、商务、出入境检验检疫五部门的外国人证件业务合一,外籍人员在汉办理证件业务更加方便快捷。新政放宽了外籍高层次人才认定标准,降低了外籍人员申请永久居留门槛,优化了外籍华人申请长期居留及多次往返签证政策,突破了外籍留学生创新创业政策限制,扩大了外籍技术人才及高级管理人才申请口岸签证范围。

2. 打出落户、住房、收入组合拳,打造"百万大学生留汉创业就业工程"

2017年1月,武汉提出实施"百万大学生留汉创业就业工程",大力发展"菁英经济",确保5年留下100万大学生。3月,宣布大学生在读期间,可以个人名义缴存公积金,解决留汉大学生住房难问题。4月,全面放开大学生落户门槛,设立人才安居房建设基金,每年提供1万个以上基层社会服务岗位,吸纳大学生就业。6月,出台9项贴心政策措施,涵盖安居落户、促进就业、支持创业各领域。10月11日,武汉发布留汉大学毕业生落户、住房和收入的新政,凭毕业证就可落户、购房租房可"打八折",在全国率先出台大学毕业生指导性最低年薪标准。①

3. 实施"城市合伙人"计划,打造创新创业人才高地

2015年武汉推出了"城市合伙人"计划。根据2015年12月30日,武汉市

---

① 5年留下百万大学生 武汉人才政策升级 [EB/OL]. (2017-10-13) [2019-09-13]. https://www.sohu.com/a/197802763_115124.

委、市政府发布的《武汉"城市合伙人"认定与服务工作实施办法》的政策，"城市合伙人"是指在武汉创办企业、创业投资或开展研发创新活动，与城市结成奋斗共同体，共担风险、共历艰辛、共享成功、共创未来的产业领军人才、知名创业投资人才和优秀青年创新创业人才，以及其他类别、层次的创新创业人才。"城市合伙人"的认定坚持产业导向，以用为本、分层分类、科学精准，公开透明、简便易行的原则，常年受理、分类认定，对经认定的"城市合伙人"发放服务绿卡，持卡人凭卡享受相关待遇和服务。要求各部门对绿卡持卡人办理各项业务时"一路绿灯""见卡服务"、不得另行审核，以期最大限度减少对创业活动的管制和干扰，最大限度降低创业投资的成本和风险，最大限度满足"城市合伙人"诉求。

4. 大力发展人力资源管理服务业，建设中国武汉国家级人力资源产业园

根据《武汉市人力资源和社会保障事业发展"十三五"规划》截至2015年底，武汉已集聚了780余家人力资源服务企业，年营业收入突破200亿元，形成了覆盖人力资源招聘、职业指导、人力资源和社会保障事务代理、人力资源培训、人才测评、劳务派遣、高级人才寻访、人力资源外包、人力资源管理咨询、人力资源信息软件服务的完整产业链。根据2017年5月23日长江日报报道，2017年5月，中国武汉人力资源服务产业园正式开园，是中部地区首个以人力资源服务为中心的综合性产业园，积极申报创建国家级人力资源服务产业园。产业园以"立足武汉、服务华中、辐射全国、面向世界"为目标，努力实现园区"产业集聚、品牌集散、孵化开发、创新示范"四大功能，争创国家级人力资源服务产业园。

5. 建立大众创业万众创新示范基地，集聚高端人才和企业研发中心

武汉东湖新技术开发区、国家光电子产业基地"武汉·中国光谷"，2009年被国务院批准为全国第二个国家自主创新示范区，2016年获批国家首批双创示范基地，并获批为中国（湖北）自由贸易试验区武汉片区。"武汉·中国光谷"大力发展战略性新兴产业引进力度，已成为国内外大企业密集来汉建研发中心的高地，仅华为武汉研发生产基地建成后，研发人员就将达4万人。2012年以来，为加快构筑武汉国际性人才高地，发挥东湖高新区人才特区的引领示范作用，打造与国际接轨的"人才特区"。东湖高新区实施的"3551光谷人才计划"已成为国际国内招才引智的响亮品牌①。

（三）天津：大力推进人才发展体制机制改革

根据2016年，《中共中央〈关于深化人才发展体制机制改革的意见〉的通

---

① 国家自主创新示范区 [EB/OL]. https：//baike.baidu.com/item/国家自主创新示范区/6676236?fr = aladdin.

知》精神，天津将大力推进人才发展体制机制改革，拓宽渠道、搭建平台、激发动力、加强保障。夯实实施创新驱动发展和京津冀协同发展等国家战略的人才支撑，加快引进高端科技人才。

1. 着力拓宽引才渠道，构建权威的信息发布平台

联结国内外有影响的媒体和网站，加强"天天问津"门户网站的培育和建设，面向全球定期发布人才政策、岗位需求等引才信息，扩大海外的影响力和吸引力。在部分发达国家（地区）设立一批海外人才工作站。依托知名中介机构引才。对接一批国际知名的专业人才机构，签署战略合作协议，利用其人才储备库搜猎专业急需紧缺人才。实施"以才荐才"制度。制定天津市招才引智大使管理办法，发挥海外知名专家、专业机构负责人等社会知名人士在推荐海外人才和项目的作用。建立和完善市政府特聘专家、"双休日工程师"等制度，支持高校、科研院所和企业以科研项目为载体和纽带，柔性引进国内外知名院士、专家，开展项目研发和技术攻关。

2. 着力筑实聚才平台

支持经济技术开发区、天津港保税区等功能区建设区域科技创新中心。以中国（天津）自由贸易试验区和天津国家自主创新示范区为平台，发挥"双自联动"优势，建设人才管理体制机制改革先行区。大力聚集海外高端人才。加强留学回国人员创业园和海外创新成果孵化中心建设。支持滨海新区及其功能区、其他区县建设海外人才创新成果孵化中心。支持建设研发平台，支持高校、科研院所、企业新建和提升一批重点实验室、工程中心、研发中心、院士专家工作站、博士后站等高端研发平台。积极引进国内人才资源，以引导首都人才资源和创新资源向天津辐射转移为重点，加快天津滨海—中关村科技园、京津冀国家大学创新园区等重大承接载体建设。支持用人单位提升企业技术中心、工程实验室、工程研究中心、重点实验室等高端研发平台。开辟北京大学、清华大学等"双一流"高校人才招聘快速通道，举办"津洽会"引进和储备优秀青年人才。

3. 着力激活创新动力

建立全市统一的人才培养资助信息申报经办平台，推动人才工程项目与各类科研、基地计划相互衔接，资源向重点培养对象和团队倾斜。启动实施"高层次留学人员高校兼职计划"，支持高层次留学人员担任高校的客座教授、兼职研究员。着力执行"天津市特聘教授"等制度，按需设岗、平等竞争、择优聘任，激发其立足岗位开展创新的内在动力。扎实推进"千人计划"、留学人员科技活动择优资助项目、留学回国人员绿色通道等人才专项，整合创新要素，为加快创新进程提供支持。完善高校、企业高端人才双向流动机制，允许在职回国人员在完成本职工作的同时采取兼职兼薪方式创业或服务企业科技创新，在职称评审、科技成果收益分配和股权激励等方面给予倾斜和支持。

4. 着力推进人才规划

根据 2017 年《京津冀人才一体化发展规划（2017—2030 年）》的文件，实现京津冀人才一体化发展，实现"一体、三极、六区、多城"的总体布局。围绕 2030 年基本建成"世界高端人才聚集区"的发展目标，提出了全球高端人才延揽计划、京津冀人才创新创业支持工程等 13 项重点工程，提出了构建区域人才发展新格局、抢占世界高端人才发展制高点、创新区域人才发展体制机制、构筑区域协同创新人才共同体、打造区域人才政策新优势 5 项重点任务，并细化为 16 项具体任务，打造京津冀人才发展新引擎。

5. 着力加强人才保障

破除人才流动障碍，完善急需紧缺人才优先落户制度，编制需求目录，制定评价体系，建立第三方评价、人社发卡、公安承办的引进人才落户绿色通道。建立健全突出贡献（企业纳税）类职工落户政策，推广"就业即落户"政策。加快人事档案管理服务信息化，为人才流动提供便利。深入实施"人才绿卡"制度，方便引进人才就近办理各类服务事项。建立海外高端人才在津落户机制，在住房、子女入学、签证、居留等方面，为引进人才提供便利。将人力资源服务业纳入现代服务业发展支持范围，给予专项引导资金支持，落实财政支持、税收优惠、金融扶持等产业发展政策，加快形成"一园两核多点位"产业布局。

（四）南京：改善安居条件优化创新创业环境

《南京市"十三五"人才发展规划》指出到"十三五"末，人才发展"五个竞争力"要得到全面提升：提升人才规模竞争力，保持市人才资源总量 7% 的年均增幅；提升人才质态竞争力，战略性新兴产业人才增速明显高于全市人才资源总量增速；提升人才环境竞争力，根据南京市"十三五"人才发展规划全社会研发投入占 GDP 比重达到 3.2%，人力资本投资占 GDP 比重达 21%；提升人才效能竞争力，新增省（区市）以上工程技术研究中心等企业研发机构 100 家，社会人力资源服务机构 1000 家；提升人才国际化竞争力，高新技术企业国际合作覆盖率超过 80%，国家级国际科技合作基地超过 15 家，海外研发机构超过 25 家，均达全省全国领先水平。

1. 制定高目标，建设三个"人才城市"

2016 年底，《南京市"十三五"人才发展规划》中提出，建设三个"人才城市"即建设高端人才汇聚城市、建设科技创业领军城市以及建设人才改革先行城市。"十三五"期间，南京市将重点实施"创业南京"英才计划，用 5 年时间，重点集聚 100 名具有国际视野和战略眼光，研究成果产生重要国际影响，能快速攻克产业技术瓶颈、打通产业升级路径的科技顶尖专家；在高层次创业人才引进计划方面，南京市计划重点引进扶持 3000 名有自主知识产权或掌握核心技术、有产业新项目或创意新模式的行业领军人才在南京创业发展。加大初创孵化力度,给予入选人才项目50万~150万元启动资金扶持;根据项目运营发展的实际需要,提供100平方米左右的创业场所。结合"智慧南京"建设需要,引进支持一批能主导新型互联网业态、带动传统产业重塑升级的高端人才。鼓励规模以上企业、高新技术企业引进一批云计算、大数据、物联网等行业领军人才,或收购、兼并、重组一批优质互联网人才创业项目。

2. 改善人才安居条件,优化人才发展环境

高房价抑制了一部分人才向大城市流动的趋势。2017年7月,《南京市人才安居办法(试行)》正式实施,该办法为了聚焦产业,按照城市功能定位和产业发展导向来谋划人才安居政策,政府采取有针对性的扶持措施,更加精准地提供人才安居服务,符合条件的各类创业创新人才可通过"购""租""补"等方式解决人才安居问题。在《南京市人才安居办法适用对象(目录)》里,政府把人才分为六类,通过更加精准的分类标准,鼓励并引导高技术人才来南京创新创业活动。在生活配套方面,南京市推出"南京人才居住证"制度,留学回国人才可享受子女就读、出入境便利、驾照换领等13项市民同等权益,成为"新南京人"。

3. 提升政府服务和金融支持,构建优秀的创新创业环境

2015年,南京市政府出台《关于"创业南京"人才计划的实施意见》,该意见提出"高层次创业人才引进计划",建立政府人才管理服务权力清单和责任清单。在海外人员前来创新创业的启动资金资助方面,政府鼓励发挥"小微企业直通车""融动紫金"等平台服务功能,推动人才企业和产业资本有效结合。建立人才征信系统,提高人才企业融资规范化程度。政府支持高校院所、行业领军企业及其他各类创新主体对外开放技术服务平台,给予一定资金支持。通过发放科技创新券,对购买高校院所科技成果和服务的,给予一定补贴。

4. 搭建海外人才创业比赛和集聚平台

从2012年开始,每年举办一届南京市海外人才创业大赛,参赛的项目应属于《中国制造2025南京市实施方案》中的七大类14个重点领域,包括新一代信息技术、生物医药和医疗器械、新能源汽车、智能电网、新材料等领域。获奖选手可获得融资服务辅导,包括创业计划书完善、融资辅导、对接20家专业领域内的创投机构等。截至2017年12月,大赛已经成功举办了6届,共吸引1531名海内外专家和留学人员报名参赛,100人获奖、72人入选南京重点人才计划、81人创办的科技企业落户南京。南京侨梦苑是近年来国侨办推出的侨商产业聚集区和华侨华人创新创业聚集区品牌。南京侨梦苑于2016年1月16日正式挂牌,凭借江苏省自身的先天优势发展迅速。目前南京侨梦苑已有107家侨资企业入驻,注册资金达10多亿元。每年,海外华人华侨都可以通过参观南京侨梦苑,了解江苏省在吸引侨资侨智上的政策与举措。南京侨梦苑已经成为海外华侨华人了解江苏和南京的重要窗口。①

（五）广州：依托引才建设国家创新中心城市

2016年，《广州市国民经济和社会发展第十三个五年规划纲要（2016—2020）》（简称《"十三五"规划纲要》）中提出，"十三五"期间，广州将贯彻落实中央和省（区市）关于加快实施创新驱动发展战略的决策部署，大力实施人才强市战略，进一步加快国家中心城市建设。2016年2月，广州市在《关于加快集聚产业领军人才的意见》中提出，各级政府要通过政策促进、推动现代服务业、先进制造业、战略性新兴产业发展和传统产业转型升级，完成到2020年，全市企业人才总量大幅度增长，人才结构进一步优化，一批"高精尖缺"的产业领军人才在穗集聚的目标。

1. 积极主办中国留学人员科技交流大会

广州市政府抓住此引才契机，在2016年和2017年，连续两年成功主办海外人才交流大会。在现场通过峰会论坛、成果交易展示、项目交流、人才招聘、推介发布以及邀请海外人才实地考察等活动，促进与会人员的相互了解，取得了丰硕的成果。在2016年海外人才交流大会上，广州市政府和白俄罗斯国家科学院签订科技合作协议，同时大会也促使了"中国汽车市场需求和竞争动态的智能平台研究"等项目落户广州。

2. 加快集聚产业领军人才

2016年，广州市出台《关于加快集聚产业领军人才的意见》中提出，从2016年开始，广州加快实施羊城创新创业领军人才支持计划，通过不同额度的资金奖励，支持创新领军团队、创新领军人才、创新创业服务领军人才在穗工作。建立产业领军人才奖励制度，为了鼓励企业更好的引进人才，广州市政府鼓励企业通过猎头公司等人力资源服务机构从市外引进产业领军人才，按其引才成本费用的50%给予一次性费用补贴，最高每人5万元，对每年引进市外产业领军人才数量居全市前列的企业和人力资源服务机构，给予额外费用补贴。在完善领军人才服务配套机制方面，广州将从企业着手，下放职称评审权和人才认定权，探索建立第三方专业机构和用人单位等市场主体评价人才机制。广州将着力搭建产业领军人才发展平台，畅通产学研人才流动渠道，推动人才柔性双向流动。

3. 鼓励区政府发挥优势按需引才

广州市政府鼓励各区围绕自身主导产业和战略性新兴产业进行人才的引

---

① 南京日报.3.8万海归人才在宁创新创业［EB/OL］.（2019-04-28）［2019-11-15］.http://www.nanjing.gov.cn/njxx/201904/t20190428_1523171.html.

进。广州市增城区着重抓好政策创新、企业服务、人才培育、平台建设、队伍建设"五大举措"，积极对接上级人才政策，结合增城实际，出台务实管用的区高层次人才政策，为全区引才、育才、聚才、用才以及柔性引才（合作）提供政策支撑和保障。同时，围绕侨梦苑发展战略需求，加快推动《增城经济技术开发区管委会关于加快推进"侨梦苑"建设的实施意见》等"1+5"人才政策出台。

4. 大力培育创新主体和载体

2016年，广州市政府在《十三五规划纲要》中提出，加快建设国家创新中心城市，大力培育创新主体。实施科技创新小巨人企业和高新技术企业培育行动计划，推进创新型标杆企业示范工程，发展一批创新型领军企业，形成一批创新集群。加强创新载体建设、优化科技创新空间布局、建设以广州高新区、中新广州知识城、科学城、智慧城、南沙明珠科技城等为核心的科技创新走廊。加快建设各类新型科技企业孵化器，努力建设国家实验室、大科学装置和创新基础平台，鼓励建立产业技术创新战略联盟，支持大学和科研院所加强基础研究。营造良好创新生态环境，提升政府科技创新服务管理能力，激发创新创业活力，形成大众创业、万众创新的良好氛围。

三、杭州吸引高端科技人才创新创业的机制

为了吸引全球高端科技人才来杭创业创新，共建世界名城，杭州需要根据城市的战略布局因地制宜，高起点高标准高速度，尽快建立"以人才发展委员会协调人才管理部门，以发达的网上人才市场招聘人，以高端平台吸引人才，以优质服务留住人才，以科技金融成就人才，以柔性制度整合人才，以开放包容用好人才"的机制。为此，需要努力做好以下七项工作。

（一）整合力量成立人才发展委员会，发挥机制合力

高端科技人才是杭州实现世界名城的战略性关键资源，由多方政府职能部门参与管理，导致政策的同质性和碎片化。课题组根据问卷调查，高端科技人才在选择一个城市创新创业时优先考虑的前九大因素分别是：城市生态环境、城市发达程度、城市房价和生活成本、城市公共服务、工资待遇、交通的便捷和通畅程度、对创新创业的财税支持政策、创新创业平台、包容文化。由此可见，吸引人才并不是单单依靠重金奖励，也不能单单依靠人力资源社会保障局、杭州市科学技术局、中共杭州市委组织部，涉及方方面面。因此，迫切需要建立一个以组织部人才办为核心的"人才发展委员会"，系统设计和协调人才政策与机制，发挥人才政策和管理部门的合力。

（二）建立科技人才网上市场、大数据和人才快速匹配机制，提供面向全球的科技人才、科技项目和成果供需发布平台

1. 积极推进高端科技人才和科技成果网上市场建设

信息经济是杭州的支柱产业。要利用杭州发达的互联网产业和人力资源服务业，发展科技人才市场，充分发挥阿里巴巴集团、海康威视和吉利汽车集团等互联网企业和杭州优秀人力资源服务企业作用，建立科技人才网上市场，充分利用国内、国际两个市场，加快集聚高层次国际化科技人才，促进人才有序流动，发挥市场配置人才的基础性作用。要加强知识产权保护和转化，推动科技成果网上市场建设，推动高校和科研院所与市场、企业对接，鼓励知识产权转化为生产力和生产效益，激励知识产权的创造者获得合理收益。

2. 建立高端科技人才及其成果大数据，建立人才供需的快速匹配机制

建立各类高端科技人才及其成果数据库，定期发布人才供需信息和紧缺急需人才，构建人才有效匹配的技术系统和机制。编制高端科技人才开发目录，根据产业结构和集群发展需要动态发布供求信息，建立科技人才短缺的预警机制。

3. 建立全球战略性科技项目和技术难题招标平台

政府和企业要根据经济和产业发展趋势，提前布局解决重大问题的战略性产业，以重大战略问题为导向设立战略性科技项目，以重金和优惠便捷的服务招募全球高端科技人才和团队开展研究。同时，要为在杭州的企业提供科技难题招标发布平台。

（三）整合创新创业平台，发挥在杭高校作用，打造全球知名创新创业和会议平台

1. 加快培育具有全球竞争力的名校名企名所，提升创新创业平台的层次和规模

用人单位和创新创业平台是吸引人才的重要筹码。浙江具有浙江大学等高校，具有阿里巴巴集团、海康威视和吉利汽车集团等企业，具有国家海洋局第二海洋研究所、杭州市化工研究院等研究院，拥有滨江高新区、未来科技城等创新创业基地。但是，杭州目前具有全球影响力的名企、名校和创新创业平台总数相对较少，企业和创新创业平台存在"众而小"的现状。高端的人才平台稀少成为影响杭州吸引高端科技人才的致命点。因此，需要从以下几个方面培育具有全球竞争力的名校、名院和名企，首先，通过现有"众而小"人才平台的整合，通过与国内外名校、名所、名企的合作，创建和培育具有国际影响力的院校、企业、实验室和基地，发挥其在研究平台、应用研究、基础研究、科技服务、人才培养中的作用。其次，鼓励企业加强实验室、技术中心和博士后工作站建设，加强行业技术创新平台建设。最后，要充分发挥在杭高校的作用，尽管目前不少在杭高校不属于杭州市政府管辖，但是，他们在人才的培养和吸引方面发挥着重要

作用，杭州市政府和省政府有关部门要加强配合，共同培育和挖掘在杭高校培养和吸引高端科技人才的实力。

2. 努力建设全球科技会议名城，以高端会议和比赛集聚人才

高端科技人才往往通过参会和参赛的形式与同行交流科技知识和成果。高端科技会议和比赛是高端人才的集聚机会。与北京、上海、广州、深圳、南京和武汉比较，杭州承办高端科技会议和比赛的频次并不高。杭州要集聚人才，要将自己努力建成科技会议和比赛名城，提供良好的国际会议场所和国际化配套会务服务。通过补贴奖励政策支持企事业单位和行业协会承办国际性科技论坛和比赛以集聚人才。

3. 健全科技信息资源共享平台及人才服务产业

科技信息、实验工具和资源是科技人才创新的必备条件。要依托省（区市）重点企事业单位、重点实验室基地、重点创新创业集聚地等的科技信息、文献和资源，建立免费或收费的科技信息资源共享平台，对科技人才尤其是高端科技人才开放。加速发展科技服务和人力资源服务产业，构建"网上网下科技人才交流服务平台"，为科技人才提供公共服务和市场服务。

（四）优化生态环境，大力增加人才租赁房、国际化教育医疗资源和社区，建立对人才的优质快捷服务品牌和机制

1. 改善雾霾和交通拥堵问题，营造绿水青山生态环境

习近平主席指出："绿水青山就是金山银山。"① 生态环境是高端科技人才选择工作地的首要条件。不少留学美国和加拿大的中国人之所以不想回国，就是因为国外的生态环境和食品安全比中国好。杭州以美丽的环境吸引了国际游人，也要以具有竞争力的生态环境吸引国际高端科技人才。杭州具有天然的生态环境优势，早在2002年就被评为国际花园城市，杭州的G20蓝天白云和美景给世人留下了深刻的印象。但是，根据浙江省环保厅公布的2016年度全省空气质量状况，在11个设区市中，只有舟山和丽水环境空气质量达到国家二级标准，空气质量综合指数杭州位列第11位。广东不仅经济实力强，生态环境也相当好，其14个城市成功入选中国"氧吧城市"，堪称中国环境最好省份。2016年中国"氧吧城市"50强出炉，一线城市只剩深圳。如果杭州想吸引国际高端科技人才，需要在生态环境上向深圳和其他世界级城市看齐。

2. 增加人才公寓和租赁房供给，规避房价对人才吸引的负面作用

近年来，上海人口流入几乎停滞，上海的高房价严重阻碍了人才向上海流动的步伐。深圳的高房价也"吓跑"了长江学者等高端人才。根据中商产业研究

---

① 把握和践行绿水青山就是金山银山理念［EB/OL］.（2018 – 09 – 10）［2019 – 11 – 26］. http：//theory.people.com.cn/n1/2018/0910/c40531 – 30282382.html.

院公布的《2017年中国主要城市房价工资比排行榜》显示，杭州房价工资比为3.01，在全国排名第9位，尽管比北京、上海、深圳、厦门等地低，但比武汉、苏州等地高。经济学界称房价冲到户均收入6倍左右的区域被称为泡沫区，杭州的房价已经达到了泡沫区。通过调查发现杭州吸引人才的主要劣势是房价飙升生活成本高，被调查者对人才购租房补贴政策的评价比较低。杭州需要通过增加人才公寓的供给，增加不同层次公共租赁房，推出具有竞争力的人才购房补贴优惠政策，完善房屋租赁市场，抑制对房子的投资需求，警惕高房价引起人才流失。

3. 增加国际化教育资源和全球高端医疗资源，解决人才后顾之忧

京沪广深等一线城市吸引大量高端科技人才与其优越的教育医疗等公共资源密切相关。但是，杭州的大批高端科技人才却为了孩子的教育跑到了上海工作。中国社科院2015年《公共服务蓝皮书》从交通、安全、住房、医疗、教育、环保、文化体育、公职服务等9个方面对全国38个主要城市进行了基本公共服务力评价，杭州排名第16位。调查发现，优质教育资源供应不足是影响杭州吸引高端科技人才的劣势之一。为此，首先，杭州要提供充足、优质的教育、医疗等公共服务，增加国际化教育资源，吸引民间资本参与教育、医疗等人力资本投资产业。其次，要建立大规模的高端国际化社区，比如在梦想小镇、滨江高新区等国际化人才集聚区域建设集高端教育、休闲度假和居住生活为一体的国际化社区，满足全球高端科技人才生活需要，提高城市对多元化国际人才的服务能力。最后，定期调研高端科技人才的困难，提供解决他们后顾之忧的渠道和优惠政策，尽可能给他们提供便捷优质的教育和医疗资源等。

4. 推广"最多跑一次"人才服务窗口，建立为科技人才减少时间消耗的机制

为了让高端科技人才有更多的时间从事创新创业活动，按照省委、省政府"最多跑一次"改革精神，建立为科技人才节省时间消耗的机制。首先，要定期调查高端科技人才直接用于创新创业的时间比例，他们工作低效和时间消耗的状况和原因。其次，围绕一次办结要求，将分散不同部门的人才服务职能进行合并，统一纳入人才服务窗口，实现"一窗受理，集成服务"，再造人才管理和服务流程，开通"人才服务直通车"，对急需紧缺高端科技人才，实行"绿色通道"，打造优质、便捷、高效的人才服务。再次，对高端科技人才进行松绑，通过授权和规范程序，让高端科技人才从烦琐的监控管理中腾出更多时间来高效工作，减少科技人才的财务监管、报销和签字时间。最后，借助互联网和人才信息库，减少科技人才重复填写各类表格和信息的时间，通过良好的服务帮助科技人才减少时间消耗。

（五）大力发展科技人才金融市场，努力建立人才—科技—金融—实体联动机制

金融市场的完善程度直接影响科技和经济发展。资金缺乏是人才创新创业的关键制约因素。研究发现，人才和金融政策的融合，比单纯的人才和金融政策更有效果。为了使得科技人才和金融资本联动发力，需培育科技人才金融市场，采用宽松的科技创新创业融资政策，鼓励银行向高端科技人才和创新创业项目提供低息贷款，积极推动和支持社会资本、民间资本成立基金、风投机构，在政府指导下建立市场化科技金融集团，引导科技金融投向高端科技人才、战略性科技项目和产业，促进人才—科技—金融—实体的有效联动。

（六）大力引进高端科技人才和项目，留住浙籍高端人才和杭州高校毕业生

1. 发挥政府、高校和企业的合力，以"重金＋平台＋服务"吸引国内外高端科技人才

紧密跟踪兄弟市引进人才的优惠政策，以具有市场竞争力的人才引进资金、优惠创新创业政策、高端平台和良好服务吸引高端科技人才。既要引进成果突出的高端科技人才，也要引进潜在的高端科技人才，建立科技人才梯队。高端科技人才的引进需要政府财税政策、企业高校平台、人力资源服务业等多方合作和支持。引进高端科技人才，除了需要发达的网上招聘渠道，也要建立有效的引才激励机制，对引进高端科技人才的企事业单位、推荐高端科技人才的人员进行特别奖励。

2. 以柔性人才政策、国际项目合作等方式对接高层次科技人才

建立柔性人才信息库、网上招聘渠道和制度，规范柔性人才知识产权管理、目标责任制政策，采用聘用、兼职、技术入股、国际项目合作等方式，柔性引进人才并发挥其传帮带作用。促进跨国界、跨地区、跨单位、跨部门的高端科技创新平台和团队建设，完善协同创新机制。通过财税补贴和奖励政策鼓励企事业单位柔性引进国际高端人才。

3. 启动"浙籍高端科技人才回归计划"和"杭州高校毕业生创新创业计划"

通过"请进来、留下来"，定期举办"浙籍高端科技人才交流活动"，提供优惠政策，吸引浙籍科技人才回归杭州创新创业。武汉打出落户、住房、收入组合拳，打造"百万大学生留汉创业就业工程"。杭州也要非常重视发展"菁英经济"，启动"杭州高校毕业生创新创业计划"，通过提供住房补贴和现金一次性补助等优惠政策留住在杭高校毕业的科技人才。

（七）建立开放包容的人才使用、流动和共享的机制

1. 引导用人单位落实"用人所长"理念

要积极引导用人单位落实"用人所长"理念。用人的关键是发挥人的长处，避免"官本位"制约高端科技人才的创新。来自盖洛普的客户调查数据表明，

针对"有机会每天做自己擅长的工作人数比例"问题各国差异明显,印度36%、美国32%、加拿大30%、德国26%、英国17%、日本15%、中国14%、法国13%,我国做自己擅长工作的人才比例较低,说明我们因不善于用人导致人力资本使用率低。

2. 对高端科技人才统筹分层分类管理

科技人才是宝贵的人才,需要用人所长充分发挥他们的潜能,尽量避免人才的闲置、浪费和低效使用。要对高端科技人才统筹分层分类管理,应当根据人才的内在价值观、内在需要和才能合理配置岗位。

3. 大力促进高端科技人才的自由流动

人才迁移是人力资本投资的一种流动方式。为提高高端科技人才红利,要大力支持人才自由流动到合适的岗位和组织,打破人才发展"天花板",鼓励不同部门高端人才的自由流动,以提高人才使用效能。

4. 建立"不求所有,但求所用"理念,支持人才共享和灵活的雇佣关系

因高端科技人才的稀缺性,所以,要支持高端科技人才在遵守职业道德和行业规范基础上,尽可能地服务于多个组织,建立高端科技人才共享、灵活雇佣、合伙制等机制,规范高端科技人才共享和灵活雇佣的相关政策法规。

第十九章

浙江省大力培养企业科学家的对策思路研究

企业是创新的主体。企业科学家是工程科技人才的翘楚，是企业科技创新的中坚力量。为了落实《国家中长期科学和技术发展规划纲要（2006—2020年）》和浙江省创新驱动发展战略、科教人才强省战略，推动经济转型升级，课题组历时1年开展了系统、深入、全面的调研——走访了30家高新技术企业，对企业负责人、技术负责人和人力资源管理负责人进行了深入的访谈；向企业技术负责人和技术骨干发放问卷150份，收回有效问卷101份；向企业人力资源负责人发放问卷350份，收回有效问卷280份；访谈了50位高校工科骨干教师；向浙江高校理工科学生发放问卷600份，回收有效问卷400余份。通过调研发现，企业科学家缺乏是制约浙江省企业创新的瓶颈。为此，课题组收集整理了美国、德国、英国、日本、韩国等国家培养企业科学家的先进经验和做法，跟踪了北京、上海、广东、江苏、山东等地培养企业科学家的成功案例，在科学论证和综合分析归纳的基础上提出了对策建议。

第一节 企业科学家在创新驱动发展战略中的重要性

一、企业科学家的概念和内涵

企业科学家的内涵十分丰富。通常是指那些具有一定科技专业知识或技能、从事创造性工程科学技术活动，有能力解决企业和社会科技问题，对工程科学技术事业及经济社会发展做出贡献的劳动者。第一种解释是指那些创业的科学家，第二种解释是指高层次科技领军人才，第三种解释特指创新型工程科技人才。前两种解释比较狭义，第三种解释是广义的企业科学家概念，本章的研究对象即是第三种解释所特指的创新型工程科技人才。企业科学家就其来源主要有高校培养、其他部门人才流向企业、企业内部培养、企业间流动、海外引进5种常见的形式。企业科学家的引入方式分为"刚性引进"和"柔性引进"两种形式。"刚性引进"是指户口和人事关系都转到工作地；"柔性引进"是指可以不迁户口，不转人事关系，而采取引智合作、兼职招聘、客座、智力咨询、交换使用、人才租赁、合作开发、人才派遣等多种灵活的方式引进。

二、企业科学家的重要作用

中共中央总书记、国家主席习近平在2014年国际工程科技大会发表题为《让工程科技造福人类、创造未来》的主旨演讲，强调工程科技是改变世界的重要力量，工程科技人才队伍是中国开创未来最宝贵的资源。[①] 作为创新型工程科技人才，企业科学家是企业发展的发动机和驱动力，高素质的企业科学家群体可以为浙江省创新驱动发展战略的落实提供人才支撑和技术保障。因此，依靠政府、高校、企业和社会的合力大力培养企业科学家，发挥市场在人力资源调配中的功能，壮大企业科学家队伍，突破企业科学家缺乏这一制约企业转型升级的瓶颈，将对浙江省创新驱动发展战略和"两富"现代化"浙江梦"的圆满实现具有十分重要的现实意义和深远的历史影响。

第二节 浙江省企业科学家队伍建设的现状

一、浙江省委、省政府非常重视企业科学家队伍建设

为了加快人才强省、科技强省和创新型省份建设，发挥工程科技人才对经济社会发展的推动作用，浙江省委、省政府一直非常重视浙江省创新型工程科技人才队伍建设。

2014年4月25日，浙江省委书记、省人大常委会主任夏宝龙在杭州市调研创新驱动发展工作时强调，科技创新是加快转型升级的关键。要盯住领军人才，广开进贤之路，广纳天下英才，培养引进急需人才、用好留住各类人才，为创新驱动、转型发展提供强有力的人才支撑。[②]

2014年4月29日，浙江省委副书记、省长李强在浙江省科学技术奖励大会

---

① 习近平：让工程科技造福人类、创造未来——在2014年国际工程科技大会上的主旨演讲 [EB/OL]．(2014 - 06 - 04) [2011 - 12 - 21]．http：//cpc. people. com. cn/n/2014/0604/c64094 - 25099536. html．
② 夏宝龙在杭州调研创新驱动发展工作 [EB/OL]．(2014 - 06 - 24) [2019 - 12 - 23]．http：//zjnews. zjol. com. cn/system/2014/04/26/019991448. shtml．

上指出，科技创新工作要在构建产—学—研结合的创新体系上实现新突破，大力推动高校院所与企业紧密合作，搭建产—学—研战略联盟。要在进一步优化科技创新环境上实现新突破，形成和落实党委领导、政府负责、全社会参与的工作格局，加快创新型省份建设。①

浙江省副省长毛光烈 2013 年在《行政管理改革》第 2 期撰文《顺应科技革命与产业变革潮流，加快工业大省向工业强省转变》时指出，浙江要积极贯彻"创新驱动发展"战略。要以先进装备制造为主攻方向，抓省级重点企业研究院建设。省级重点企业研究院可以获得省级财政补助，可以按非企业法人与事业单位登记，并享受有关事业单位的税收政策。同时，积极支持省级重点企业研究院引进人才，实施青年科学家培养计划。引进的人才给企业研究院工作，放在大学、科研单位的人才的工资、福利可以由引进人才的地方政府和企业来承担。

近年来，浙江省相继出台和实施了"新世纪 151 人才工程""百千万科技创新人才工程""浙江海外高层次人才引进计划""海鸥计划""浙江重点创新团队建设办法""浙江企业研究院建设与管理办法（试行）"和"浙江青年科学家培养计划"等一系列政策和措施，科技人才队伍建设取得了显著成效。2012 年科技统计数据显示，科技活动人数为 610314 人，比上年增长 8.91%，R&D 活动人员为 278110 人，比上年增长 9.63%，研究机构 R&D 活动人员为 5364 人，规模以上工业企业 R&D 人员为 228618 人，比上年增加 12.12%。

二、浙江企业科学家总量和增长速度亟待提升

浙江是经济大省，经济发展速度居全国前列，地方生产总值总量居全国第 4 位。根据 2012 年国家和浙江省的统计年鉴和科技统计年鉴数据，比较 GDP 总量居全国前 4 位的省份广东、江苏、山东和浙江的科技人才统计数据发现，浙江在科技活动人数、R&D 活动人员、高层次工程科技领军人才、R&D 投入、科技成果、技术市场发育等方面处于相对落后状态，迫切需要总结经验、正视差距、奋起直追，迎头赶上。

1. 科技活动人数和 R&D 活动人员数量差距明显

浙江科技活动人数不到广东及江苏的 2/3，且年增长率低于广东和山东，不及江苏年增长率一半；浙江的 R&D 活动人员数量不到广东 3/5，不到江苏 3/4，年增长率约为广东、江苏的一半；研究机构 R&D 活动人员增长率为 15.83%，但是总量还不到广东及山东 1/2，不到江苏 1/3；规模以上工业企业 R&D 人员全时

---

① 浙江省科学技术奖励大会召开［EB/OL］．（2014-05-07）［2019-11-15］．http：//www.nosta.gov.cn/web/detail1.aspx？menuID=31&contentID=1048．

当量为广东的54%，江苏的67%，且年增长率明显低于广东和江苏，甚至低于山东。浙江的科技活动人数和R&D活动人数已与广东和江苏拉开了较大距离，山东的科技活动人数和R&D活动人员数量很快会赶上浙江。"标兵渐远、追兵渐近"，浙江企业科学家队伍建设的任务非常紧迫，任重道远。

2. 浙籍企业科学家流失严重，需求旺盛缺口大

浙江大学声名显赫，浙江"盛产"院士，从537位中国工程院院士（不含资深院士）的籍贯分布看，浙江籍院士有70位，总量位居全国第2位。但是，在浙江工作的中国工程院院士仅有15人，位居全国第12位。改革开放以来，浙商走出浙江，走出国门，优秀科技人才流失严重。浙江要在全国率先基本实现现代化，亟须数量众多的一流科学家和领军人才加盟。

3. 浙江在R&D投入和科技成果方面存在较大差距

浙江规模以上工业企业R&D项目数虽然与广东和江苏相差不大。但是，浙江规模以上工业企业R&D经费只占广东54.5%、江苏54.6%。规模以上工业企业开发新产品经费只占广东60.2%、江苏47.8%。规模以上工业企业新产品销售收入是广东的73.3%、江苏的63.2%，低于山东。规模以上工业企业新产品出口销售收入是广东的44.7%，江苏的50.7%。规模以上工业企业的发明专利申请数是广东的29%、江苏的46.2%。规模以上工业企业的有效发明专利是广东的24.7%、江苏的45.6%。虽然浙江国内专利申请数和授权数以40%以上的速度高速增长，总量超过了广东，但是与江苏还有一些差距。虽然浙江国内实用新型专利的申请授权量和国内外观设计专利的申请授权量都超过了广东，国内发明专利申请受理量的增长速度也超过了广东和江苏，但是国内发明专利申请受理量总数只有广东的55%、江苏的30.2%，国内发明专利申请授权量只有广东的52.2%、江苏的71.2%。

4. 浙江技术市场尚处发育阶段，差距悬殊

浙江的技术市场成交额在四省份中排名最低。仅仅占到广东的22.3%、江苏的20.28%、山东的58.08%。

第三节 建立"五位一体"的企业科学家培养模式

从国情、省情和国外、国内经验看，企业科学家的培养必须建立政府、企业、高校、市场、社会"五位一体"的企业科学家培养模式。完善政府引导、企业主导、高校基础工程科技人才供给、市场配置、社会参与的培养体系，发挥科技、教育、人才队伍建设投入及政策的合力，提高政府、企业、高校、市场和社会在企业科学家培养中的协同作用。

（一）政府应当履行的主要职能

(1) 宣传企业科学家开发理念。
(2) 制定宏观企业科学家人才规划。
(3) 加大企业科学家培养和科技创新的投入，建立科学的企业科学家培养和科技创新的资金投入回报评价机制。同时，引导第三方投入资金。
(4) 以优惠的财税政策促使企业、高校和中介组织重视企业科学家培养，促使科技人才流向企业。
(5) 为企业科学家提供公共服务、信息共享和交流平台。
(6) 培育优秀的企业科学家工作载体平台和团队。
(7) 推动科学的企业科学家评价标准制定和任职资格评定。
(8) 促进企业、高校和社会中介协同培养企业科学家。

（二）企业应当发挥的主体作用

(1) 重视企业科学家的引进和培养。
(2) 合理配置企业科学家，充分发挥企业科学家的专业优势。
(3) 在企业内部建立科学、规范的企业科学家评价标准。
(4) 建立企业科学家的收益共享和科技成果转化激励机制。
(5) 健全培训体系、提倡导师制，促进企业科学家职业发展。
(6) 在企业内建立企业研究院等研究平台。
(7) 与高校和社会中介组织协同培养企业科学家，建立实习基地，鼓励有条件的企业参与创办大学。
(8) 建立促进科技创新的企业文化和制度。

（三）高校应当发挥的基础作用

(1) 建立严格、科学、合理的工程科技人才和企业科学家的培养标准。
(2) 提供基础工程科技人才和高层次工程科技人才的供给。
(3) 加大多元化师资队伍建设，改变以论文为主导的教师评价制度，提高教师的科研、实践和教学水平。
(4) 建立实习基地，与企业和社会协同培养企业科学家。
(5) 充分发挥高校为社会和企业服务的功能。
(6) 鼓励高校与企业人才的共享和流动，鼓励高校老师参与社会和企业实践，鼓励优秀的企业科学家来高校担任导师。
(7) 改善人才培养模式，促进科技活动与教育的耦合，培养学生的创新、实践和学习能力。

（四）市场应当发挥的配置作用

（1）形成网上和网下专业化的工程科技人才市场。

（2）发挥市场在科技资源配置、工程科技人才流动和科技成果转化中的活力和作用。

（3）促进企业科学家在不同组织之间的流动，引导优秀工程科技人才流向企业。

（4）促进企业科学家的柔性流动。

（五）社会及中介组织的协同作用

（1）形成尊重人才、重视科技、鼓励创新、允许失败的开放包容的社会氛围。

（2）充分发挥人力资源服务和科技服务中介机构在企业科学家培养中的作用。

（3）发挥行业协会在工程科技人才评价标准制定、人才培养、人才交流平台和科技信息资源平台建设中的作用。

第四节 培养企业科学家的对策思路

当前，在浙江省实施"创新驱动发展"战略和加速企业转型升级的大背景下，建立并完善政府、企业、高校、市场、社会"五位一体"的企业科学家培养模式，要充分发挥党和政府各项政策的引领作用和其他各方的合力。政府要引导和支持企业、高校、市场和社会重视企业科学家的培养，企业要发挥主体作用，高校要满足各方基础工程科技人才需求。同时，要注重发挥市场在人才、科技资源和科技成果配置和流动中的作用，社会组织要充分发挥科技服务和人才服务的专业优势，努力营造激励企业科学家创新、创业的社会氛围。

（一）建立系统科学的企业科学家培养和评价标准

1. 建立企业科学家培养和评价标准的必要性

科学标准为人类文明的发展与进步、区域核心竞争力的形成与提升提供了重要的技术保障。人才标准是人才培养的指挥棒和方向盘，是引导和激励人才行为的依据和准则，是人才质量的保证。企业科学家应当具有明确的素质标准，相关培养部门和评价部门要高度重视标准的制定，为高校人才培养提供方向和依据，为选拔、考核、晋升提供准则和标尺。

2. 企业科学家培养和评价标准建设的现状

发达国家非常重视企业科学家的素质标准。美国工程和技术鉴定委员会（Accreditation Board for Engineering and Technology，ABET）通过不断跟踪企业需求，通过访谈和问卷调查等方式确定了工程师的基本素质标准，并不定期修改完善。美国工程院发布的《2020年的工程师：新世纪工程学发展的远景》报告提出了工程师必须具备的素质。法国工程师委员会和澳大利亚工程师协会也都提出了相应的标准。

《国家中长期科学和技术发展规划纲要（2006—2020年）》明确把实施技术标准战略作为我国科技发展的两大战略之一，《国民经济和社会发展第十二个五年规划纲要》对标准化工作提出了新的要求。中国工程院早在2005年就开展了《我国高层次工程科技人才成长规律》研究。

3. 构建浙江省企业科学家培养和评价标准的对策

浙江省工科科技评价机构、人才培养机构和行业协会应当不断跟踪研究企业科学家的素质需求，不断优化企业科学家的培养和评价标准。

课题组根据国内外先进经验和访谈资料，提炼出企业科学家培养的20项具体素质标准，依次为：创新能力、踏实认真的工作态度、终身学习能力、在多学科团队中的合作能力、对客户和市场需求的敏锐性、职业道德和社会责任感、扎实的工程科学知识、沟通交流能力、对科技工作的兴趣和自豪感、实践经验和经历、前沿技术知识、使用相关计算机软件及工程工具的能力、利用科学和工程知识解决问题的能力、相关跨学科知识、设计实验及分析和解释数据的能力、扎实的数物化等基础科学、熟练掌握外语及具有良好国际化能力、根据需要设计系统和部件及过程的能力、对于产品与技术和工程问题进行系统表达和建立数学方程及模型进行求解和论证能力、经管等人文社科知识。同时，在因子统计分析的基础上，把这20项素质归纳为3个方面的评价标准，按重要性从高到低依次为：基本职业素养、系统设计分析和解决问题的能力、宽口径知识和实验能力。其中，企业科学家最重要的10项素质分别是：创新能力、踏实认真勤奋的工作态度、终身学习能力、在多学科团队中的合作能力、对客户和市场需求的敏锐性、职业道德和社会责任感、扎实的工程科学知识、沟通交流能力、对科技工作有兴趣和自豪感、实践经验和经历。

（二）政产学研合作促科技创新与人才培养高度耦合

1. 科技和教育耦合的先进经验

国家和区域的持续发展需要依靠科技和教育的高度耦合。教育与科研耦合的思想源于德国，后被美国借鉴并发扬光大。美国提倡对于科技人才的培养做到科技活动与培养人才并行发展，以科技项目带动人才培养，达成教育与科技的高度耦合，并在高新技术领域表现得特别突出。美国实施重大高新技术研发计划、项目资助计划，资助创办各类高新技术研究中心，带动相关领域人才培养。美国国家科学基金会是科研与教育一体化的倡导者。麻省理工学院开展了大学生研究计划和大学生实践计划，吸引了80%的工科学生，通过"将研究与教育密切结合、树立坚定的工业办学目标、坚持让本科学生参加科研的教学制度、改革课程体系和教学内容"等方式培养精英人才。

2. 浙江省科技与教育耦合工作的现状

调查结果表明，浙江省理工科本科学生参与教师科研活动的机会还是比较少的，科技创新活动与人才培养的耦合不够紧密，还有很大提升空间。要将科技创新过程与人才培养目标相结合，在科技活动中培育科技人才，在科技人才培养目标的制定中注重科技创新能力的培养。

3. 促进浙江省科技与教育耦合的对策

第一，给予充足的科技创新和企业科学家人才培养资金保障，建立科技和人才培养耦合的评价体系，发挥科技、教育和人才队伍建设政策合力。通过设立专项科技创新基金、科技项目、培养计划等形式鼓励企业与高校培养科技人才，并在科技基金和科技项目等执行与评估中注重考核人才培养目标。实施科教人才强省，需要发挥科技、教育和人才队伍建设的政策和资金合力，有效整合相关部门资源，成立联合会议，加强顶层实际设计，系统投入资金，避免政策和资金投入的碎片化。

第二，发挥高校重点实验室、企业研究院、企业技术研究中心的人才培养功能。发挥各个平台的资源优势，综合运用多方力量在科技创新中培养高素质科技人才。

第三，政—产—学—研协同创新和人才培养。设立跨部门科技项目、跨部门研究机构或协同创新中心，整合多方资源，在协同创新中培养高层次科技人才。例如，浙江工业大学建立的"2011计划"长三角绿色制药协同创新中心，集人才培养、学科建设、科研工作"三位一体"，进一步发挥了高校在人才培养和科研创新等方面的重要作用，为打造浙江经济升级版和"两富"现代化浙江提供了更好的科技创新服务。

第四，企业应当通过加大对研发的投入，在研发活动实践中带动相关领域的科技人才培养。

（三）政府引导并大力支持校企携手培养企业科学家

1. 校企联合培养企业科学家的先进经验和相关研究

校企联合培养企业科学家的理念源于美国。早在1906年，辛辛那提大学就提出了"合作教育"概念。施奈德大力推崇大学与当地企业合作，用"工学交替"的方式培养工程技术人才。美国教育家希尔斯在《学术的秩序》中论述了"面向社会实践的教学理念","大学必须走出其'象牙之墙'"的理念和观点。瑞林提出采取"三重螺旋"的运行模式来加强高校—产业界—政府之间的相互作用,将会出现"双赢"甚至"三赢"的局面。国际上,校企联合培养企业科学家成效斐然。1983 年,由澳、加、荷、英、美等国发起,成立了"世界合作教育协会"。美国高校让学生参与到产学研活动中,形成了独特的硅谷模式、MIT 模式。法国一直特别强调给予那些办学和接纳学生的企业减免培训税和学徒税的优惠。德国联邦政府还颁布了《职业教育法》,主要措施是减少校企合作中高校和企业的税收。英国专项奖励校企合作企业,并完善了相关信贷支持。

校企联合培养企业科学家引起了我国政府和学术界的高度重视和广泛关注。我国在 1991 年成立了全国产学研合作教育协会,在 2009 年发布了《中国产学研合作教育发展宣言》。有关专家先后提出了一系列建设性建议。贾育秦、阎献国、李淑娟等人研究了高校工科专业教学模式改革的新特点,提出了产学研结合培养人才的系列模式:建立专业指导委员会、共建校内实践教学基地、共建校外实践教学基地、合作培养师资、合作进行课程和教材的建议与开发、联合指导毕业设计等。

2. 校企联合培养企业科学家的现状

企业科学家是理论和实践的完美结合。校企联合培养企业科学家模式有利有弊,既有机遇和好处,也存风险和顾虑。机遇和好处包括 8 个方面:促进产学研合作、提高学生的创新能力和实践能力、实现了毕业生和企业的无缝连接、便于企业人才招聘、高校实践教学体系创新、提高学生的就业能力、实现高校人才培养目标、给企业提供了部分劳动力。同时,弊端包括 7 个方面:权责问题存在较多争议、有一定的合作风险、科研产权归属不明确、缺乏保障实习生利益的具体措施、人才培养实用性太强、影响高校人才培养的自主性和独立性、不利于学生思维能力的发展。总之,校企联合培养模式是现实选择和发展趋势,利大于弊,需要扬长避短,进一步完善提高。

2004 年,国家颁布《关于教育税收政策的通知》以来,已经连续颁布了多项政策,通过减免企业所得税、个人所得税等税收优惠形式,鼓励企业参与高校的人才培养。部分省(区市)也制定了一系列具体措施。比如,江苏省常州市在 2007 年出台了多项措施鼓励高校开办"企业冠名"班,山东从 2014 年初开始执行 9 项税收优惠政策支持校企合作。

调研发现,浙江省校企联合培养企业科学家虽然有所起色,但是进展缓慢,而且主要是职业技术院校与企业合作。造成高校和企业联合培养人才不够理想的原因主要包括 7 个方面:高校与企业缺乏有效交流与合作、校企对于各自的角色定位还缺乏清晰认识、高校侧重于理论研究、企业未意识到在人才培养过程中的责任、高校未能及时了解企业对工程技术人员的要求、合作培养平台缺乏多样化灵活的组织机制、校企人才聘用不灵活等限制了校企合作的广度和深度。

3. 浙江省校企联合培养企业科学家的对策

第一，充分发挥政府的引导与支持作用。政府应当成立专门机构，通过政策法规引导校企合作，通过适当的税收减免、财政补贴等形式，吸引企业与高校协同培养企业科学家。如宁波市北仑区实施了《北仑区大学生"1111"引进工程实施办法》，通过政府的牵线搭桥、对实习生和实习企业给予优惠补贴政策，在全国范围内对接了100所高校，建设了100个区级大学生实习基地，鼓励和支持了更多的大学生来北仑实习和就业，这一机制拓宽了当地企业选人用人的渠道。

第二，实现高校与相关产业深度合作。通过建立实习基地、校企合作基地等形式，促进相关专业与相关产业的合作，既可弥补高校实践能力培养的劣势，也可为企业输入高端人才。

第三，构建高校与企业信息交流平台。实现校企无缝连接——高校要跟踪企业和社会的人才需求，企业把人才信息及时反馈高校，高校根据人才需求及时调整人才培养的模式。

第四，强化企业在人才培养中的公共责任。企业是用人的主体，高校是培养人才的基地。企业要建立培养人才的长效机制，担当起人才培养的主体责任，提前介入人才培养过程，与高校合作建立实习基地等。同时，鼓励有条件的优秀企业——像Z集团那样与高校联合创办商学院。

第五，提倡并鼓励校企之间人才交流互动。校企人才各具特色、各有优势。教师有理论和科研优势，企业人才的实践能力更强，更加了解市场的需求和导向。要通过相互挂职和兼任导师，促进校企人才和知识的高度融合。这在职业技术院校实施地比较合适。职业技术院校欢迎有实践能力的企业人才来学校任教。同时，职业技术院校鼓励老师去企业挂职锻炼。这在其他高校也值得推广，尤其在应用科学研究领域。

（四）转变高校培养人才模式，着力培养实践和创新能力

1. 发达国家高校培养企业科学家的先进经验

美国提出了培养"完人"的教育目标，引领和启发学生的兴趣和爱好，提倡个人的自由发展，注重培养大学生的独立思辨能力，注重培养大学生勇于创新、开拓进取的能力。德国推行的"双元制"教育体系，是一种国家立法支持、校企合作共建的办学制度，由企业和学校共同担负培养人才的任务，按照企业对人才的要求组织教学和岗位培训。企业和职业学校是"双元制"教育的两个基本培训场所。韩国实行全方位的科技教育体系，建立了从初级教育到高等教育各个层面的科技英才教育体系，形成了科研、教育、社会团体协同的管理机制。

2. 浙江省高校培养企业科学家的现状

浙江省高校培养方式以理论教学为主，与企业实践存在脱节现象，教师注重知识传授，比较忽视学生的学习能力和科研兴趣的培养。高校对理工科学生在教学中应当侧重培养的能力和高校实际对理工科学生侧重培养的能力之间有一定的差距，学生素质难以满足社会需求。从企业科学家的实际素质水平来看，评价最低的3项是外语水平、相关跨学科知识与人文知识。比较各项工程科技人才素质的"重要水平"与"实际水平"，发现差距最大的素质是创新意识和创新能力、学习能力和对市场的敏感度。

3. 浙江省高校培养企业科学家的对策

第一，重视创新人才素质培养，形成创新培养目标体系。国外著名大学都很重视创新人才培养目标的修订，强调培养学生主动性学习能力、独立思考能力、联想创造能力、解决问题能力、合作能力、持续钻研和终生学习能力及社交能力等。

第二，实现教学目的从"知识输入"到"职业素质输出"的转变。传统的人才培养以知识输入为目的来实施教学活动。而创新驱动发展战略下的人才的培养，则应当以"职业素质输出"为目的来实施相关教学活动。

第三，采用探究式学习为主的灵活教学模式。国外著名大学（如，美国斯坦福大学、英国牛津大学等）在教学中，坚持课内与课外、教学与研究、教学与实践相结合。鼓励学生多参与各类科技活动，提高了学生学习的自主性和思维的严谨性。

第四，根据人才培养标准和国际经验，科学设计教学内容，优化课程结构和培养模式。一要改革教学内容体系，将目前专业知识占主导地位的课程体系，发展成兼容科技、经济、文化、道德、环境、社会发展等诸学科，拓展素质教育的内涵。二要优化课程结构，实现文理渗透、理工结合、专选结合。三要不断总结工程科技人才成长特点及培养规律，及时调整课程结构和培养模式，培养学生创新能力、实践能力和学习能力。例如，浙江农林大学确定2013年为"人才培养质量年"，发布了《浙江农林大学本科教学质量报告》，开展了专业诊断工作，调研了400余家用人单位，比较了300余所国内外同类院校的专业人才培养方案，针对社会对人才培养的要求和差距，开展了新一轮专业设置和人才培养方案修订工作，增强了学校人才培养工作对当前经济社会发展的适应度。

第五，重视实践教学，加强实践教学的体制和环境建设。实践能力的掌握是理工科学生成才好坏的直接依据。高校要建立实践教学体系、改善实践教学环境、加大实践环节的投入力度。作为改革人才培养模式的突破口，建设一大批实用的实践教学实验室、设计中心和实习基地，加强"高校＋科研院所＋企业"的研究方式，把实践全面渗透到教学中。

第六，严格的专业学业要求和学业管理体制。高校要尽快改变现有的"严进宽出"的学业管理体制，采取严格的"学分制"或"淘汰制"，对达不到学分要求和学术水平的学生要采取延长其毕业时间或不颁发学位证的措施，构建严格、多层次、全方位的人才培养质量评估体系。

（五）加大企业科学家引进力度促浙籍企业科学家回归

1. 浙江省高层次企业科学家严重短缺

调研发现，企业最缺乏的是研发人才。创新工程科技人才缺乏是阻碍企业创新的最关键因素。如前所述，浙江尤其缺乏像中国科学院院士、中国工程院院士、国家"千人计划"人才等高层次企业科学家。

2. 浙江省企业科学家引进和浙籍企业科学家回归现状

近年来，在"百千万科技创新人才工程""浙江海外高层次人才引进计划""海鸥计划""浙江重点创新团队建设办法"等政策引导下，浙江省企业科学家引进和浙籍企业科学家回归工作进展顺利，科技创业创新园区不断涌现，吸引了大批高层次企业科学家投身浙江的经济建设，特别是在生物制药、新能源、高科技信息产业等行业和产业中发挥了关键作用，取得了显著成效。但是，调研发现浙江省吸引力度不及上海、江苏和广东，一批海归和浙籍企业科学家更希望在上述地区创业创新。

3. 加大引进力度促海外和浙籍企业科学家回归的对策

第一，建立紧缺企业科学家预警机制和信息系统，编制创新型工程科技人才开发目录。学习苏州每年发布《年度紧缺专业人才培养目录》的做法，编制浙江企业科学家人才分类管理信息库，建立企业科学家预警系统和目录，对紧缺企业科学家做出近期和中长期预测。根据产业结构调整和产业集群发展，动态发布供求信息，为引进和培养企业科学家提供依据。

第二，大力引进国外高层次、紧缺、急需的企业科学家。推进"海外高层次人才回归计划"，发挥浙江"四大国家战略"和优惠政策对人才的感召和集聚作用，积极拓宽高层次引智渠道，加强国际人才交流与合作，鼓励通过市场手段，采取载体引进、团队集体引进、核心人才带动引进、高新技术项目开发引进、柔性人才引进等方式引进海外领军人才和创新团队。例如，杭州市高新区（滨江）已经成为全省海外高层次创新创业人才最为集中的一个区域。全区已集聚各类留学回国人员3500余人。其中，创业人才890余人，90%具有硕士学位；已累计引进、培育国家"千人计划"专家30名，浙江省"千人计划"专家59名，杭州市"521计划"专家29人、团队4个。创业人才总体趋于高端，专业领域涉及软件、通信、集成电路设计、生物医药、光伏等新兴产业。

第三，启动"浙江籍企业科学家回归计划"。要按照浙江省委、省政府鼓励和吸引"浙商回归"的方针和政策,通过"走出去、请进来"的方式,筹建"浙江籍企业科学家回归创新创业园区",着手启动"浙江籍企业科学家回归计划",吸引大批浙江籍企业科学家回浙江创新创业。

第四,制订柔性人才政策,加强高端紧缺企业科学家对接。坚持"不求所有,但求所用",积极采用聘用、兼职、合作研究、学术交流、技术指导、技术入股、技术咨询等办法,吸引高层次紧缺急需企业科学家,充分发挥柔性人才的传帮带作用。建立柔性人才数据库,为柔性人才搭建好干事创业的平台。

第五,建立高层次紧缺企业科学家人才引进"绿色通道"和服务工程。要破除一切束缚引进企业科学家的障碍,简化程序,推进政府职能由管理向服务为主转变。对高层次人才创新创业融资、社会保障、人才落户、家属随迁、子女入学等给予政策扶持和特别优惠。加快建立海外留学人员和浙江籍企业科学家信息交流和服务平台,帮助他们尽快熟悉相关政策和流程,适应浙江环境,使浙江成为企业科学家回归创业创新的一方热土。继续加强高层次企业科学家的服务工程,包括创新创业和社会保障等服务。江苏省还出台了《高层次人才享受社会保障有关待遇实施细则》。苏州市则在此基础上对5类高层次人才增加了门诊待遇、住院待遇补助等。

第六,推进校企合作和海外兼并,拓宽引才渠道和基地。采取灵活措施吸引外地高校、科研机构和科技企业来浙合作办分支机构,鼓励有实力优秀企业兼并国际技术领先企业。

(六)发挥企业在企业科学家队伍建设中的主体作用

1. 企业在人才开发中的主体作用及发挥现状

企业是科技创新和人才使用的主体,要在企业科学家队伍建设中发挥主体作用。但调研发现,浙江省企业对人才培训和培养的意识不够强,很多企业处于一种"使用人才,不培养人才"状态,企业也没有优先考虑通过培训来解决人才缺乏问题。大部分企业希望通过不断招聘人才来填补人才的空缺。同时,问卷调查结果显示,浙江省企业人才急需创新能力和专业技术能力的培训,尤其是新产品开发能力提升的培训。

2. 企业要健全吸引和留住人才的长效机制

浙江省大部分企业希望通过高薪吸引人才。高薪酬确实能吸引更多优秀人才,弥补企业吸引人才的区域劣势。调研发现,企业人才在择业时首先考虑的因素是企业的发展前途,其次是企业的实力,最后才是待遇和区位优势。高工资是吸引优秀人才的高成本方法。企业科学家渴望的是被尊重、被认可、成就感、进步感和自主性。因此,企业不仅要靠高工资,更要靠开放包容、促进创新的企业文化和用才育才制度,建立引才用才的长效机制。

3. 促进企业在企业科学家开发中的主体地位的对策

第一，政府实施积极的财税优惠政策促进企业吸引和培养企业科学家。应当实施引才政府补贴制度和财税优惠，鼓励企业建立紧缺急需人才津贴制度，并在税前扣除。对企业人才培养进行奖励和减免税，加大对中小企业人才培养的扶持，鼓励企业介入校企合作培训人才环节和"订单式"培养，并允许企业将培训发生的费用据实在税前扣除。

第二，把职业素养和创新能力作为企业科学家开发核心内容。创建学习型组织，不断加大对提高企业科学家的培训投入，建立企业内部导师制度，着力提高企业科学家的职业素养和创新能力，以提升企业的竞争优势。

第三，建立有效的企业科学家评价和科研成果激励政策。加强对企业科学家的技术合同管理，保障成果完成人的经济利益。重视知识产权保护，将科技创新、专利和产业化成果作为评定企业工程科技人才科研贡献及能力的重要指标之一。为了充分调动企业科学家的积极性，强化激励机制，提高科研成果转化收益，北京市出台了《关于推进科研机构科技成果转化和产业化的若干意见》，科研机构可提取70%及以上的科研成果转化所得收益，归科研成果完成人以及对转化做出重要贡献的人员所有，享受该新政策的包括各类企业的科研机构。

第四，大力推广实施企业年金制，便于企业更好地吸引人才和建立多层次养老保障体制。优秀人才流入政府部门和事业单位的一个主要原因是因为大家认为事业单位和政府部门有更好的职业保障和社会保障，有比企业更高的养老保障待遇水平。如果企业为员工建立了年金制，可提高企业人才的养老保障，更有力地吸引人才到企业工作。我国企业年金制度发展相当滞后，截至2013年6月，建立企业年金的企业不到6万个，覆盖职工人数只有1,957万人，仅占城镇职工基本养老保险覆盖人数的6.29%，这表明93%以上的参加基本养老保险的企业职工没有企业年金。走访中发现，不到10%的企业有企业年金。因此，应该制定实施免税、延期征税等优惠政策，鼓励和扶持更多的企业广泛建立企业年金以利于吸引人才。

第五，给企业科学家建立创新创业的环境和氛围。企业科学家融合了企业家和科学家两者精神，弘扬求真务实、勇于创新创业的精神。乔布斯和比尔·盖茨既是美国工程院院士，也是世界级创业者。企业要给企业科学家创新创业时间、资金和环境支持，激发企业科学家的创新创业潜能。美国3M公司和Google公司都给员工提供给宽松的创新环境和氛围，允许员工有15%~20%的时间从事自己感兴趣的研究，并给予创新资金支持，如果员工科技和产品创新成功，还给予产业化的机会，并让员工分享创新收益。Z集团也建立了类似的创新创业管理制度，营造了浓厚的创新创业氛围。

第六，建立科学的企业科学家任职资格标准。可以考虑对有条件的企业下放工程师和高级工程师职称评审权，实现企业内部工程师的评聘合一。比如，作为中国塑料机械工业协会理事长单位的宁波海天塑机集团有限公司具有工程师的评审权，目前公司又在申请高级工程师的评审权。

（七）搭建企业科学家工作平台促进团队建设和块状集聚

1. 科技平台和团队建设的重要性

调查表明，工作平台和团队建设是影响优秀企业科学家成长的关键因素。工作平台是集聚和共享创新要素的重要载体。"物以类聚，人以群分"，团队建设对于工程科技人才的集聚、成长和成功有重要意义。事实上，世界上很多伟大的科学家同时也是优秀的企业家。

2. 浙江省科技平台和团队建设的现状

随着"浙江重点创新团队建设办法""浙江企业研究院建设与管理办法（试行）"的落实，使浙江省的省级重点企业研究院建设等科技平台和团队建设取得了显著成效。但是，与企业转型升级的需求相比还有很大差距，要进一步深化提高。

3. 加强浙江省科技平台和团队建设的对策

第一，加强企业研究院、院士工作站和博士后工作站建设。要充分发挥院站在培养集聚人才、促进产学研和科技成果转化等方面的作用。支持有实力的企业注册建立具有法人资格的企业研究院。支持有条件的企业建立院士工作站、博士后工作站，在中小企业集聚地建立博士后工作站。搞好博士后创新基地建设，解决企业技术难题。

第二，发挥企业研究院在研究平台、基础研究、科技服务中的作用。首先，鼓励研究院与高校合作研发产品，企业研究院除开展应用研究外，有条件的还可以对相关内容进行基础研究。国际上很多企业研究院和研究中心也做基础研究，为产品技术应用研究提供支撑。如，民生药业研究院和贝因美研究院都有不少成功的经验。其次，充分发挥企业研究院的平台作用，如，Z集团研究院发布了"Z集团开放研究计划（活水计划第4期）"，搭建"网商＋研究者"在线对接平台，挖掘Z集团平台的案例和数据的价值，支持研究者成长，致力于促进世界一流研究成果诞生，从而推动中国电子商务研究水平的提升。最后，利用企业研究院的科技和人才优势，面向企业内外提供科技服务。

第三，鼓励企业加强技术中心和行业技术创新平台建设。鼓励和支持企业建立自己的研发中心，支持大企业建立国家级或省级研发中心，探索建设行业技术创新平台，形成多层次的研究与开发体系。技术中心应当发挥其凝聚人才的重要作用，使企业真正成为技术创新和工程科技人才培养的主体。

第四，与块状产业集群相衔接，推动企业科学家块状集聚。"块状经济"是浙江省区域经济发展的特色和优势。浙江省企业科学家人才队伍建设要结合各地区产业集群的发展需求和发展战略，使企业科学家人才队伍在各地区的分布具有鲜明的地域特色和行业特点，以实现各地区企业科学家的块状集聚，从而使得块状经济与企业科学家人才高地共建共进。

第五，加强首席科学家和创新团队建设，完善协同创新机制。企业科学家带头人对企业的科技创新起着关键作用，创新团队是企业科学家创新工作的基石。一要建立首席企业科学家制度，发挥企业科学家带头人的统帅作用。二要以招标项目为基础，鼓励团队和协同创新团队申报国家、省（区市）重大重点战略项目。三要改革企业科学家和创新团队评价体系，注重长远绩效和成果转化。四要评选并宣传好"浙江百名优秀企业科学家"和"浙江十大优秀企业创新团队"的先进事迹和管理经验。

第六，整合资源，进一步提升跨部门协同创新平台和团队建设。在企业访谈中了解到有一半以上的企业和产学研协同创新的需求，但大部分反应并没有得到满足或者效果不理想。因此，要继续着力推动协同创新平台和团队建设，为创新团队提供发展舞台和要素支撑，整合资源，规划好协同创新平台建设，促进项目成果落地并转化为实际生产力。要加速提升区域科技创新平台的建设，建设好跨单位、跨部门、跨地区的科技创新平台和团队，面向社会、面向产业、面向高校、面向企业开展工作。已经有不少企业建立了跨国界、跨地区、跨部门的协同创新平台和团队，如，普洛医药家园有限公司、卧龙电气集团股份公司、瑞顺生物技术有限公司、凯保罗生物科技有限公司、金域检验集团等企业有效整合了各地相关科技资源，增强了公司的研发实力。

（八）多渠道筹措基金，加大企业科学家培养的投入

1. 培养企业科学家需要多渠道筹措基金

欧盟在早期意识到由于科研投入不足导致人才外流情况后，立刻拨巨款支持科技人才队伍建设，开创了欧盟创新新局面。英国、美国等国家都建立了比较完善的基金会，用以支持科技人才培养。英国的高等教育创新基金是基础科学研究资助的重要部分，已经成为科技基金、教学基金以外的第三大基金。美国国家自然科学基金会主管国家科学基金，重点资助基础科研和工程领域的教育，促进工程科技人才的培养。

2. 多渠道筹措基金培养企业科学家的现状

浙江是民营经济大省。近年来，尽管浙江省委、省政府大力推进科教强省战略，加大科技投入，动员全社会力量筹措基金大力培养企业科学家。但是，从规模和效果来看，远不及京、沪、粤、苏等省（区市），需整合民间资金，继续加大投入。

3. 浙江省动员多方资金合力培养企业科学家的对策

第一,各级政府应当出台促进企业科学家培养的优惠政策。通过项目支持、财税优惠等形式鼓励社会力量加大对科技创新和人才培养的投入,逐步形成"政府投入为引导,用人单位投入为主体,社会力量共同参与"的人才投入机制。企业要加大研发在销售收入中的比重、加大研发投入,高校应当通过课题经费等形式加大投入。

第二,要加大对科教人才强省专项经费的投入。加大对浙江省"新世纪151人才工程"、博士后工作站、青年科学家、高层次留学人员、钱江人才计划、企业研究院等重大专项工程的投入,尤其增加对青年企业科学家培养的投入。顶层设计政策、整合资源、落实和增加人才工作专项资金。青年企业科学家有创新创业的潜质和精力,但是缺乏资金支持,所以,要重点资助青年企业科学家创新创业,解决制约企业科学家引进、培养和青黄不接等瓶颈问题,减少他们创业创新的后顾之忧。

第三,要充分发动第三方组织的作用,要发挥科技服务、人力资源服务及公益组织等社会机构的作用,通过设立人才基金会、创新创业风险基金等形式,形成全社会鼓励创新、支持创新、一起创新的浓厚氛围,为企业科学家的培养提供强大的资金支持。

(九) 建立企业科学家培养的导师制,做好传帮带

1. 导师制对企业科学家培养的重要性

"师徒制"一直是西方国家企业培养熟练工人的有效方式,20世纪90年代以后,师徒制发展为更加完善的企业导师制。世界500强有70%都在运用导师制。同时,在美国和欧洲也出现了一些专门设计企业导师制项目的专业服务公司。

2. 浙江省建立企业科学家培养的导师制的现状

在国内一些知名企业,已将导师制引入企业内部,作为人才培养的有效方式。调查显示,浙江省33.66%的企业为年轻科技人才安排了指导老师,大部分企业没有采用导师制。151人才工程的导师制是一个很好的例子,151人才工程的第三层次人才有机会选择高层次的151人才作为自己的导师,这一做法值得推广。

3. 浙江省落实企业科学家导师制度的对策

第一,要鼓励企业内部、高校内部、行业内、区域内建立企业科学家培养导师制。同时,也可以根据工作需要建立跨部门、跨行业、跨区域的企业科学家培养导师制。

第二,高校为理工科学生设立一对一的导师,吸纳学生参与导师的科研项目,提高学生的科研、学习和实践能力。

第三，设立专门用于培训新员工的"学徒基金"和"导师基金"，由优秀的企业科学家带领新员工，搞好传帮带。

（十）健全科技信息资源共享平台，发展科技服务产业和人力资源产业

1. 建立健全科技信息资源共享平台的重要性

科技信息资源的占有、配置、开发、交流和利用，正日益成为决定国家或区域科技竞争力的关键因素。建设"企业科学家信息资源平台"是集聚创新要素的重要载体，对完善产业配套能力，提高自主创新能力具有十分重要的意义。科技资源、科技信息大数据和科技设备是创新的基础条件。搭建其共享平台，才能让条件差的企业和企业科学家获得创新所需的设备、信息和资源，整合离散的科技信息、设备和资源，发挥科技信息资源的最大效用。

2. 共享平台和运行机制建设的现状

目前"企业科学家信息大数据平台"和"科研资源和设备共享平台"缺乏统一规划和布局、共享观念落后、缺乏宏观管理、资源缺乏与浪费并存。因此，必须完善共享平台和机制，使全社会都能更好共享资源、信息和设备。

3. 促进浙江省企业科学家共享平台建设的对策

第一，健全"企业科学家信息大数据平台"与"科研资源和设备共享平台"及其运行机制。要按照"政府引导、行业主管、企业自主、社会参与"的原则，在严格保护知识产权的同时，统筹发挥科技服务和人力资源服务中介组织的优势，为企业科学家提供规范化的科技信息资源的公共服务与市场服务，实现人力资源、科研资源和设备共享平台资源的最大效用。

第二，构建企业科学家科技成果数据库，发挥技术市场的活力，促进科技成果转化为实际生产力。需要政产学研等多方参与，进行科技成果大数据管理、市场化运作。企业、高校和科研机构积极申报科技成果，并把科技成果产业化推向技术市场；政府要通过牵线搭桥，发挥引导和推动科技成果转化的服务作用；行业协会则要通过各种合作交流活动的开展，促进科技成果的交流和转化工作。

第三，发展科技服务和人力资源服务产业，促进企业科学家培养。发展人才服务公司（人力资源服务产业）和科技服务公司（科技服务产业），充分发挥他们在企业科学家培养中的作用。充分利用他们的行业工程科技人才数据库和科技数据库，发挥他们的专业性进行专业的企业工程科技人才服务支持、科技服务和资源对接工作。目前，浙江省人力资源产业建设已经启动。如，2013年12月首届浙江人力资源服务业博览会在杭州市下城区浙江（杭州）人力资源服务产业园举行。浙江省千里马人力资源开发有限公司已经服务浙商企业15年，服务企

业达2000余场,中高端人才数据多达180万条。虽然取得了不少成绩,但是,浙江省的科技服务公司和产业也迫切需要加速发展。

第四,构建"网上网下企业科学家交流平台",促进企业科学家国际化。建立此平台可为企业科学家、企业、高校、科研单位、行政等部门架起一条四通八达、有效沟通的桥梁,便于国际交流。京、沪、粤、苏、鲁、辽等省(区市)的网上科技人才交流平台已经投入使用,在实践中发挥着越来越重要的作用。浙江省各级政府应当高度重视,采取有效措施,尽快建立起符合浙江省实际的"网上网下企业科学家交流平台"。

(本章是2013年浙江省发展和改革委员会重大招标项目"我省大力培养企业科学家的对策思路研究"阶段性成果)

第二十章

包容型人才发展战略推动浙江制造业创新和高质量发展的对策

一、引言

人才驱动创新当前备受全球瞩目。人才是发展的第一资源，竞争力排名领先的经济体具有一个共同的特征，即开发、吸引并利用现有人才。驱动未来制造业发展最重要的因素是人才驱动型创新。2019年1月21日，德科集团、欧洲工商管理学院和塔塔通信（Tata Communications）联合发布了2019《全球人才竞争力指数》，我国列第45位，较2018年下降2位。作为制造业大省，制造业的高质量发展对浙江经济具有举足轻重的作用。目前，浙江制造业面临人才数量递减、人才素质落后于粤苏鲁、数字化人才短缺、人才培养的平台和模式跟不上时代发展速度等问题。因此，选择科学而适宜的制造业人才发展战略，不仅可以有效解决浙江制造业面临的人才瓶颈，而且有助于浙江经济高质量发展和人才强省目标的实现。

包容是中国传统文化和中华文明的重要理念和特征，包容性增长和包容性创新当前备受关注，包容是G20杭州峰会的主题之一、是"一带一路"和长三角一体化的关键词，也是2019年美国管理年会的关键词。包容性被视为关键组织战略议程、亟待研究的问题。有关包容型增长、包容型创新、包容型领导研究已经风生水起，多元化管理研究领域受到广泛的关注。目前人才竞争力排名靠前的国家都致力于人才多元化并积极建设包容性文化。当前，我国已经迈入新时代，数字经济风起云涌，人才更加多元化，人才内在需求不断提升，组织边界更加模糊，人才发展战略亟须顺应时代潮流，把包容理念有机融合到人才开发实践中，系统地构建包容型人才发展战略，最大限度提升人才的"机会—能力—动力"，有效推进制造业高质量发展和创新驱动发展战略。

课题组通过统计数据分析、国内外文献资料查阅和企业调研,根据浙江省制造业人才队伍建设面临的问题和挑战,借鉴了美国、新加坡、德国等国家普遍推行的先进的人才发展战略推动制造业高质量发展的经验,提出了包容型人才发展战略,提炼了优秀企业家包容型人才管理理念和思想,并提出了包容型人才发展战略驱动浙江制造业高质量发展的对策建议。

(一) 浙江制造业人才队伍建设面临的问题和挑战

1. 制造业高层次人才比例落后于粤、苏、鲁

根据《中国统计年鉴2018》显示,浙江制造业2017年非私营单位职工素质情况为:本科及以上人员34.14万人(占10.84%),大专42.52万人(占13.50%),中专及高中91.74万人(占29.12%),初中及以下146.62万人(占46.54%),单位专业技术人员41.85万人(占13.36%),技术工人145.03万人(占46.28%)。制造业是浙江经济重要组成部分,但是,2017年非私营制造业单位专业技术人员41.85万人,占年末非私营单位专业技术人员(248.11万人)的16.87%,可见浙江制造业本科以上人员和专业技术人员的比例都较低。

浙江境内上市的制造企业本科以上学历比例低于粤、苏、鲁。根据浙、粤、苏、鲁境内制造业上市公司数据,从员工学历来看(见表20-1),高学历水平人才依旧欠缺,高中及以下学历水平的员工依然占据绝大多数,总体教育水平还有待提升。浙江制造业上市公司员工中研究生占比为2.24%,低于江苏的2.49%和广东的2.70%;本科生占比仅为13.79%,远低于江苏的18.11%和山东的18.54%,位列四省份中的最后一名;专科生占比为14.32%,也远低于江苏的18.08%和山东的20.49%。为实现制造强省目标,浙江制造业人才的学历水平明显有待提高。

表20-1　浙、粤、苏、鲁4省份制造业境内上市公司人员结构统计　　单位:%

人员比例	浙江	江苏	山东	广东
生产人员	59.87	57.74	60.07	61.50
销售人员	10.54	10.46	12.05	9.21
财务人员	1.60	1.74	1.63	1.40
技术人员	15.72	17.23	16.84	16.08
行政人员	9.07	8.94	8.04	7.70
研究生	2.24	2.49	2.01	2.70
本科生	13.79	18.11	18.54	14.38
专科生	14.32	18.08	20.49	9.61
其他学历	61.93	56.09	52.79	68.46

资料来源:同花顺IFIND,2018。

2. 境内上市制造业技术人员低于粤苏鲁

课题组对浙江、江苏、山东、广东这几个具有代表性的制造业大省境内上市

公司的员工数据进行了分析，具体见表 20-1。浙江省制造业境内上市公司生产部门人员占比为 59.87%，处于 4 省份的中间水平，其余 3 个省份的比例也都保持在 60% 左右；浙江制造业境内上市公司销售部门人员占比为 10.54%，处于中间水平，最高为山东的 12.05%，最低为广东的 9.21%；在财务和技术人员占比方面浙江都不占优势。浙江制造业境内上市公司技术人员占比仅为 15.72%，处于 4 省份最低水平，表明浙江在技术型人才的数量上与制造业强省还存在一定差距；浙江制造业境内上市公司行政人员的占比位列 4 省份第 1 位，达 9.07%，但是在保证机构运行效率的同时也要反思是否存在组织冗余现象。

3. 制造企业董事长学历结构低于粤苏鲁

根据浙粤苏鲁境内制造业上市公司的数据，从现任董事长的学历结构来看（见表 20-2），大部分董事长学历水平都集中在硕士，其次是本科和大专，博士学历的董事长也不少。但是与其余 3 个省份相比，浙江制造业上市公司高管的学历水平还有很大差距，在博士学历方面浙江为 4 省份中比例最低的，远低于其他 3 个省份平均水平；硕士学历方面浙江仅领先于江苏，与山东和广东都相差了 10% 以上；本科学历方面浙江也是 4 省份中最低，但比例相差不大；在专科及以下学历的统计中浙江占比相对较多，说明浙江省制造业上市公司董事长的学历总体水平相对较低。

表 20-2　浙、粤、苏、鲁 4 省份制造业上市公司董事长基本信息统计　　单位:%

人员比例	浙江	江苏	山东	广东
博士	4.53	7.69	7.64	8.14
硕士	33.53	33.01	43.31	49.62
本科	23.56	25.96	29.94	24.68
大专	21.15	18.27	13.38	8.40
高中	5.44	5.13	0.00	2.80
中专	1.81	1.60	0.00	0.51
初中	1.21	1.28	0.00	0.76
男	94.86	91.03	92.99	93.38
女	4.53	8.33	5.73	6.11

4. 境内上市制造业研发人员比低于苏、粤

根据浙、粤、苏、鲁境内制造业上市公司数据，从对研发的重视程度来看，浙江平均研发人员占总人员比为 13.68%，低于江苏的 15.80% 和广东的 17.03%，平均研发投入占营业收入的比重为 4.66%，也低于江苏的 4.94% 和广东的 5.70%，说明目前浙江对于研发投入的力度还不够，增加研发投入还有较大的提升空间（见表 20-3）。

表 20-3　浙、粤、苏、鲁 4 省份制造业上市公司研发人员和投入情况统计　　　单位:%

指标	浙江	江苏	山东	广东
平均研发人员占总人员比	13.68	15.80	13.26	17.03
平均研发投入占营业收入比	4.66	4.94	3.96	5.70

5. 制造业数字化人才匮乏，难以满足数字化转型需要

当前，数字经济已成为驱动中国经济发展的核心力量。党的十九大发出了建设数字中国的号召。实施工业数字化工程是实现工业 4.0 的前提条件。2018 年，我国 GDP 总量的 1/3 是通过数字技术实现的。近年来，浙江大力发展以数字经济为核心的新经济，以"数字产业化、产业数字化"为主线，全面实施数字经济"一号工程"。推进工业数字化是实现浙江传统制造业转型升级、智能制造、经济高质量发展的强劲动能和必然选择。数字化工程人才是实现数字经济的第一资源。据波士顿咨询公司发布的《数字经济下就业与人才研究报告》，2035 年中国整体数字经济规模将接近 16 万亿美元，总就业量将达到 4.15 亿人，如果不实施有效的人才战略，可能会出现巨大的人才数量和技能缺口。2017 年，凯捷与领英发布的《数字化人才缺口》报告显示，近 50% 的雇员正自掏腰包，业余时间自主培养数字化技能。课题组通过走访工业数字化服务公司，并对 80 家制造业公司进行问卷调查，发现工业数字化工程人才匮乏是制约制造业企业数字化改造升级的关键因素。工业数字化工程人才，成为制造企业赢得新增长点的关键要素。中国就业培训技术指导中心联合 Z 集团钉钉发布的《新职业——数字化管理师就业景气现状分析报告》显示，按照每 10∶1 的比例做数字化管理师人才配备的企业，比没有数字化管理师的企业工作效率高出 35%~50%。课题组问卷调查显示，70% 被调查制造企业工业数字化人才比例在 5% 以下。随着制造业数字化进程的推进，出现了工业数字化工程人才严重短缺、供给不足等问题。

（二）多元化人才队伍需加强，国际化人才比例偏低

1. 男女比例失衡，女性就业人员占 41%

2017 年，浙江省制造业非私营单位就业人员总数为 315.02 万人，其中女性就业人员总数为 128.88 万人，占 40.91%，这一比例在私营单位中可能更低。从职业选择来看，男性更偏向于技术、销售等工作强度大、薪酬回报高的岗位；而女性相对更青睐行政、运营、市场等工作强度一般，薪资水平中等的均衡型岗位。虽然近年来越来越多的女性向高级技术、产品、管理等岗位涌入，但在一些高薪、关键性岗位上男女比例关系依然呈现明显失衡状态，特别是在目前制造业转型背景下技术领域热度最高的机器学习、深度学习、图像识别、架构师等人工智能和大数据相关岗位，女性占比不足 20%，有些甚至是个位数。从行业角度来看，在制造业相关领域，男性因有先天生理优势，在劳动参与率和职级晋升方面显著占优，2018 年，工程制造领域的高级管理职位中男性平均占比超过 95%。此外数字技术的突飞猛进造成诸如客服、校对员、录入员等标准化、重复性强的岗位被快速取代，部分人员被迫转岗，这部分职位中女性占比相对较高，也加剧了制造业中男女比例的失衡。根据同花顺 IFIND2018 的数据显示浙粤苏鲁境内制造业上市公司中，从现任董事长的性别来看（见表 20-2），4 省份男性董事长的比例都达到了 90% 以上，特别是浙江男性董事长的比例达到了 94.86%，为 4 省份之首，女性董事长比例最高的是江苏，达 8.33%。说明浙江在人才性别多元化水平上还有待提高。

2. 杭州国际化人才比例低于国际化大都市水平

杭州市一直致力于提升城市包容度，打造世界级品质包容之城，但与全球城市发展指数最高的 3 个城市纽约、伦敦、东京相比仍具有较大差距（吴伟强，Wu Anqi，李俊，2016）。首先，是人才多元化水平不足。外国人口仅 0.78 万人，占常住人口比例不到 0.1%，国际化大都市平均水平为 10%。其次，是跨国公司总部数量远远落后，而国际化城市首要标志是有大量跨国公司。浙江要促进制造业高质量发展，必须提高城市国际化水平，具有吸纳国际人才为浙江制造贡献的能力。

（三）用人所长机制欠缺，人才使用效率比较低

来自盖洛普的客户调查数据表明，针对"有机会每天做自己擅长的工作人数比例"问题，印度 36%、美国 32%、加拿大 30%、德国 26%、英国 17%、日本 15%、中国 14%、法国 13%。课题组多次对来浙江大学和浙江工业大学的继续教育学员进行调研，针对"自己在工作岗位中能否发挥自己优势问题"，给予肯定答案的学员占 10%~20%。我国在工作岗位中发挥优势的人才比例比较低，也就是说我们的人力资本利用效率比较低。美国实证研究发现，所学专业和工作岗位不匹配的大学毕业生工资将显著降低 11%，在过度教育人群中，所学专业和工作岗位不匹配对工资的降低效应达到 20% 以上。根据麦可思调查数据显示，2018 届大学毕业生的工作与专业相关度为 66%，近 5 年维持稳定。其中，本科和高职高专院校 2018 届毕业生工作与专业相关度分别为 71%、62%，也就是说近 1/3 的毕业生从事与本专业无关的工作，并有相当一部分学生从事较低层次的岗位，存在严重的过度教育问题。数据还显示有 40% 的 2015 届大学生毕业 3 年内转换了职业（本科占 31%，高职高专占 49%），43% 的 2015 届大学生在毕业 3 年内转换了行业（本科占 35%，高职高专占 50%），一定程度上造成了高等教育资源的浪费。

（四）制造业人才培养平台和模式跟不上时代发展

根据 2017 中国统计年鉴数据，浙江普通高等学校的数量仅为 105 所，远低

于江苏的167所,山东的145所和广东的151所,且浙江仅有浙江大学一所"985""211"高校,阻碍了吸引多元化人才和储备高端精英人才能力,影响了制造业人才供给。

浙江技能人才总体素质偏低,是由于职业教育的发展难以跟上新时代制造业转型升级对人才的迫切需求。从技能人才的培养情况来看,浙江与传统制造业强省还存在着较大的差距,根据中国劳动统计年鉴的数据,截至2016年末,浙江技工学校为78个,低于传统制造业强省江苏的121个,就业训练中心个数为57个,江苏为102个,特别是在职业技能鉴定机构个数上差距显著,浙江仅有79个,远远落后于江苏的542个,如表20-4所示。

表20-4　　　　　　浙江和江苏制造业技能人才培养机构情况　　　　　　单位:个

培养机构	浙江	江苏
技工学校个数	78	121
就业训练中心	57	102
职业技能鉴定机构	79	542

中国教育科学研究院国际比较教育研究中心选取了世界上经济和教育较为发达的37个国家,包括经济合作与发展组织(Organization for Economic Co-operation and Development,OECD)的34个成员国和中国、俄罗斯、巴西,通过构建两个维度11个指标的职业教育竞争力评价指标体系对各国的职业教育竞争力进行评价和排名结果显示,中国的职业教育竞争力仅位于第26位。这充分说明我国职业教育发展速度严重滞后于制造业转型升级的要求(杨勇,林旭,2019),主要存在以下三个问题,第一,我国职业教育的人才培养理念大多还滞留在工业3.0甚至2.0时代,着重培养学生的"一技之长",导致许多职业院校毕业生的综合素质与企业实际作业需求脱轨,最终成为人才培养的桎梏。第二,当前我国职业教育培养方式过度依赖学校职业教育,校企合作浅层化、表面化,学生知识和技能的主要来源皆为学校。这种培养方式用于支撑粗放型生产企业运营是可行的,但对于精益生产企业就稍显无力,对定位于智能化生产的企业要求则难以企及。第三,教学组织形式与社会经济发展相脱节。当前职业教育课程内容多数仍停留在工业2.0阶段,较少涉及大数据、工业机器人等新兴制造技术,难以满足企业技术进步和生产组织发展需求,导致企业需要对员工进行"二次培训"。同时,教学方式仍以传统讲授法为主,难以达到预定目标。

(五)缺乏公平共赢的激励机制导致员工离职率高

根据前程无忧2018年的人力资源白皮书,传统制造业行业平均年薪为79653元,在行业中几乎处于最低水平,仅领先于生活性服务业。2013—2018年员工整体离职率不断上升,分别为16.3%、17.4%、17.7%、20.1%、21.6%、

20.9%。其中,一线操作人员的离职率尤其突出,一直高于平均离职率,2017年操作人员的离职率高达27.3%。同时,在调查中发现员工选择主动离职的最主要原因还是缺乏具有竞争力的薪酬福利和有限的职业成长空间,其次则是绩效考核的不公和与自身职业规划不符。对于薪酬福利的激励效果,企业与员工的认可程度存在较大差异,企业方的平均分为4.9,而员工方的平均分仅为2.4,企业提供的补充福利也与员工需求存在较大差异——企业提供的补充福利主要集中在购物卡、实物等方面,而员工的福利需求,主要集中在住房补贴、补充养老等项目上。

(六)缺乏包容氛围,对员工建议和失败包容度低

根据2018年全球人才竞争力指数报告研究,通过包容型团队领导的企业,员工不太可能感受到领导的偏见,团队层面的包容型领导力有利于企业创新和高质量发展,也有利于市场的拓展。课题组对包容型领导风格开展了多项实证分析,发现领导对员工的观点和失败的包容度分数比较低,但是包容型领导风格对员工的心理资本、创新行为和团队绩效具有明显的正向影响。新生代员工具有很强的自主、自尊需求,随着他们逐步成为劳动力重要组成部分,越来越需要组织的包容氛围。制造业的高质量发展,必须依靠创新,创新面临着失败的风险,因此对创新失败的包容是鼓励制造业高质量发展的重要支撑。

二、国外人才发展战略推动制造业创新和高质量发展借鉴

(一)美国推动制造业高质量发展的人才发展战略

1. 鼓励创新创业

2010年美国政府正式启动"再工业化",开始新一轮的产业结构调整升级,特别是加大了对航天、新材料、新能源等高端制造业的扶持力度,而制造业的转型升级最终还是依赖人才的创新力量,为了给制造业输送更多人才,美国从1986年就开始倡导STEM教育,要求高校加强科学(science)、技术(technology)、工程(engineering)和数学(mathematics)教育方面的投入力度,通过科技创新保持经济增长。美国政府同时也有着一套十分完备的创业体系(董美玲,2011),几乎所有的大学都开设了有关创新创业方面的课程,特别是斯坦福大学每年都会举行年度创业者大会并邀请国际知名企业的高层人员前来参加,不仅为学校营造了良好的创新创业氛围,也为学生日后的创业活动积累了人脉。学校还会为创业者提供资金支持,就算学生创业失败也可以继续回到大学,不难发现很多硅谷创始人来自斯坦福大学正是得益于这一教育特色。

2. 吸引世界优秀人才

美国是一个移民国家，美国人才战略的最大优势就在于集中了世界各地最优秀的人才，政府和企业不惜花重金聘请紧缺的高端制造业人才。1990年美国政府颁布新的移民法，鼓励国外投资人士和专业技术人才移民美国，并推出H1-B签证为国外专业技术人才进入美国工作提供便利。美国还吸引了全世界近1/3的留学生并为其中优秀的人才，特别是为STEM专业留学生提供一系列"绿卡"配套服务，这一战略不仅提升了美国的人才储备还为美国带来了可观的教育创汇。对于海外人才美国还采取主动出击战术，利用在海外跨国公司的便利，用高薪吸引专业人才。在大数据背景下，美国在2016年提出的《联邦大数据研发战略计划》就遵循了科技创新需要开发人才数据的原则，扶持猎头公司和国际化职业社交平台掌握了大量国内外人才数据，在世界人才竞争中占据了主动（郑永彪，高洁玉，许睢宁，2013）。

3. 人才的市场化管理

美国作为最发达的资本主义国家，市场在资源配置中起到了决定性的作用。随着一些低端岗位被转移到人力成本更低的发展中国家，美国的制造业也开始从劳动密集型转向技术密集型，在流失了近1/3的低端岗位后美国制造业的生产总值还能每年保持强劲的增长，这与美国的人才结构是密不可分的。比起学历美国更重视个人能力，在美国有多少能力就能得到多少薪酬，同一级别员工根据业绩的不同收入可能存在很大差距，而一些复合型管理人才薪酬可达到一般员工5~6倍；不仅仅是企业，美国国家实验室也遵循市场化的人才运作方式，人员竞争上岗，除了专职的终身科研人员其他均采用合同聘用制，博士后、研究生的流动非常频繁，不断为科研注入新鲜的血液，为制造业高质量发展提供了最基础的技术保障（张凤娟，2016）。同时，高度的市场化也催生出了成熟的人才分类管理制度，美国成为国际上职业细分最多的国家，对于不同类型的人才均有一套完善的聘用、考核和激励制度。这种市场化的人才战略，虽然给美国社会带来了严重的两极分化现象但是却使人才资源得到了最有效配置，大大提升了制造业生产效率。

（二）新加坡推动制造业高质量发展的人才发展战略

1. 人才优先的国家战略

新加坡自然资源匮乏，自独立以来政府就把人才资源作为国家的第一资源，进口替代时期新加坡主要通过中等教育提高识字率和进行双语教育，提升国民总体知识水平；出口导向时代吸引外资成为政府的第一目标，以鼓励跨国公司设立企业培训机构为契机，利用海外优秀经验培养高技能人才，满足工业化发展的技术基础；1974年后新加坡的教育重心开始从职业教育向高等教育转移，出口产品也逐渐向高附加值、技术密集型产品转移，成为初具规模的新兴工业化国家；1985年后新加坡正式跻身发达国家行列，建立起了一套从小学到大学的完善精英人才培养模式，教育首次被经济化，以服务的形式出口。以高附加值制造业和服务出口为主的"双引擎战略"现在仍是新加坡经济的主要增长点。从1965年到2018年短短半个世纪，新加坡从一个人均GDP只有511美元的贫瘠小国发展到人均GDP达64582美元的工业强国，这与新加坡各发展阶段不同人才战略的组合是分不开的（林宇，何舜辉，王倩倩，等，2016）。以2002年为例，新加坡教育财政支出占比达到19%比美国的11%还要多，中国只有不到3%，相比其他国家新加坡对人才的重视可见一斑。

2. 高效的人才分流制度

为了满足制造业向技术密集型转移的目标，1979年新加坡实行了人才分流制度，在英国"双轨制"教育制度的基础上又吸收借鉴了德国、日本和美国的先进经验，形成了自成一体的灵活的教育制度。自小学四年级后开始分流，按语文水平选择三种不同课程，升入中学后又分为特别班、快捷班和普通班三种，特别班可以直接升入初级学院，快捷班和普通班的优异者可分别在第四年和第五年参加英联邦O水准考试，剩下的普通班学生则进入技术教育学院。不像国内高中一样普及，只有O水准考试前10%的学生才能进入初级学院（高中），剩下的学生按成绩分别进入理工学院或私立学院（大专）。两年后初级学院学生可以参加英联邦A水准考试进入新加坡大学或国外其他大学就读，不合格者进入新加坡职业发展局设立的联合训练中心接受高级技术训练。这种层层分流制度即满足了学生和社会多样化的需求，保留了大部分职业技术人才作为制造业的劳动力支撑，又筛选出少数精英人才保证制造业向着科技创新高质量发展，实现了人才资源的高效利用。同时，制度还设置了极少数理工学院学生和私立学院学生通过考试进入国内外大学学习的通道，最大程度上避免了人才的浪费（夏惠贤，2018）。

3. 开放的国际化视野

在新加坡建国的七位元勋中有六人均来自海外，所以新加坡自成立伊始就确立了国际化的人才战略。在教育方面，初期新加坡积极向几个制造业强国学习，与德国合作成立"德新学院"培养具有"工匠精神"的技术人才，一年后又与日本合作成立"日新学院"，请来大量程序设计师和数据分析师助推制造业的自动化和智能化发展。为了在高科技制造业中占据一席之地，新加坡经济发展局又与美国Computervision公司开设了以应用为中心的培训学校。这些合作项目使得新加坡俨然成为国外高科技和自动化工厂在亚洲的"样板"，吸引了海外许多知名企业来新加坡进行跨国合作。20世纪末新加坡瞄准知识经济转型，提出建设世界级大学发展定位，先后引进多所海外知名高校以研究生培养、共同研发、独立办学等多种方式为高端制造业提供人才。在人才吸引方面，新加坡政府主要做了以下四个方面的努力，一是推出了住房、医疗服务、子女教育等一系列一流的配套服务；二是为海外人才和具有海外人才的企业提供税收减免优惠；三是总理办公室专门成立"公民和人口小组"为海外高层次人才和投资者移民新加坡提供便捷通道；四是在海外设立 8 个"联系新加坡"联络处，作为国家猎头机构在海外寻找人才，并吸引在海外的本国人才回国发展（黄荣斌，2012）。

（三）德国推动制造业高质量发展的人才发展战略

1. 重视职业教育

德国作为现代大学的发源地之一有着非常完善的教育体系，教育普及率非常高，早在 20 世纪初期德国国民的文盲率就降到了 1% 以下，特别是对于职业教育的重视受到了世界各国的广泛关注。根据世界银行的世界发展指标和贫困与公平数据库 2011—2015 年的平均数据显示，高中学历的德国国民人数占德国人口总数的 59.2%，这一比例比同为发达国家的美国高出 14.3%。职业教育之所以在德国如此热门，一方面，是由于德国制造业对职业人才需求巨大，一些顶尖技术人员的收入可以和美国金融行业人员收入相媲美；另一方面，是德国人一直秉持认真严谨、精益求精的民族精神，社会和学生本人对职业教育并不排斥，不像中国一些职业学校只能沦为低分考生不得已的选择。"双元制"是德国职业教育最突出的特点，是学校和企业共同承担教学任务的一种培养方式，在 2~3.5 年的学习期限中保证学生有 70% 的时间在企业实习，培养他们实际操作的能力（张富禄，2019）。德国 REFORM 集团的大型数控机床大部分都是定制的，有些制造工序只能人工完成，也就是说正是技术人员的双手造就了自动化程度如此之高、价值百万的数控机床。金融危机之后德国制造业就业份额虽然下降但是德国制造业生产总值增加的百分比却始终稳定在 23% 左右，而美国自 2000 年以来制造业就业份额和生产总值增加的百分比几乎逐年减少，所以有学者认为德国的教育体系可能更适合现代制造业的需求。

2. 产学研充分融合

随着国际制造业发展和劳动力市场的变化，近年来德国"双元制"职业教育也开始向高等教育领域延伸，巴登—符腾堡州的职业学院于 2009 年转型成为德国第一家理论与实践相结合的"双元制"大学并与奔驰、西门子、保时捷等 9000 多家企业建立了合作关系。目前，德国的应用科技型大学已经成为德国高等教育中的主力军，有些甚至排名在研究型大学之上。在德国政府的推动下，高校和企业合作打造的高科技工业园区成为科技创新、企业孵化和人才培养的主战场，慕尼黑科技园就与慕尼黑大学、慕尼黑工业大学、慕尼黑理工大学等达成了合作关系。政府鼓励高校教授自主创新，一些高校教授往往是园区某个中小企业的创始人或项目主要负责人，带领学生参与研发，将知识转化为产品，同时政府也鼓励企业中的优秀技术人员参与到高校的教学中去，比如，德国规定工程技术领域的博士在企业工作满7年后就可获得申请到高校成为教授的资格，将企业实际生产研发的最新经验带入高校，使学校教授的内容始终与产业发展的最前沿紧密接轨（张武军，谢辉，2009）。

3. 人才政策制度化

在政府层面，德国政府首先制定了《职业技术培训法》和一系列完整的职业技能认定程序来确保企业对青年工人进行培训同时保证工人的职业技能水平；为了培养制造业的精英人才德国还成立了"德国理工大学联盟"和"德国大学卓越计划"，以资助年轻的科研人员，促进高校与高校、高校与研发机构之间的交流与合作（姚明霞，宗仁，2019）。在德国公立大学和科研机构担任永久职位的教授都是国家公务员，享有较高的固定工资，对工作绩效考评的影响主要体现在科研环境改善和个人声望方面，与教授的工资无关，这使得绝大多数教授可以安心从事高质量的科研研究。德国政府设立的最大的科研资助机构——德国研究联合会还设立了海因茨迈尔-莱布尼兹奖、埃米诺特计划等一系列旨在培养和激励青年人才的政策，以实现国家后备人才的可持续发展。

（四）其他竞争力排名靠前国家的人才战略

1. 完善的人才保障制度

观察2016—2019年发布的全球人才竞争力指数排名不难发现，排名靠前的大多数为实行高税收高福利政策的西欧和北欧国家，特别是在留住人才这一维度上得分尤为突出。在教育方面，这些国家的学费几乎全免，不论年龄、社会地位每个人都可以在人生的任何阶段享受教育的权利，这些高福利国家不仅重视孩子在学校对专业知识的学习，也重视家庭对一个人健全人格的培养，如瑞典著名的"奶爸假期"就允许爸爸们在照看孩子的同时获得至少90天的带薪假期（刘延芳，2017）。这种做法虽然从短期看消耗了大量的社会资源，但是从长远来看却能使孩子从小就养成积极乐观的生活态度，为成才打好基础。

在工作方面这些国家鼓励尝试、容忍失败，对失业或创业失败者都能提供一份基本的生活保障和培训，前提是必须继续寻找工作或是学习而不是在家里好吃懒做。由于实行高税收政策，导致行业和个人之间的收入差距并不大，高质量的生活品质也逐渐淡化了人们对于金钱和名利的追逐。无论是政府工作还是科研活动，每一项人员的选拔、经费的使用、成果的发表都采取透明公开的方式，营造了相对公平公正的社会环境，人们都能自觉地遵守规则，所以高福利政策不但没有养懒汉，反而在社会中形成了一种以兴趣为导向的职业选择习惯，使得科技创新融入人们的日常生活，间接推动了各个领域创新发展。

2. 多元与包容高度契合

随着全球化浪潮，国际间交流合作越来越频繁，人们开始逐渐关注多元化和包容型对人才发展以及生产力的影响。研究表明，在一个实验组内女性和男性的比例对该组解决问题和创新方面的表现有直接关系，同时发现具有性别多元化的公司更具有创造力。人才创新中心（Ccriter for Talent Innovcition，CITI）是一家专注于全球人才和包容性的非营利性研究机构，该机构发现人才发展质量较高的国家都致力于性别多元性以及协作和资源的多元化，特别以北欧国家为代表。同时，为了获得创新红利，人才竞争力排名靠前的国家都致力于多元化并建设包容型文化。欧盟委员会提出的"欧洲2020战略"就明确指出可持续和包容型的增长为未来十年的重点目标，2012年发布的《加强欧洲研究区伙伴关系，促进科学卓越和经济增长》提出要建设一个向世界开放的人才和科学技术自由流动的科研环境。

在人才竞争力排名第一的瑞士，德科集团正致力于创造一个每个员工都受到重视的工作场所，无论年龄、性别、种族，社会背景和身体素质，使得德科集团在全球年度最佳工作场所中名列第二，大量员工表示这种包容型文化是选择德科集团作为其雇主的主因。CITI研究表明包容型领导风格有利于降低员工的感知偏见，鼓励员工提出新想法并鼓励领导者实施这些想法，这是企业创新能力的基础。以人才竞争力排名靠前的欧洲国家为代表的基于各国层面的多元化和包容性很好地验证了一个开放的环境对人才竞争力和可持续发展之间的良性影响。

三、包容型人才发展战略的概念和内涵

中共中央2016年3月印发的《关于深化人才发展体制机制改革的意见》中提到，企业迫切需要深化人才发展体制机制改革。包容型人才战略将包容理念有机融入人力资源管理实践中，它是一种把传统的"包容文化"和现代的"包容理念"有机融合到引才、用才、育才、激励人才等一系列人才开发工作中，实现包容文化与新时代人才开发的有机结合，强调了多元化人才队伍建设、注重员工优势的培养和发挥、重视公平和共赢、理性包容员工的创新思想与失败等理念。

（一）包容型人才发展战略的概念

随着时代的进步，人才重要性的凸显、人才多元化特征呈现和人才内在需求的提升，亟待将"包容"理念与人力资源管理实践相结合，构建包容型人才管理模式。包容型人力资源管理概念最早是本内特等（1994）从员工援助计划角度提出的。包容型人才发展战略把包容理念融合到人才开发的各个职能中，在招聘、录用、培训、使用、调动、评价人才的管理中，注重发挥人才的优势，重视对人才的培训与能力建设，加强人才的跨界交流，鼓励人才参与企业管理，尊重

人才的不同意见，实现人才与组织、社会的利益共享，调动人才的工作积极性和创新行为，最大限度地激发人才的潜能。

包容人才战略促进组织成功，包容管理能满足员工归属感和独特性需求。包容型人才发展战略把包容理念有机融入引才、用才、育才、激励人才等人力资源管理实践中，重视员工的体验感，其中社会认同理论、社会交换理论、社会公平理论为包容型人才发展战略提供了理论支持。

（二）包容型人才发展战略的特征和内容

1. 包容型人才发展战略的特征

包容型人才发展战略与传统人才战略相比较具有以下三个明显特征：

第一，包容型人才发展战略注重社会、组织与员工之间的依存共赢关系，包容型人才发展战略将人才看作是推进社会和组织创新和发展的核心资源与主体，将社会、组织与员工看成是共同促进的依存关系。

第二，包容型人才发展战略强调机会均等、分配公平、成果共享以及能力建设。一个包容的工作场所应该尊重劳动力工作价值观的差异，最大限度地激发所有员工的潜能，避免任何其他形式的歧视，并使员工感到他们和他们的个性被尊重，形成高昂的士气和忠诚度。在组织管理过程中，包容型人才管理模式是否注重消除歧视，发挥员工的自身优势，共享收益，参与企业决策，提升员工的工作能力以及建设多元化团队，构建良好的创业创新的工作氛围。

第三，包容型人才发展战略整合了多种人才开发模式的理念和优势，从机会提升、能力提升和动机提升三个方面全面激发人才的创新行为。包容型人才发展战略以这三个方面的人力资源管理实践，构建了系统完整的人才开发模式。

2. 包容型人才发展战略的五个主要内容

基于包容理念，通过对企业人力资源总监和骨干人才的访谈，课题组初步提出了包容型人才发展战略五个方面内容。

一是多元化人才队伍建设。重视人才的异质性，注重多元化吸引人才，促进人才在跨界交流中不断提升自我。

二是理性包容员工的观点与失败。给予员工试错机会，在员工犯错误时给予正确引导与理性建议，帮助员工解决后顾之忧，鼓励员工提出新观点和合理化建议。

三是重视员工的培养。通过工作指导和系统培训等方式培育人才，使员工突破自我、不断进步。

四是注重员工优势的发挥。不断挖掘员工优势潜能，帮助其实现个人价值，更好地为企业服务。

五是注重公平与共赢。通过公平对待员工、与员工共享收益，提升员工的归属感和荣誉感，使之全身心为企业做贡献。

四、包容型人才发展战略推动制造业高质量发展的对策

融合中国优良传统的包容文化和理念，构建包容型人才发展战略，是破解现有制约制造业发展障碍的现实选择，是促进浙江制造业高质量发展的必由之路。

（一）构建包容型人才开发强省以吸引多元化人才

1. 提升杭州包容度，争做世界级包容之城

所谓"包容型"，是指欢迎外来人才来杭州就业、创业创新，外来人才能迅速融入当地工作环境和文化，融入当地生活圈子，安居立业，没有被排斥的感觉，具有获得感和认可感。杭州要用开放与包容去拥抱世界，吸引和凝聚来自全国乃至全球的人才，提高包容度以吸引人才。杭州的"大气开放"精神包涵包容的深意。区域的开放包容度越高，就越能吸引到世界级的优秀人才。深圳是一个充满激情与活力的区域，长期坐拥"中国包容之城"宝座，是中国最著名移民区域，这里有博大开放的全球文化、融汇百家之长的恢宏气度，这是其成为创新型区域的根本原因。

2. 融入包容理念，争做世界级人才高地

包容型是人文精神和管理文明的重要尺度。建设"人才强省"就需要求同存异，能够包容不同的文化和思想，鼓励百花齐放、百家争鸣。建立在"和谐区域"之上的"创新型区域"，需要有海纳百川的气度，不拘一格降人才，择天下英才而用之。为了促进区域的包容性，应当逐步对优秀创新创业人才取消户籍壁垒，逐步打破阻碍资源和人口流动的体制机制障碍，比如，取消限制外地车牌和提供更好的交通环境治理等措施，提高公共服务水平，建立完善的医疗、卫生、住房、教育等公共服务体系，为外来人才提供均等化的公共服务，为其孩子入学、就医、创新创业等提供便利，增强对杭州和浙江的认同感和归属感。

（二）建立用人所长新机制提高人才的使用效率

1. 进一步践行"学人所长"的人才分流理念

德鲁克教授特别强调，用人的关键是"Making Strength Productive"，也就是说，要发挥人的长处，帮助发现最适合于某项工作的员工。需要引导各类人才根据自己的特长兴趣选择合适的学校、专业和职业。第一，要对人才提前进行职业生涯规划，比如，在高中阶段就科学设置职业生涯课程，让高中生能提前进行职业生涯规划，避免盲目选择大学和专业，在高校中开通学生转换专业的渠道。第

二，开通技能型人才的发展通道，提升优秀技能型人才社会地位和待遇，破除只有考上大学才是人生职业发展主要道路的思想，鼓励部分人才走"技能型人才"道路，在这方面新加坡的高效人才分流和职业教育战略值得借鉴。

2. 建立用人所长、不浪费人才机制，统筹人才科学管理

第一，引导各制造企业建立"用人所长"的人才理念。要根据人才的内在价值观、内在需要和才能配置合适的岗位和规划人才的职业发展路线。第二，发挥市场配置人才的作用，鼓励人才合理的流动，制造企业要鼓励员工在单位中找到最合适自己的岗位。如，对新员工三年内不定岗，直到他们找到合适岗位为止。第三，提倡创造一个每个员工都受到重视的工作场所，无论年龄、性别、种族、社会背景和身体素质，使得杭州和浙江成为全球最佳工作场所。第四，完善防范人才短板损害效应机制。人才短板需要通过人才互补、人才培训和监督等机制防范人才的短板损害作用。

（三）建立重视人才价值观、人生观的跨界育人机制，培育高质量人才和数字化人才

1. 把价值观和人生观融入系统科学的人才培养标准

首先，人才标准是人才培养的指挥棒和方向盘。要高度重视人才培养标准的制定，为培养、选拔、考核、晋升提供准则。发达国家非常重视人才的素质标准。美国工程和技术鉴定委员会通过跟踪企业需求确定工程师的基本素质标准，并不断完善。法国工程师委员会和澳大利亚工程师协会提出了相应标准。现阶段需要整合政府部门、行业协会和高校等多方力量，建立起科学有效的、可操作性的、具体的人才培养标准。其次，价值观和人生观是人才培养的关键要素。按照素质冰山理论，价值观和人生观是影响人的行为和绩效的关键要素。所以，不管是学校教育还是继续教育，都需要加强人才的价值观和人生观的培养。目前，人才培养重点在于素质冰山最上层的知识和技能，相对忽视了对科学正能量的价值观和人生观的培养。

2. 强化科教优先战略，给予人力资本和创新财税支持

浙江制造业就业人才的教育水平、人才结构不及广东、江苏、山东，研发投入不及广东和江苏，浙江要成为制造强省，就要加大对人力资本和创新的投入。教育、培训和研发投资的回报率比物质资本的投资回报率高，所以国家、学校、企业、个体和社会都要重视教育、培训和创新，德国专门出台了《职业技术培训法》。首先，继续加大对教育、培训和创新的有效投资。地方政府可以在国家投资的同时，想方设法增加投入。浙江是经济大省，但对教育的投入并不突出。其次，创建和培育国际一流的大学和一流的学科，培育多所在国际和国内有影响力的高校，让杭州成为高等教育的强市。第三，通过财税优惠政策鼓励企业承担育

人和创新的责任。依照法律和政策积极争取体现地方特色的用于鼓励企业承担育人责任和创新的税收优惠政策。

3. 政府引导校企、行企跨界培育优秀人才和紧缺人才

重点需要培养制造业数字化工程人才。校企联合培养企业科学家的理念源于美国。产学研携手的"三重螺旋"模式，将会出现"双赢"甚至"三赢"的局面。浙江校企联合培养虽然有所起色，但是进展缓慢。为此，首先，要充分发挥政府的引导与支持作用。政府应当成立专门机构，通过政策引导校企合作，通过适当的税收减免和财政补贴等形式，吸引企业与高校协同培养人才。其次，实现高校与相关产业和行业深度合作，培养行业和产业急需紧缺人才，尤其是制造业数字化工程人才。通过建立实习基地、校企合作基地等形式，促进相关专业与相关产业及行业的合作。根据调研发现，2015 年浙江省特种设备研究院与杭州职业技术学院"行校合作"，组建了全国首家特种设备学院，打造了技能型人才培养新模式，把行业资源和教育资源深度融合，把行业需求和专业结构深度融合，把行业指导和教学研究深入融合。第三，构建高校与企业信息交流平台。实现校企无缝连接——高校要跟踪企业和社会人才需求，企业把人才信息及时反馈高校，高校根据人才需求及时调整人才培养模式。第四，强化企业在人才培养中的公共责任。企业要建立健全培养人才的长效机制，担当起主体责任，积极与高校合作建立实习基地。第五，提倡并鼓励校企之间人才交流互动。要通过相互挂职和兼任导师，促进校企人才深度交流和高度融合。高等院校要顺应时代潮流，建立多元化人才评审标准，学习德国的经验，高校教师的企业实践和创业经历可列为一类评审条件。要鼓励教师去企业挂职锻炼，欢迎优秀的企业人才到学校兼任导师。第六，重点培养工业数字化人才问题。《数字人才驱动下的行业数字化转型研究报告》显示，软件与 IT 服务业是当前拥有数字人才最多的两大引领型行业占 28%，且 2016—2018 年占比呈增长趋势；消费品、金融、教育、公司服务等行业人才占比约 45.0%，制造业数字人才占比为 19.7%。从时间趋势来看，2016—2018 年制造业数字化人才占比呈现降低趋势，由 2016 年的 21.0% 降低到 2018 年的 19.7%。因此，需要在政府引导和支持下，通过校企、行企协作解决工业数字化短缺问题。

（四）建立激发真善美潜能的公平共赢的激励机制

1. 建立激发真善美潜能的人才激励理念

人才开发的目标是让人性变得越来越善的同时激发人的潜能。根据哈佛大学詹姆斯教授的研究成果，一般人的潜能只使用了 20%~30%，如果给予充分激励，人的潜能将能发挥 70%~80%，因此，通过激励可大幅度提高人的潜能。根据强化理论，正向强化的效果比惩罚的效果更好，即激励比惩罚更起作用。所以，我们的体制机制设计除了要给人才制定规矩和惩戒措施，更需要采用正向引导和鼓励措施去激励人才的积极性和潜能。

2. 建立公平公正的人才评价和竞争机制

根据科学的人才标准和高质量成果要求，对人才进行考核评价。改变以往重视规模和数量，忽视质量的评价体系，尤其需要提倡工匠精神，强调工作的质量是首要考核指标。改变考核流于形式、人情因素干扰过多、追求短期成效忽视长远影响等现象。建立完善人才诚信评价体系，合理控制人才评价的频次，过多的人才评价占用了人才填写报表的时间和精力，分散了他们的注意力，产生过多追求名利的浮躁心理。

3. 建立人才生活保障和共享收益激励机制

根据人性假设，人具有"经济人假设"，需要给予利益的保障和激励，根据效率工资和锦标赛理论，给员工更好的工资可以更吸引和留住人才。在人才的观念中形成最有利于组织利益的思想，必须实现组织、人才和社会的共赢机制。首先，通过根据员工基本生活成本需求和工作价值给予他们合理的薪酬待遇，让员工生活获得基本保障，同时从工作价值中获得劳动回报；其次，应当建立股权激励等机制让人才共享组织的利润和收益；再次，增加廉租房的供给，政府和社会应当为人才提供良好的公共服务，让他们分享改革开放以来国家经济发展和社会进步的红利。杭州的高房价和高房租迫使不少制造业人员回流到老家就业。因此，杭州要进一步加大廉租房的供给，对制造业的技能型人才、高层次人才和紧缺人才，给予住房保障。建立与产出匹配的人才共享收益体制，薪酬增长水平能赶上物价增长的速度，以提高人才的产出和价值提升。建立制造企业领导与员工共担责任、共享收益的激励机制。

4. 优化管理层领导风格，满足员工的心理营养需求

要积极培育一支优秀的制造业管理队伍，以包容型领导风格满足各类人才的心理营养需求。应当按照"社会人假设"和"自我实现人假设"营造尊重认可、快乐工作的和谐人才发展氛围。根据人性假设，人除了是经济人，也是社会人和自我实现人。经济人往往是为金钱和权力被动工作，不能有效激发人的内在动力和兴趣。为了激发人才对工作的认同感、快乐感、兴趣和成就感，更需要用社会人和自我实现人的假设设计人才体制机制。激励机制必须充分考虑到在什么样的心理状态之下，人的才能达到最高产量。人在快乐工作时工作效率更高，创造能力更强，所以如何激发人才的工作快乐感是人才体制机制设计面对的问题。课题组通过对包容型领导风格的研究，发现对人才的尊重和认可，可以有效提升人才的心理资本，让他们更自信、更充满希望、更乐观、更有韧性。因此浙江制造业的高质量发展，需要进一步加强制造业管理队伍建设，根据新生代员工的需求，进一步优化管理层的领导风格，满足员工的心理营养需求。

(五) 促进人才的跨界跨组织跨部门流动和共享

1. 促进人才的跨界、跨组织、跨部门自由流动

人才迁移是人力资本投资的一种流动方式。为提高人才的红利，要大力支持人才的自由流动，打破人才发展的"天花板"，鼓励不同部门人才的自由流动，以提高人才的使用效能。

2. 支持人才共享和灵活雇佣的平台和机制

树立"不求所有，但求所用"理念，支持人才共享和灵活雇佣的平台和机制。目前人才存在结构性矛盾，高端人才和紧缺人才稀缺，同时也存在大量人才闲置的现象，亟待充分借用互联网、大数据和数字经济等技术，对人才管理理念和机制进行创新，建立人才共享平台和机制，促进人才的有效使用和供需的满足。支持高端人才和紧缺人才在遵守职业道德和行业规范基础上，有机会服务于多个组织，建立高端人才、紧缺人才、闲置人才的共享、灵活雇佣、合伙制等机制和平台。同时，规范人才共享和灵活雇佣的相关政策法规。

(六) 建立包容失败的大众创业万众创新新风尚

对于失败的包容性、宽容性，对人才创新创业的积极性具有十分重要影响。长期以来，社会上对创新的鼓励不足，对创新失败缺乏宽容的气氛，严重制约了创新的活力。在创新创业过程中，错误的、可能实现不了的、冒险的、甚至是失败的事情是一定会出现的，这是一种成功前的烦恼，它与成功相伴相生、辩证统一。不管是从事基础和应用研究的创新活动，还是创业活动，重要的一点是容忍失败，提高对创新创业的容忍度。根据2019年《全球人才竞争力指数》报告，人才竞争力排名越靠前的国家和城市往往对创业型人才越开放包容。浙江要积极营造大众创业创新的浓厚氛围，倡导敢为人先、敢冒风险、宽容失败的新风尚，使一切有利于社会进步的创业创新的愿望得到鼓励、行动得到支持、成果得到尊重，形成创业创新光荣的鲜明导向。企业在人力资源实践中要有容错的态度和机制，理性包容员工的失败，理解员工难处，既要压担子、又要给支持、允许试错，不急于求成不轻易下结论，努力营造敢试错敢创新的组织和社会氛围，发挥人才的主动性、积极性和创造性。

参 考 文 献

[1] 安静娴. 创新激情源于崇高的使命感和强烈的责任心 [J]. 科技进步与对策, 2001 (4): 14 - 16.

[2] [美] 班杜拉. 思想和行动的社会基础 (上、下册) [M]. 林颖, 译. 上海: 华东师范大学出版社, 2001.

[3] [美] 班杜拉. 自我效能: 控制的实施 [M]. 缪小春, 等译. 上海: 华东师范大学出版社, 2003.

[4] 鲍舜. 我国基层公务员职业倦怠问题研究 [D]. 长春: 吉林大学, 2016.

[5] 蔡俊亚, 党兴华. 创业导向与创新绩效: 高管团队特征和市场动态性的影响 [J]. 管理科学, 2015, 28 (5): 42 - 53.

[6] 蔡笑伦, 叶龙, 王博. 心理资本对职业倦怠影响研究——以心理健康为中介变量 [J]. 管理世界, 2016 (4): 184 - 185.

[7] 查国硕. 工匠精神的现代价值意蕴 [J]. 职教论坛, 2016 (7): 72 - 75.

[8] 陈旭. 团队领导对团队效能的影响机理研究 [J]. 科研管理, 2006, 27 (4): 138 - 141.

[9] 陈永霞, 贾良定, 等. 变革型领导、心理授权与员工的组织承诺: 中国情境下的实证研究 [J]. 管理世界, 2006 (1): 96 - 105.

[10] 程萍. 包容是改革的催化剂 [J]. 人民论坛, 2013 (12): 6.

[11] [美] 德鲁克. 管理的实践 [M]. 齐若兰, 译. 北京: 机械工业出版社, 2008.

[12] 邓亚兰. 促进市场经济快速发展, 实现包容性人力资源开发 [J]. 经济生活文摘, 2011 (14): 101 - 102.

[13] 董德法. 薪酬公平、员工敬业度与组织公民行为的关系研究 [D]. 西安: 西安财经学院, 2013.

[14] 董美玲. "斯坦福—硅谷" 高校企业协同发展模式研究 [J]. 科技管理研究, 2011 (18): 71 - 75.

[15] 董原, 高俊. 心理资本对员工创新主动性的影响 [J]. 学术交流, 2016 (11): 122 - 125.

[16] 杜鹏程, 李敏, 等. 差错反感文化对员工创新行为的影响机制研究 [J]. 管理学报, 2015, 12 (4): 538 - 545.

[17] 杜鹏程, 李敏, 倪清. 差错反感文化对员工创新行为的影响机制研究 [J]. 管理学报, 2015, 12 (4): 538-545.

[18] 段锦云, 田晓明. 组织内信任对员工建言行为的影响研究 [J]. 心理科学, 2011, 34 (6): 1458-1462.

[19] 段晓红. 企业家能力与企业创新能力的关系研究 [D]. 武汉: 华中科技大学, 2010.

[20] 方阳春, 陈超颖. 包容型人才开发模式对员工工匠精神的影响 [J]. 科研管理, 2018, 39 (3): 154-160.

[21] 方阳春, 贾丹, 陈超颖. 包容型人才开发模式对创新激情和行为的影响研究 [J]. 科研管理, 2017, 39 (9): 145-147.

[22] 方阳春, 贾丹, 等. 包容型人才开发模式对高校教师创新行为的影响研究 [J]. 科研管理, 2015, 36 (5): 72-79.

[23] 方阳春, 王美洁. 包容型领导风格对员工心理资本的影响 [J]. 科研管理, 2016 (11): 135-141.

[24] 方阳春, 张胥崇, 戴欣幸. 包容型人才开发模式对员工工作投入的影响——责任知觉的中介作用 [J]. 科技与经济, 2019, 32 (4): 76-80.

[25] 方阳春. 包容型领导风格对团队绩效的影响——基于员工自我效能感的中介作用 [J]. 科研管理, 2014, 35 (5): 152-160.

[26] 方阳春. 工作压力和社会支持对高校教师绩效的影响 [J]. 科研管理, 2013, 34 (5): 136-143.

[27] 冯彩玲, 张丽华, 时勘. 领导风格会提高员工的工作积极性和创新性吗?——企业家导向的跨层次调节作用 [J]. 研究与发展管理, 2014, 26 (3): 62-73.

[28] 冯永春, 周光. 领导包容对员工创造行为的影响机理研究——基于心理安全视角的分析 [J]. 研究与发展管理, 2015, 27 (3): 73-82.

[29] 高宏. 基于企业核心能力的包容性领导力探讨 [J]. 上海管理科学, 2010, 32 (6): 10-13.

[30] 高宏. 基于战略的包容性人力资源管理系统分析 [J]. 上海管理科学, 2012, 34 (1): 67-71.

[31] 高建丽, 孙明贵. 基于心理资本的包容型领导对创新行为的作用路径 [J]. 软科学, 2015, 29 (4): 100-103.

[32] 高建丽, 闫敏. 组织支持感对科技人员离岗创业激情的影响研究——心理资本的中介效应 [J]. 技术经济与管理研究, 2018 (7): 33-37.

[33] 高建丽, 张同全. 个体—组织文化契合对敬业度的作用路径研究——以心理资本为中介变量 [J]. 中国软科学, 2015 (5): 101-109.

[34] 高中华, 赵晨, 李超平, 吴春波, 洪如玲. 高科技企业知识员工心理资本对其离职意向的影响研究——基于资源保存理论的调节中介模型 [J]. 中国软科学, 2012 (3): 138-148.

[35] 耿新. 企业家社会资本对新创企业绩效影响研究 [D]. 济南: 山东大学, 2008.

[36] 顾远东, 彭纪生. 创新自我效能感对员工创新行为的影响机制研究 [J]. 科研管理, 2011, 32 (9): 63-73.

[37] 顾远东, 彭纪生. 组织创新氛围对员工创新行为的影响——创新自我效能感的中介作用 [J]. 南开管理评论, 2010 (1): 30-41.

[38] 顾远东, 周文莉, 彭纪生. 组织支持感对研发人员创新行为的影响机制研究 [J]. 管理科学, 2014, 27 (1): 109-119.

[39] 顾远东. 工作压力如何影响员工离职?——基于 Maslach 职业倦怠模型的实证研究 [J]. 经济管理, 2010, 32 (10): 80-85.

[40] 国家统计局官网. 2018 年中国统计年鉴 [EB/OL]. [2018-11-28]. http://www.stats.gov.cn/.

[41] 韩翼, 廖建桥. 雇员工作绩效结构模型构建与实证研究 [J]. 管理科学学报, 2007, 10 (5): 62-77.

[42] 韩翼, 杨百寅. 真实型领导、心理资本与员工创新行为: 领导成员交换的调节作用 [J]. 管理世界, 2011 (12): 78-86, 188.

[43] 何向彤. 我国高等职业教育国际化的现状、问题与对策 [J]. 继续教育研究, 2016 (1): 72-75.

[44] 何悦, 李岱素. 基于主成分分析法的广东省创新型科技人才发展影响因素研究 [J]. 科技管理研究, 2013, 33 (7): 135-138.

[45] 赫连志巍, 袁翠欣. 高端装备制造业创新团队胜任特征与企业绩效关系研究 [J]. 科学学与科学技术管理, 2016, 37 (2): 99-112.

[46] 侯二秀, 张敬德, 等. 心理资本研究综述 [J]. 人类工效学, 2013, 19 (1): 72-75.

[47] 黄桂. 强调"奉献"的企业为何不能如愿以偿?——基于国企组织与员工交换关系的思考 [J]. 管理世界, 2010 (11): 105-113, 153.

[48] 黄海艳, 苏德金, 等. 失败学习对个体创新行为的影响——心理弹性与创新支持感的调节效应 [J]. 科学学与科学技术管理, 2016, 37 (5): 161-169.

[49] 黄梅, 吴国蔚. 生态学视角下的创新人才开发路径研究 [J]. 科技进步与对策, 2008, 25 (12): 222-226.

[50] 黄荣斌. 新加坡经济转型与人才战略 [J]. 南洋问题研究, 2012 (4): 50-58.

[51] 黄祖辉. 包容性发展与中国转型 [J]. 人民论坛: 2011, 8: 60-61.
[52] 贾丹, 方阳春. 包容型人才管理模式对组织创新绩效的影响研究 [J]. 科研管理, 2017, 38 (S1): 14-19.
[53] 贾建锋, 唐贵瑶, 李俊鹏, 王文娟, 单翔. 高管胜任特征与战略导向的匹配对企业绩效的影响 [J]. 管理世界, 2015 (2): 120-132.
[54] 贾建锋, 赵希男, 于秀凤, 王国锋. 创业导向有助于提升企业绩效吗——基于创业导向型企业高管胜任特征的中介效应 [J]. 南开管理评论, 2013, 16 (2): 47-56.
[55] 蒋建武, 赵曙明. 心理资本与战略人力资源管理 [J]. 经济管理, 2007 (9): 55-58.
[56] 蒋昀洁, 张绿漪, 黄庆, 等. 工作激情研究述评与展望 [J]. 外国经济与管理, 2017 (8).
[57] 解进强, 付丽茹. 企业员工心理契约与敬业度的关系——以物流企业为例 [J]. 中国流通经济, 2018, 32 (9): 108-119.
[58] 景保峰, 周霞. 包容研究前沿述评与展望 [J]. 外国经济与管理, 2017, 39 (12): 3-22.
[59] 景保峰. 包容型领导对员工创造力的影响——基于内在动机和心理可得性的双重中介效应 [J]. 技术经济, 2015 (3): 27-32.
[60] 瞿皎姣, 赵曙明. 包容性组织研究的学理基础: 透析与发展 [J]. 南京社学, 2018 (7): 21-22.
[61] [美] 康纳狄, 查兰. 人才管理大师 [M]. 刘勇军, 朱洁, 译. 北京: 机械工业出版社, 2012.
[62] 柯江林, 孙健敏, 李永瑞. 心理资本: 本土量表的开发及中西比较 [J]. 心理学报, 2009, 41 (9): 875-888.
[63] 柯江林, 孙健敏. 内控型人格、变革型领导与组织文化对员工心理资本的影响 [J]. 经济与管理研究, 2018 (9): 136-144.
[64] 柯江林, 孙健敏. 心理资本对工作满意度、组织承诺与离职倾向的影响 [J]. 经济与管理研究, 2014 (1): 121-128.
[65] 李帮彬, 方阳春. 杭州市创新人才发展政策分析 [J]. 科研管理, 2017 (S1): 167-171.
[66] 李冬梅. 社会转型期构建包容性文化的价值 [J]. 人民论坛, 2014 (2): 169-171.
[67] 李凤莲. 心理资本对员工创新行为的影响机制研究 [J]. 财经问题研究, 2017 (12): 138-143.
[68] 李宏伟, 别应龙. 工匠精神的历史传承与当代培育 [J]. 自然辩证法研究,

2015, 31 (8): 54-59.

[69] 李娟. 组织创新氛围与员工创新行为的关系研究 [D]. 成都: 西南财经大学, 2012.

[70] 李军, 胡瑶, 李汉. 知识共享视角下人力资源管理实践对创新绩效的影响研究 [J]. 湘潭大学学报 (哲学社会科学版), 2014 (2): 46-50.

[71] 李力, 封玫. 工作激情与职业倦怠: 工作满意度与冲突的中介效应 [J]. 江西社会科学, 2017, 37 (12): 222-227.

[72] 李鲜苗, 徐振亭. 领导心理资本对员工知识共享的跨层次影响研究 [J]. 软科学, 2018 (1): 92-94, 99.

[73] 李响. 领导—部署交换与员工服务创新: 基于不同服务团队的跨层次被调节中介作用 [J]. 管理现代化, 2017, 37 (2): 38-40.

[74] 李燕萍, 杨婷, 潘亚娟, 徐嘉. 包容性领导的构建与实施——基于新生代员工管理视角 [J]. 中国人力资源开发, 2012 (3): 31-35.

[75] 李悦, 王重鸣. 程序公正对创新行为的影响: 积极情绪的中介效应 [J]. 软科学, 2012, 26 (2): 79-83.

[76] 李宗波, 李巧灵, 田艳辉. 工作投入对情绪耗竭的影响机制——基于工作需求—资源模型的研究 [J]. 软科学, 2013, 27 (6): 103-107.

[77] 梁建. 道德领导与员工建言: 一个调节——中介模型的构建与检验 [J]. 心理学报, 2014, 46 (2): 252-264.

[78] 梁祺, 雷星晖, 等. 个体、组织双层面下的知识共享对员工创造力影响研究 [J]. 软科学, 2013, 27 (5): 94-97.

[79] 梁祺, 苏涛永. 包容型领导对员工创新行为的影响 [J]. 企业经济, 2016, (5): 116-120.

[80] 林宇, 何舜辉, 王倩倩, 胡小立. 新加坡创新型城市的发展及其对上海的启示 [J]. 世界地理研究, 2016 (3): 43-51.

[81] 林泽炎, 刘理晖. 转型时期中国企业家胜任特征的探索性研究 [J]. 管理世界, 2007 (1): 104-110.

[82] 刘长庚, 韩雷. 企业内层级收入差距和企业绩效的关系——一个整体演进分析的框架 [J]. 中国人民大学学报, 2011 (1): 37-44.

[83] 刘进, 揭筱纹. 企业家战略领导能力解构研究进展 [J]. 科技进步与对策, 2011, 28 (17): 157-160.

[84] 刘景江, 邹慧敏. 变革型领导和心理授权对员工创造力的影响 [J]. 科研管理, 2013, 3 (34): 68-74.

[85] 刘陆芳, 董婉玲, 郭庆科, 时勘. 基于历史测量法的企业家胜任特征模型 [J]. 心理研究, 2008, 1 (5): 51-56.

[86] 刘善仕，刘婷婷，刘向阳. 人力资源管理系统、创新能力与组织绩效关系 [J]. 科学学研究，2007（4）：764-771.

[87] 刘小禹，刘军. 公平与领导理论视角的团队创新绩效研究 [J]. 科研管理，2013，34（12）：100-109.

[88] 刘延芳. 北欧福利国家模式的观察与思考 [J]. 劳动保障世界，2017（26）：25-28.

[89] 刘泱，朱伟，赵曙明. 包容型领导风格对雇佣关系氛围和员工主动行为的影响研究 [J]. 管理学报，2016（10）：1482-1489.

[90] 刘志彪. 工匠精神、工匠制度和工匠文化 [J]. 青年记者，2016，（16）：9-10.

[91] 龙君伟. 反馈干预对绩效的影响研究 [J]. 心理科学，2003，26（4）：658-660.

[92] 卢小君，张国梁. 工作动机对个人创新行为的影响研究 [J]. 软科学，2007，21（6）：124-127.

[93] 吕国泉. 工匠精神：内涵·价值·塑造 [N]. 工人日报，2016-05-24（007）.

[94] 马文静. 基于心理资本的知识型员工创新管理策略 [J]. 前沿，2013（17）：123-124.

[95] 孟慧，宋继文，孙志强，等. 变革型领导如何影响员工的工作结果：一个有中介的调节作用析 [J]. 心理科学，2011（5）：1167-1173.

[96] 缪国书，许慧慧. 公务员职业倦怠现象探析——基于双因素理论的视角 [J]. 中国行政管理，2012（5）：61-64.

[97] 缪洋. HRD策略、海归国际知识溢出与企业创新绩效 [D]. 上海：华东师范大学，2017.

[98] 牟蕾，惠嘉，等. 科技人才创新实践能力培养质量关键因素的实证研究 [J]. 科技管理研究，2016（4）：113-120.

[99] 潘孝富，秦启文，等. 学校组织气氛与教师工作绩效的关系分析 [J]. 心理科学，2006，29（6）：1489-1491.

[100] 潘煜，高丽，张星，万岩. 中国文化背景下的消费者价值观研究——量表开发与比较 [J]. 管理世界，2014（4）：90-106.

[101] 彭伟，李慧，金丹丹. 基于扎根理论的包容型领导结构维度的本土化研究 [J]. 中国人力资源开发，2016（15）：37-47.

[102] 乔坤，等. 人力资源管理实践与组织绩效关系的元分析：从不同实践内容和文化视角切入 [J]. 管理学报，2012，9（3）：401-407.

[103] 秦伟平，赵曙明. 真我型领导与员工创造力——基于工作激情的中介作用

[J]. 软科学, 2015, 29 (5): 82-86.

[104] 任皓, 陈启山, 温忠麟, 叶宝娟, 苗静宇. 领导职业支持对组织公民行为的影响: 心理资本的作用 [J]. 心理科学, 2014, 37 (2): 433-437.

[105] 任皓, 温忠麟, 陈启山, 叶宝娟. 工作团队领导心理资本对成员组织公民行为的影响机制: 多层次模型 [J]. 心理学报, 2013 (1): 82-93.

[106] 任皓, 温忠麟, 陈启山. 心理资本对企业员工职业成功的影响: 职业承诺的中介效应 [J]. 心理科学, 2013, 36 (4): 960-964.

[107] 时勘. 基于胜任特征模型的人力资源开发 [J]. 心理科学进展, 2006 (4): 586-595.

[108] 史烽, 安迪, 蔡翔. 授权型领导对员工创新行为的影响研究: 心理资本和情绪智力的作用 [J]. 领导科学, 2018 (26): 37-40.

[109] [美] 斯蒂芬·P. 罗宾斯. 组织行为学 (第七版) [M]. 孙建敏, 李原, 等译. 北京: 中国人民大学出版社, 1997.

[110] 宋亚辉, 何莉, 巩振兴, 张剑. 工作激情影响员工创造性绩效的中介机制 [J]. 浙江大学学报 (理学版), 2015 (6): 652-659.

[111] 隋杨, 王辉, 岳旖旎, Fred Luthans. 变革型领导对员工绩效和满意度的影响: 心理资本的中介作用及程序公平的调节作用 [J]. 心理学报, 2012, 44 (9): 1217-1230.

[112] 孙爱英, 李垣, 任峰. 组织文化与技术创新方式的关系研究 [J]. 科学学研究, 2004 (4): 432-437.

[113] 孙鸿飞, 倪嘉苒, 武慧娟, 周兰萍. 知识型员工心理资本与工作绩效关系实证研究 [J]. 科研管理, 2016, 37 (5): 60-69.

[114] 孙锐. 战略人力资源管理、组织创新氛围与研发人员创新 [J]. 科研管理, 2014 (8): 34-43.

[115] 邰政文. 民营企业家胜任特征模型研究——以江西小微企业为例 [D]. 南昌: 华东交通大学, 2014.

[116] 唐宁玉, 张凯丽. 包容性领导研究述评与展望 [J]. 管理学报, 2015 (6): 932-938.

[117] 唐任伍. "包容" 是现代文明的标志 [J]. 人民论坛, 2013 (3): 5.

[118] 唐昕辉, 李君春, 耿文秀. 国外工作倦怠观的理论探索 [J]. 心理科学, 2005 (5): 25-33.

[119] 田启涛. 服务型领导对员工顾客导向组织公民行为的影响机制——责任知觉的中介与领导权力感知的调节效应 [J]. 经济经纬, 2017, 34 (1): 112-117.

[120] 田喜洲, 谢晋宇. 组织支持感对员工工作行为的影响: 心理资本中介作用

[121] 田晓明,李锐.自我牺牲型领导能促进员工的前瞻行为吗?——责任感知的中介效应及其边界条件[J].心理学报,2015,47(12):1472-1485.

[122] 汪林,储小平.组织公正、雇佣关系与员工工作态度——基于广东民营企业的经验研究[J].南开管理评论,2009,12(4):62-70,82.

[123] 王保健,贾林祥.员工心理资本和职业认同在组织公正感与工作倦怠间的多重中介效应[J].中国心理卫生杂志,2017(7):577-579.

[124] 王怀勇,刘永芳.互动公正对员工绩效与主管承诺的影响及其机制[J].心理科学,2013,36(1):164-169.

[125] 王丽平,王俊霞.包容型人才开发模式对高校科技成果创新质量的影响机制研究[J].科技进步与对策,2019,36(3):146-153.

[126] 王双龙.华人企业的家长式领导对创新行为的作用路径研究[J].科研管理,2015(7):105-112.

[127] 王务均,龚怡祖.大学学术权力与行政权力包容机制研究[J].教育发展研究,2013(21):41-45.

[128] 王晓丽.员工目标取向与创新绩效:组织信任的调节作用研究[D].长春:吉林大学,2010.

[129] 王雁飞,吴茜,朱瑜.心理资本与变革支持行为的关系——变革开放性和工作自主性的作用研究[J].心理科学,2016,39(4):934-941.

[130] 王雁飞,袁楚芹,朱瑜.下属建言的影响机制:跨层次的调节中介检验[J].应用心理学,2018,24(3):261-270.

[131] 王雁飞,赵铭,朱瑜.心理资本与建言行为的关系:变革开放性和组织支持感的作用研究[J].心理科学,2017,40(2):455-462.

[132] 王雁飞,周良海,朱瑜.心理资本影响变革支持行为的机理研究[J].软科学,2018(6):62-65.

[133] 王雁飞,周良海,朱瑜.组织支持感知对变革支持行为的影响机理研究[J].商业经济与管理,2018(8):26-35.

[134] 王雁飞,朱瑜.心理资本理论与相关研究进展[J].外国经济与管理,2007,29(5):32-39.

[135] 王义道.大学文化的深沉性和包容性[J].中国高等教育,2006(11):64.

[136] 王颖,李树茁.人力资源管理实践与企业绩效关系研究评述[J].科学学研究,2002(20):640-642.

[137] 王永跃,王慧娟,等.内部人身份感知对员工创新行为的影响——创新自我效能感和遵从权威的作用[J].心理科学,2015,38(4):954-959.

[138] 王重明. 劳动人事心理学 [M]. 杭州：浙江教育出版社, 1988.

[139] 王重鸣, 陈民科. 管理胜任力特征分析：结构方程模型检验 [J]. 心理科学, 2002 (5): 513-516.

[140] 王重鸣, 邓靖松. 虚拟团队沟通模式对信任和绩效的作用 [J]. 心理科学, 2005, 28 (5): 1208-1210.

[141] 卫颖, 翟彦彦. 领导行为对"80后"员工心理资本影响的实证研究 [J]. 领导科学, 2016 (17): 41-43.

[142] 温忠麟, 叶宝娟. 中介效应分析：方法和模型发展 [J]. 心理科学进展, 2014, 22 (5): 731-745.

[143] 吴德兴. 人才开发须"包容"[J]. 领导科学, 2011 (5): 47.

[144] 吴庆松, 陈韶荣, 瞿艳平. 知识转移与企业技术创新绩效：心理资本的中介作用 [J]. 商业经济与管理, 2018 (4): 39-48.

[145] 吴庆松. 基于心理资本的企业技术创新动力源模型构建及应用研究 [D]. 湖南：中南大学, 2011: 24-28.

[146] 吴伟炯, 刘毅, 路红, 等. 本土心理资本与职业幸福感的关系 [J]. 心理学报, 2012, 44 (10): 1349-1370.

[147] 吴伟强, WU Anqi, 李俊. 后G20时代杭州城市国际化的关键指标——基于全球化城市指数 (GCI) [J]. 浙江工业大学学报 (社会科学版), 2016, 15 (4): 369-374.

[148] 吴晓波. 能力构建是实现包容性增长的核心 [J]. 人民论坛, 2011 (8): 59-60.

[149] 夏惠贤. 教育公平视野下的新加坡教育分流制度研究 [J]. 上海师范大学学报 (哲学社会科学版), 2018, 47 (5): 98-107.

[150] 项国鹏. 制度变迁中的"浙商"转型：从战术企业家到战略企业家 [J]. 浙江社会科学, 2007 (3): 47-52, 46.

[151] 项义华. "兼容并包"：在理念与现实之间——以蔡元培为中心的考察 [J]. 浙江学刊, 2009 (5): 60-71.

[152] 肖鸣政. 人力资源管理模式及其选择制约因素 [J]. 中国人民大学学报, 2006 (5): 135-141.

[153] 肖群忠, 刘永春. 工匠精神及其当代价值 [J]. 湖南社会科学, 2015 (6): 6-10.

[154] 谢晋宇. 人力资源管理模式：工作生活管理的革命 [J]. 中国社会科学, 2001 (2): 27-38.

[155] 新生代员工更看重"受尊重"[J]. 商, 2015, 52: 3.

[156] 邢小强, 周江华, 仝允桓. 包容性创新：概念、特征与关键因素 [J]. 科

学学研究，2013（6）：923-931.

[157] 徐劲松，陈松. 群体资源对个体知识共享的跨层次影响：心理资本的视角 [J]. 科研管理，2018，39（3）：101-109.

[158] 许黎明，赵曙明，张敏. 二元工作激情中介作用下的辱虐管理对员工建言行为影响研究 [J]. 管理学报，2018，15（10）：988-995.

[159] 许黎明. 企业伦理型领导与员工建言行为研究——基于二元工作激情的视角 [J]. 现代经济探讨，2018（9）：90-96.

[160] 薛豪娜. 创新型企业持续创新作用机理研究 [D]. 合肥：合肥工业大学，2014.

[161] 薛靖，任子平. 从社会网络角度探讨个人外部关系资源与创新行为关系的实证研究 [J]. 管理世界，2006（5）：150-151.

[162] 闫艳玲，周二华，刘婷. 职场排斥与反生产行为：状态自控和心理资本的作用 [J]. 科研管理，2014，35（3）：82-90.

[163] 颜爱民，裴聪. 辱虐管理对工作绩效的影响及自我效能感的中介作用 [J]. 管理学报，2013（2）：213-218.

[164] 颜云云. 企业战略性危机管理能力研究 [D]. 乌鲁木齐：新疆大学，2007.

[165] 杨百寅，高昂. 企业创新管理方式选择与创新绩效研究 [J]. 科研管理，2013（3）：41-49.

[166] 杨朝仁. 创新的激情与理性 [J]. 特区实践与理论，2006（1）：52-54.

[167] 杨浩，杨百寅，韩翼，毛畅果. 建设性责任知觉对真实型领导与员工创新绩效关系的中介作用研究 [J]. 管理学报，2016，13（4）：533-541.

[168] 杨凯，马剑虹. 变革型领导力和交易型领导力：团队绩效的预测指标 [J]. 心理学探新，2009（3）：82-88.

[169] 杨婷婷，钟建安. 组织内社会交换关系与工作投入：心理资本的中介效应 [J]. 人类工效学，2013，19（1）：51-54.

[170] 杨勇，林旭. 制造业新起点催生新职教：内生逻辑、关键问题与核心框架 [J]. 中国职业技术教育，2019（21）：22-29.

[171] 姚明晖，李元旭. 包容性领导对员工创新行为作用机制研究 [J]. 科技进步与对策，2014（7）：1294-1306.

[172] 姚明霞，宗仁. 德国科技人才战略对中国高校教育的几点启示 [J]. 中国农业教育，2019（2）：96-102.

[173] 姚先国. 德国人的"工匠精神"是怎样炼成的 [J]. 人民论坛，2016，(18)：64-65.

[174] 姚艳虹，韩树强. 组织公平与人格特质对员工创新行为的交互影响 [J].

管理学报, 2013 (5): 700 - 707.

[175] 叶美兰, 陈桂香. 工匠精神的当代价值意蕴及其实现路径的选择 [J]. 高教探索, 2016 (10): 27 - 31.

[176] 叶新凤, 李新春, 王智宁. 安全氛围对员工安全行为的影响——心理资本中介作用的实证研究 [J]. 软科学, 2014, 28 (1): 86 - 90.

[177] 叶许红, 张彩江, 廖振鹏. 组织氛围对企业创新实施影响研究 [J]. 科研管理, 2006 (1): 75 - 79.

[178] 叶余建, 何铨, 聂雪林. 中小型企业主的魅力型领导行为方式对下属影响机制研究 [J]. 人类工效学, 2007 (3): 41 - 43.

[179] 易华, 胡斌. 创意经济时代的创意人才开发机制分析 [J]. 科技管理研究, 2009 (10): 325 - 327.

[180] 于东平, 段万春. 企业家能力概念及维度研究述评 [J]. 技术经济, 2012, 31 (6): 54 - 59.

[181] 俞明传, 顾琴轩, 等. 员工实际介入与组织关系视角下的内部人身份感知对创新行为的影响研究 [J]. 管理学报, 2014, 11 (6): 836 - 843.

[182] 袁行霈. 中华文明的历史启示 [J]. 北京大学学报 (哲学社会科学版), 2007 (1): 5 - 8.

[183] 张凤娟. 有效管理成就科研卓越: 建设世界一流学科的美国经验 [J]. 中国高教研究, 2016 (5): 21 - 24.

[184] 张富禄. 德国制造业转型发展的基本经验及启示 [J]. 中州学刊, 2019 (3): 35 - 40.

[185] 张钢, 熊立. 成员异质性与团队绩效: 以交互记忆系统为中介变量 [J]. 科研管理, 2009, 30 (1): 71 - 80.

[186] 张宏如. 心理资本对创新绩效影响的实证研究 [J]. 管理世界, 2013 (10): 170 - 171.

[187] 张泓. 包容型人才管理模式对高校青年教师发展的影响——以工作幸福感为中介变量 [J]. 中国石油大学学报 (社会科学版), 2017, 33 (5): 102 - 107.

[188] 张惠琴, 宋丽芳, 王伟. 变革型领导行为与知识型员工创新行为的关系研究 [J]. 领导科学, 2014 (29): 42 - 45.

[189] 张静, 宋继文, 郑晓明, 倪丹. 基于调节性中介模型的领导与下属特质正念对工作投入的影响研究 [J]. 管理学报, 2018, 15 (11): 1629 - 1637.

[190] 张鹏程, 刘文兴, 廖建桥. 魅力型领导对员工创造力的影响机制: 仅有心理安全足够吗 [J]. 管理世界, 2011 (10): 94 - 107.

[191] 张武军, 谢辉. 德国大学科技园的特点及启示 [J]. 科技进步与对策,

2009（10）：154-157.

[192] 张序. 企业家概念及其相关问题辨析 [J]. 社会科学研究，2005（1）：126-131.

[193] 张一弛，李书玲. 高绩效人力资源管理与企业绩效：战略实施能力的中介作用 [J]. 管理世界，2008（4）：107-114.

[194] 张渝政. 马克思主义哲学意蕴下的包容观 [J]. 理论月刊，2013（5）：14-18.

[195] 张宇，张二震. 包容·持续·均衡：社会管理创新的发展经济学视角探究 [J]. 社会科学战线，2013（3）：202-206.

[196] 张玉象，胡军华. 习近平党管人才原则新探 [J]. 新疆社科论坛，2017（3）：17-21.

[197] 张振刚，李云健，李娟娟. 心理资本、创新氛围感知与创新行为关系研究 [J]. 中国科技论坛，2015（2）：119-124.

[198] 赵斌，韩盼盼. 人—工作匹配、辱虐管理对创新行为的影响——基本心理需求的中介作用 [J]. 软科学，2016，30（4）：74-79.

[199] 赵晨，高中华. 员工政治自我效能对组织公民行为的影响研究：心理资本的调节作用 [J]. 心理科学，2014，37（3）：729-734.

[200] 赵国祥，王明辉，等. 管理者责任心和工作绩效关系的研究 [J]. 心理科学，2004，27（5）：1261-1262.

[201] 赵简，孙健敏，张西超. 工作要求—资源、心理资本对工作家庭关系的影响 [J]. 心理科学，2013，36（1）：170-174.

[202] 赵立雨. 知识流调节作用下知识转移与员工创新行为关系研究 [J]. 科技进步与对策，2016，33（12）：125-129.

[203] 赵曙明，高素英，耿春杰. 战略国际人力资源管理与企业绩效关系研究 [J]. 南开管理评论，2011，14（1）：28-35.

[204] 赵曙明，张紫滕，陈万思. 新中国70年中国情境下人力资源管理研究知识图谱及展望 [J]. 经济管理，2019（7）：190-208.

[205] 赵曙明. 国际企业：人力资源管理（第一版）[M]. 南京：南京大学出版社，1992.

[206] 赵曙明. 中国人力资源管理三十年的转变历程与展望 [J]. 南京社会科学，2009（1）：7-11.

[207] 赵武，孙永康，朱明宣. 包容型创新：演进、机理及路径选择 [J]. 科学进步与对策，2014，31（6）：7-8.

[208] 浙江省统计局课题组，张斌，潘强敏，赵静，巴博. 浙江人才资源状况专项调查分析报告 [J]. 统计科学与实践，2019：45-48.

[209] 浙江统计信息网. 2018 年浙江统计年鉴 [EB/OL]. [2018-11-28]. http: //tjj. zj. gov. cn/.

[210] 郑宏. 和谐社会要求强化大学文化的包容性 [J]. 高等教育国际论坛论文汇编, 2007: 376-383.

[211] 郑永彪, 高洁玉, 许睢宁. 世界主要发达国家吸引海外人才的政策及启示 [J]. 科学学研究, 2013 (2): 65-73

[212] 钟建军, 张英. 心理资本管理: 企业资本管理的新方向 [J]. 前沿, 2011 (3): 110-112, 117.

[213] 仲理峰, 时勘. 家族企业高层管理者胜任特征模型 [J]. 心理学报, 2004, (1): 110-115.

[214] 仲理峰, 王震, 李梅, 李超平. 变革型领导、心理资本对员工工作绩效的影响研究 [J]. 管理学报, 2013, 10 (4): 536-544.

[215] 仲理峰. 心理资本对员工的工作绩效、组织承诺及组织公民行为的影响 [J]. 心理学报, 2007 (2): 328-334.

[216] 仲理峰. 心理资本研究评述与展望 [J]. 心理科学进展, 2007, 15 (3): 482-487.

[217] 周浩, 龙立荣. 工作不安全感、创造力自我效能对员工创造力的影响 [J]. 心理学报, 2011 (8): 929-940.

[218] 周坤, 唐辉. 高新技术企业中领导行为对员工知识创造行为的影响 [J]. 心理研究, 2016 (4): 55-60.

[219] 周文霞, 谢宝国, 辛迅, 白光林, 苗仁涛. 人力资本、社会资本和心理资本影响中国员工职业成功的元分析 [J]. 心理学报, 2015, 4702: 251-263.

[220] 周艳红, 高金金, 等. 心理资本调节工作满意度对工作绩效的影响 [J]. 浙江大学学报 (理学版), 2013, 40 (3): 355-361.

[221] 朱海就. 对"企业家"概念的理解为什么有分歧 [J]. 商业经济与管理, 2009 (3): 34-38.

[222] 朱其训. "包容性增长" 实现路径探析——基于 "包容性领导" 的视角 [J]. 前沿, 2011 (23): 8-11.

[223] 朱晓妹, 孔令卫, 郝龙飞, 陈驰茵. 包容性领导能促进科研人员提升创新绩效吗?——一个有中介的调节作用模型 [J]. 科技管理研究, 2016 (2): 112-116.

[224] 朱瑜, 钱姝婷. 包容型领导研究前沿探析与未来展望 [J]. 外国经济与管理, 2014 (2): 55-64, 80.

[225] 庄西真. 多维视角下的工匠精神: 内涵剖析与解读 [J]. 中国高教研究,

2017 (5): 92-97.

[226] 邹鹏, 郝连才, 李一军. 基于互惠理论和前景理论的客户回报计划对客户忠诚影响 [J]. 管理评论, 2014, 26 (1): 120-129.

[227] Mike Hales, Andres Mendoza Pena, Erik Peterson, Nicole Dessibourg-Freer, 王宇, 周鹏远. 2019年全球城市指数报告 [J]. 科技中国, 2019 (7): 9-17.

[228] Adil, A., Kamal, A. Impact of Perceived Authentic Leadership and Psychological Capital on Burnout: Mediating Role of Psychological Ownership [J]. Psychological Studies, 2018, 63 (3): 243-252.

[229] Al-bahussin, S. A., El-garaih, W. H. The impact of human resource management practices, organizational culture, organizational innovation and knowledge management on organizational performance [J]. International Journal of Business and Management, 2013, 8 (22): 1-19.

[230] Amabile, T. M., et al. Assessing the work environment for creativity [J]. Academy of management journal, 1996, 39 (5): 1154-1184.

[231] Amabile, T. M. A model of creativity and innovation in organization [J]. Research in Organizational Behavior, 1988 (10): 123-167.

[232] Amabile, T. M. The social psychology of creativity: a componential conceptualization [J]. Journal of Personality and Social Psychology, 1983 (45): 357-376.

[233] Andrews, R, Ashworth, R. Representation and Inclusion in Public Organizations: Evidence from the U. K. Civil Service [J]. Public Administration Review, 2015, 75 (2): 279-288.

[234] Ashburn, N. L, Morris, K. A, Goodwin, S. A. The Confronting Prejudiced Responses (CPR) Model: Applying CPR in Organizations [J]. Academy of Management Learning & Education, 2008, 7 (3): 332-342.

[235] Aslan, A. E, Duman, B, Sen, D, et al. A Pilot Study on the Perception of Innovation and Entrepreneurship [J]. Eurasian Journal of Educational Research (EJER), 2016, 16 (64): 274-282.

[236] Avey, J. B., et al. Can Positive Employees Help Positive Organizational Change? Impact of Psychological Capital and Emotions on Relevant Attitudes and Behaviors [J]. The Journal of Applied Behavioral Science, 2008, 44 (1): 48-70.

[237] Avey, J. B., et al. Psychological capital: A positive resource for combating employee stress and turnover [J]. Human Resource Management, 2009, 48 (5): 677-693.

[238] Avey, J. B., et al. The Additive Value of Positive Psychological Capital in Predicting Work Attitudes and Behaviors [J]. Journal of Management, 2010, 36 (2): 430 –452.

[239] Avolio, B. J., Gardner, W. L., et al. Unlocking the mask: A look at the Proeess by which authentic leaders impact follower attitudes and behaviors [J]. Leadership Quarterly, 2004, 15 (6): 801 –823.

[240] Bae, K. B, Sabharwal, M., Smith, A. E., Berman, E. Does demographic dissimilarity matter for perceived inclusion? Evidence from public sector employees [J]. Review of Public Personnel Administration, 2017, 37 (1): 4 –22.

[241] Bakker, A. B., Demerouti, E. The Job Demands-resources Model: State of the Art [J]. Journal of Managerial Psychology, 2007, 22 (3): 309 –328.

[242] Baluku, M. M., Kikooma, J. F., Bantu, E., Otto K. Psychological capital and entrepreneurial outcomes: the moderating role of social competences of owners of micro-enterprises in East Africa [J]. Journal of Global Entrepreneurship Research, 2018, 8 (1): 1 –23.

[243] Baron, R. M., Kenny, D. A. The Moderator – Mediator Variable Distinction in Social Psychological Research: Conceptual, Strategic, and Statistical Considerations [J]. Journal of Personality and Social Psychology, 1986, 51 (6): 1173 –1182.

[244] Bass, B. M., Bass R. The Bass Handbook of Leadership: Theory, Research, and Managerial Applications [M]. New York: Simon and Schuster, 2009.

[245] Becton, J. B, Walker, H. J, Jones – Farmer A. Generational differences in workplace behavior [J]. Journal of Applied Social Psychology, 2014, 44 (3): 175 –189.

[246] Bennett, N., Blum T. C., Roman P. M. Presence of Drug Screening and Employee Assistance Programs: Exclusive and Inclusive Human Resource Management Practices [J]. Journal of Organizational Behavior, 1994, 15 (6): 549 –560.

[247] Blau, P. M. Exchange and Power in Social Life (2nd printing) [M]. New-Brunswick, N J: Transaction Books, 1986: 7 –17.

[248] Boehm, S. A., Kunze, F., Bruch, H. Spotlight on Age-Diversity Climate: The Impact of Age-Inclusive HR Practices on Firm-Level Outcomes [J]. Personnel Psychology, 2014, 67 (3): 667 –704

[249] Borman, W. C., Motowidlo, S. J. Expanding the criterion domain to include elements of contextual Performance [M]. San Francisco: Jossey Bass, 1993.

[250] Burnett T. Investing in inclusion [J]. Human Resource Management International Digest, 2006, 14 (4): 3-4.

[251] Cameli, A, Schau broeck, J. The influence of leaders and other referents normative expectation on individual involvement in creative work [J]. The Leadership Quarterly, 2006 (18): 35-48.

[252] Carmeli, A., Reiter-Palmon, R., Ziv, E. Inclusive leadership and employee involvement in creative tasks in the workplace: The mediating Role of Psychological Safety [J]. Creativity Research Journal, 2010, 22 (3): 250-260.

[253] Chen, C. J., Huang, J. W. Strategic Human resource practices and innovation performance [J]. Journal of Business Research, 62 (1): 104-114.

[254] Choi, S. B., Tran, T. B. H., Park, B. I. Inclusive leadership and work engagement: mediating roles of affective organizational commitment and creativity [J]. Social Behavior and Personality, 2015, 43 (6), 931-944.

[255] Collins, C. J., Smith, K. G. Knowledge exchange and combination: The role of human resource practices in the performance high technology firms [J]. Academy of Management Journal, 2006 (49): 544-560.

[256] Cropanzano, R., Mitchell, M. Social exchange theory: An interdisciplinary review [J]. Journal of Management, 2005, 31 (6): 874-900.

[257] Das, T. K, Teng, B. S. Between Trust and Control: Developing Confidence in Partner Cooperation in Alliances [J]. Academy of Management Review, 1998, 23 (31): 152-491.

[258] Daya P. Diversity and inclusion in an emerging market context [J]. Equality Diversity & Inclusion An International Journal, 2014, 33 (3): 293-308.

[259] Deci, E. L., Connell, J. P., Ryan, R. M. Self-determination in a work organization [J]. Journal of Applied Psychology, 1989 (74): 580-590.

[260] Deci, E. L., Ryan, R. M. The "What" and "Why" of Goal Pursuits: Human Needs and the Self-Determination of Behavior [J]. Psychological Inquiry, 2000, 11 (4): 227-268.

[261] Delaney, J. T., Huselid, M. A. The Impact of Human Resource Management Practices on Perceptions of Organizational Performance [J]. Academy of Management Journal, 1996, 39 (4): 949-969.

[262] Delery, J. E., Doty, D. H. Modes of theorizing in strategic human resource management: Tests of universalistic, contingency, and configurationally performance predictions [J]. Academy of Management Journal, 1996, 39 (4): 802-835.

[263] Don J, Q. Chen, Vivien K, G. Lim. Strength in adversity: The influence of psychological capital on job search [J]. Journal of Organizational Behavior, 2012, 336: 811-839.

[264] Downey, S. N., Lisa, V. D. W., Thomas, K. M., et al. The role of diversity practices and inclusion in promoting trust and employee engagement [J]. Journal of Applied Social Psychology, 2015, 45 (1): 35-44.

[265] Edmondson, A. C. Learning From Mistakes is Easier Said than Done: Group and Organizational Influences on the Detection and Correction of Human Error [J]. The Journal of Applied Behavioral Science, 1996, 32 (1): 5-28.

[266] Edmondson, A. Psychological Safety and Learning Behavior in Work Teams [J]. Administrative Science Quarterly, 1999, 44 (2): 350-383.

[267] Ehnert, I., Harry, W., Zink, K. J. Sustainability and human resource management: CSR sustainability ethics & governance [M]. Berlin Heidelberg: Springer-Verlag, 2014: 419-438.

[268] Eisenberger, R., Stinglhamber, F. Perceived Organizational Support: Fostering Enthusiastic and Productive Employees [J]. Journal of Applied Psychology, 2011, 71 (3): 500-507.

[269] Farfel, H., Turner, J. C. The social identity theory of intergroup behavior [J]. Psychology of intergroup relations, 1986 (1): 7-15.

[270] Farh, J. L., Tsui, A. S., Xin, K., Cheng, B. S. The Influence of Relational Demography and Guanxi: The Chinese Case [J]. Organization Science, 1998, 9 (2): 1-18.

[271] Fernet, C., Lavigne, Geneviève, L., Valler, R. J., et al. Fired up with passion: Investigating how job autonomy and passion predict burnout at career start in teachers [J]. Work & Stress, 2014, 28 (3): 270-288.

[272] Findler, L, Wind, L. H, Barak, M. E. M. The Challenge of Workforce Management in a Global Society [J]. Administration in Social Work, 2007, 31 (3): 63-94.

[273] Firth, L, Mellor, D. J, Moore, K. A., et al. How can managers reduce employee intention to quit? [J]. Journal of Managerial Psychology, 2004, 19 (2): 170-187.

[274] Fitzsimmons, D., James, K. T., Denyer, D. Alternative approaches for studying shared and distributed leadership [J]. International Journal of Management Reviews, 2011, 13: 313-328.

[275] Forest, J, Geneviève, A. Mageau, Sarrazin, C, et al. "Work is my pas-

sion": The different affective, behavioural, and cognitive consequences of harmonious and obsessive passion toward work [J]. Canadian Journal of Administrative Sciences, 2011, 28 (1): 27-40.

[276] Fornell, C., Larcker, D. F. Evaluating Structural Equation Models with Unobservable Variables and Measurement Error [J]. Journal of Marketing Research, 1981: 18 (1): 39-50.

[277] Fred, O. Walumbwa, Suzanne J. Peterson, Bruce J. Avolld, Chad A. Hartnell. An Investigation of The Relationships among Leader and Follower Psychological Capital, Service Climate, and Job Performance [J]. Personnel Psychology, 2010, 63 (4): 937-963.

[278] Frese, M., Kring, W., Soose, A., et al. Personal initiative at work: Differences between East and West Germany [J]. Academy of Management Journal, 1996, 39 (1): 37-63.

[279] Fuller, J. B., Marler, L. E., Hester. K. Promoting felt responsibility for constructive change and proactive behavior: Exploring aspects of any elaborated model of work design [J]. Journal of Organizational Behavior, 2006, 27 (8): 1089-1120.

[280] Gallicano, T. D., Curtin, P., Matthews, K. I Love What I Do, But…? A Relationship Management Survey of Millennial Generation Public Relations Agency Employees [J]. Journal of Public Relations Research, 2012, 24 (3): 222-242.

[281] Garrison-Wade, D., Sobel, O., Fulmer, C. L. Inclusive leadership: Preparing principals for the role that awaits them [J]. Educational Leadership and Administration, 2007, 19: 117-126.

[282] Gasorek D. Inclusion at Dun & Bradstreet building a high-performance compnay [J]. Diversity Factor, 2000, 8 (4): 25-29.

[283] Gassmann, O. Multicultural Teams: Increasing Creativity and Innovation by Diversity [J]. Creativity and Innovation Management, 2001, 10 (2): 88-95.

[284] George, G., Mcgahan, A. M., Prabhu, J. Innovation for inclusive growth: towards a theoretical framework and a research agenda [J]. Journal of Management Studies, 2012, 49 (4): 1-2.

[285] Goldsmith, A. H., Veum, J. R., Darity, W. J. The impact of psychological and human capital on wages [J]. Economic Inquiry, 1997, 35: 815-829.

[286] Gotsis, G., Grimani, K. The role of servant leadership in fostering inclusive organizations [J]. Journal of Management Development, 2016, 35 (8): 985-

1010.

[287] Guillaume, Y. R. F., Dawson, J. F., Priola, V., et al. Managing diversity in-organizations: An integrative model and agenda for future research [J]. European Journal of Work and Organizational Psychology, 2014, 23 (5): 783 – 802.

[288] Hackman, J. R., Oldham, G. R. Motivation through the design of work: test of a theory [J]. Organizational Behavior and Human Performance, 1976, 16 (2): 250 – 279.

[289] Halbesleben, J. R. B., Neveu, J. P., Paustian-Underdahl, S. C., et al. Getting to the "COR": Understanding the Role of Resources in Conservation of Resources Theory [J]. Journal of Management, 2014, 40 (5): 1334 – 1364.

[290] Hector P. Madrid, Maria T. Diaz, Stavroula Leka, Pedro I. Leiva, Eduardo Barros. A Finer Grained Approach to Psychological Capital and Work Performance [J]. Journal of Business and Psychology, 2018, 33 (4): 461 – 477.

[291] Hirak, R., Peng, A. C., Carmeli, A., Schaubroek, J. M. Linking leader inclusiveness to work unit performance: The importance of psychological safety and learning from failures [J]. The Leadership Quarterly, 2012 (23): 107 – 117.

[292] Ho, V. T., Kong, D. T., Lee, C. H., et al. Promoting harmonious work passion among unmotivated employees: A two – nation investigation of the compensatory function of cooperative psychological climate [J]. Journal of Vocational Behavior, 2018, 106: 112 – 125.

[293] Ho, V. T., Wong, S. S. et al. A tale of passion: linking job passion and cognitive engagement to employee work performance [J]. Journal of Management Studies, 2011, 48 (1): 26 – 47.

[294] Hobfoll, S. E. The Influence of Culture, Community, and the Nested – Self in the Stress Process: Advancing Conservation of Resources Theory [J]. Applied Psychology, 2001, 50 (3): 337 – 421.

[295] Hollander, E. P. Inclusive leadership: The essential leader-follower relationship [M]. New York: Taylor & Francis Group, 2009: 3 – 6.

[296] Homans G. C. Social behavior as exchange [J]. Aerican Journal of Sociology, 1958, 63 (6): 597 – 606.

[297] Hwang, J, Hopkings, K. M. A structural equation model of the effects of diversity characteristics and inclusion on organizational outcomes in the child welfare workforce [J]. Children and Youth Services Review, 2015, 50: 44 – 52

[298] Jafri, M. H. A Study of the Relationship of Psychological Capital and Students' Performance [J]. Business Perspectives and Research, 2013: 9 – 16.

[299] Jafri M. H. Psychological capital and innovative behaviour: An empirical study on apparel fashion industry [J]. The Journal Contemporary Management Research, 2012, 6 (1): 42 – 52.

[300] Janice, C. Why an inclusive talent strategy leads to business success [J]. People Management, 2008, 14 (8): 16.

[301] Janssen, O., Van Yperen, N. W. Employees' goal orientations, the quality of leader-member exchange, and the outcomes of job performance and job satisfaction [J]. Academy of Management Journal, 2004, 47 (3): 368 – 384.

[302] Jiang, K., Lepak, D. P., Hu, J., Baer, J. C. How does human resource management influence organizational outcomes? A meta-analytic investigation of mediating mechanisms [J]. Academy of Management Journal, 2012, 55 (6): 1264 – 1294.

[303] Kleysen, F. R., Street, C. T. Toward a Multi – dimensional Measure of Individual Innovative Behavior [J]. Journal of Intellectual Capital, 2001, 3 (2): 284 – 296.

[304] Larson M., Luthans F. Potential added value of psychological capital in predicting work attitudes [J]. Journal of Leadership and Organization Studies, 2006 (13): 75 – 92.

[305] Lavigne G. l., Forest, J., Fernet, C., Cravier-Braud, L. Passion at work and workers' evaluations of job demands and resources: A longitudinal study [J]. Journal of Applied Social Psychology, 2014, 44 (4): 255 – 265.

[306] Li, L., Guo, Y., Liu, B., et al. Systems Archetype Analysis of Entrepreneur's Competency Model-Hidden Systems and Imagined Leverage: Obstacles to Innovation [C]. International Conference on Management & Service Science. IEEE, 2009.

[307] Li, Y. Z. Leadership styles and knowledge workers' work engagement: Psychological capital as a mediator [J]. Current Psychology, 2019, 38 (5): 1152 – 1161.

[308] Liang, J., Farh, C. I. C., Farh, J. L. Psychological antecedents of promotive and prohibitive voice: A two – wave examination [J]. Academy of Management Journal, 2012, 55 (1): 71 – 92.

[309] Liang Guo, Stijn Decoster, Mayowa, T. Babalola, Leander De Schutter, Omale A. Garba, Katrin Riisla. Authoritarian leadership and employee creativity: The moderating role of psychological capital and the mediating role of fear and defensive silence [J]. Journal of Business Research, 2018, 92: 219 – 230.

[310] Lieke, L, ten Brummelhuis, Bakker, A. B. A resource perspective on the work-home interface: the work-home resources model [J]. The American psychologist, 2012, 67 (7): 545-556.

[311] Lovelace, K., Shapiro, D. L., Weingart, L. R. Maximizing cross functional new product teams innovativeness and constraint adherence: a conflict communications perspective [J]. Academy of Management Journal, 2001, 44 (4): 779-793.

[312] Luthans, F., Youssef, C. M., Avolio, B. J. Psychological capital: developing the human competitive edge [M]. England: Oxford University Press, 2007.

[313] Luthans, F., Avey, J. B., Avolio, B. J., et al. Psychological capital development: toward a micro-intervention [J]. Journal of Organizational Behavior, 2006, 27 (3): 387-393.

[314] Luthans, F., Avolio, B. J., Avey J. B., Norman S. M. Positive psychological capital: Measurement and relationship with performance and satisfaction [J]. Personnel Psychology, 2007, 60 (3): 541-572.

[315] Luthans, F., Luthans, K. W., Luthans, B. C. Positive Psychological Capital: Beyond Human and Social Capital [J]. Business Horizons, 2004, 47 (1): 45-50.

[316] Luthans, F., Norman, S. M., Avolio, B. J., et al. The Mediating Role of Psychological Capital in the Supportive Organizational Climate-employee Performance Relationship [J]. Journal of Organizational Behavior, 2008, 29 (2): 219-238.

[317] Luthans, F. The Need for and Meaning of Positive Organizational Behavior [J]. Journal of Organizational Behavior, 2002, 23 (6): 695-706.

[318] Marsh, H. W., Vallerand, R. J. et al. Passion: Does One Scale Fit All? Construct Validity of Two-Factor Passion Scale and Psychometric Invariance Over Different Activities and Language [J]. Psychological Assessment, 2013, 25 (3): 796-809.

[319] Merino, M. D., Privado, J. Does Employee Recognition Affect Positive Psychological Functioning and Well-Being? [J]. Spanish Journal of Psychology, 2015, 18: 1-7.

[320] Midtsundstad, T. Inclusive workplaces and older employees: An analysis of companies'investment in retaining senior workers [J]. International Journal of Human Resource Management, 2011, 22 (6): 1277-1293.

[321] Mitchell. R., Boyle. B., Parker. V., et al. Managing inclusiveness and diver-

sity in teams: How leader inclusiveness affects performance through status and team identity [J]. Human Resource Management, 2015, 54 (2): 37 – 51.

[322] Mor Barak, M. E., Beyond affirmative action: Toward a model of diversity and organizational inclusion [J]. Administration in Social Work, 1999, 23 (34): 47 – 68.

[323] Naude, S., Stanley, M., Ratcliffe, V. Inclusive Leadership Matters to Performance [J]. Human Resources, 2015, 20 (4): 16 – 18.

[324] Neck, C. P., Neck, H. M., Manz, C. C., et al. "I think I can; I think I can": A self-leadership perspective toward enhancing entrepreneur thought patterns, self-efficacy, and performance [J]. Journal of Managerial Psychology, 1999, 14 (6): 477 – 501.

[325] Nembhard, I. M., Edmondson, A. C. Making it safe: The effects of leader inclusiveness and professional status on psychological safety and improvement efforts in health care teams [J]. Journal of Organizational Behavior, 2006, 27 (7): 941 – 966.

[326] Nembhard I. M., Edmondson A. C. Brazilians aim for culture of inclusion [J]. Human Resource Management International Digest, 2012, 20 (3): 9 – 11.

[327] Newman, A., Miao, Q., Hofman, P. S., Zhu, C. J. The impact of socially responsible human resource management on employees' organizational citizenship behaviour: The mediating role of organizational identification [J]. The International Journal of Human Resource Management, 2016, 27 (4), 440 – 455.

[328] Nikhil, S., Arthi, J. Perceived Organisational Support and Work Engagement: Mediation of Psychological Capital—A Research Agenda [J]. Journal of Strategic Human Resource Management, 2018, 7 (1): 33 – 40.

[329] Nishii, L. H. The benefits of climate for inclusion for gender – diverse groups [J]. Academy of Management Journal, 2013, 56 (6), 1754 – 1774.

[330] Nolzen, N. The concept of psychological capital: a comprehensive review [J]. Management Review Quarterly, 2018, 68 (3): 237 – 277.

[331] O'Driscoll, M. P., Randall, D. M. Perceived Organisational Support, Satisfaction with Rewards, and Employee Job Involvement and Organizational Commitment [J]. Applied Psychology, 1999, 48 (2): 197 – 209.

[332] Offerman, L. R., Basford, T. E. Best practices and the changing role of human resources [J]. Journal of Applied Psychology, 2011, 96 (2): 294 – 309.

[333] Olivares, O. J. Diversity and inclusion Standards: A Laudable but Premature Goal [J]. Industrial and Organizational Psychology, 2013, 6 (3): 209 – 212.

[334] Ospina, S. Leadership, Diversity and Inclusion: Insights from Scholarship [J]. Graduate School of Public Service, 2011, 3: 3-30.

[335] Park, T. Y., Shaw, J. D. Turnover rates and organizational performance: A meta-analysis. [J]. Journal of Applied Psychology, 2013, 98 (2): 268-309.

[336] Parker, S. K, Turner, N. Work Design and Individual Work Performance: Research Findings and an Agenda for Future Inquiry [M]. Chichester: John Wiky & Sons, 2002: 69-93.

[337] Pearce, J. L. Randel, A. E. Expectations of organizational mobility, workplace-social inclusion, and employee job performance [J]. Journal of Organizational Behavior, 2004, 25 (1): 81-98.

[338] Pfeffer, J. Competitive Advantage Through People [J]. California Management Review, 1994, 36 (2): 9-28.

[339] Podsakoff, P. M., Mackenzie, S. B., Lee, J. Y., et al. Common Method Biases in Behavioral Research: A Critical Review of the Literature and Recommended Remedies [J]. Journal of Applied Psychology, 2003, 88 (5): 879-903.

[340] Preacher, K. J., Hayes, A. F. Asymptotic and Resampling Strategies for Assessing and Comparing Indirect Effects in Multiple Mediator Models [J]. Behavior Research Methods, 2008, 40 (3): 879-891.

[341] Rabenu, E., Yaniv, E., Elizur, D. The Relationship between Psychological Capital, Coping with Stress, Well-Being, and Performance [J]. Current Psychology, 2017, 36 (4): 875-887.

[342] Randel, A. E., Dean, M. A., Ehrhart, K. H., Chung, B. G., Shore, L. M. Leader inclusiveness, psychological diversity climate, and helping behaviors [J]. Journal of Managerial Psychology, 2016, 31 (1): 216-234.

[343] Roberson, Q. M. Disentangling the Meanings of Diversity and Inclusion in Organizations [J]. Group & Organization Management, 2006, 31 (2): 212-236.

[344] Robert, A., Karasek, J. R. Job Demands, Job Decision Latitude, and Mental Strain: Implications for Job Redesign [J]. Administrative Science Quarterly, 1979, 24 (2): 285-308.

[345] Robert, E., Sterhen, A., Barbara, R., et al. Rhoades. Reciprocation of Perceived Organizational Support [J]. Journal of Applied Psychology, 2001, 86 (1): 42-51.

[346] Ryan, J. Inclusive leadership: A review [J]. Journal of Education Administration and Foundation, 2007 (18): 92-125.

[347] Sabharwal, M. Is Diversity Management Sufficient? Organizational Inclusion to

Further Performance [J]. Public Personnel Management, 2014, 43 (2): 197-217.

[348] Sahin, D. R., Cubuk, D., Uslu T. The effect of organizational support, transformational leadership, personnel empowerment, work engagement, performance and demographical variables on the factors of psychological capital [J]. EMAJ: Emerging Markets Journal, 2014, 3 (3): 1-18.

[349] Sarah Christensen. Create an inclusive environment for LGBTQA students [J]. Disability Compliance for Higher Education, 2015, 21 (3): 2.

[350] Schaufeli, W. B., Salanova, M., González-romá, V., et al. The Measurement of Engagement and Burnout: A Two Sample Confirmatory Factor Analytic Approach [J]. Journal of Happiness Studies, 2002, 3 (1): 71-92.

[351] Schuler, R. S., Jackson, S. E. Linking Competitive Strategies with Human Resource Management Practices [J]. The Academy of Management Executive (1987-1989), 1987, 1 (3): 207-219.

[352] Schwarzer, R., Babler, J., Schroder, K., et al. The Assessment of Optimistic Self-beliefs: Comparisons of the German, Spanish, and Chinese Versions of the General Self-efficacy Scale [J]. Applied Psychology: An International Reviews, 1997, 46 (1): 69-88.

[353] Scott, S. G., Bruce, R. A. Determinants of Innovative Behavior: A Path Model of Individual in the Workplace [J]. Academy of Management Journal, 1994, 37 (3): 580-607.

[354] Shipton, H., Sparrow, P., Budhwar, P., et al. HRM and innovation: looking across levels [J]. Human Resource Management Journal, 2017, 27 (2): 246-263.

[355] Shore, L. M., Randel, A. E., Chung, B. G., et al. Inclusion and diversity in work groups: A review and model for future research [J]. Journal of Management, 2011, 37 (4): 1262-1289.

[356] Shrout, P. E., Bolger, N. Mediation in experimental and nonexperimental studies: New procedures and recommendations [J]. Psychological Methods, 2002, 7 (4): 422-445.

[357] Steel, R. P. Turnover Theory at the Empirical Interface: Problems of Fit and Function [J]. The Academy of Management Review, 2002, 27 (3): 346-360.

[358] Stephan, A. B., Florian. K., Heike, B. Spotlight on Age-Diversity Climate: The Impact of Age-Inclusive HR Practices on Firm-Level Outcomes [J]. Per-

sonnel Psychology, 2014, 67 (3): 667 – 704.

[359] Stockdale, M. S., Crosby, F. J. The psychology and management of workplace diversity [M]. Malden, MA: Blackwell, 2004: 245 – 276.

[360] Straub, C. Antecedents and organizational consequences of family supportive supervisor behavior: A multilevel conceptual framework for research [J]. Human Resource Management Review, 2011, 22 (1): 15 – 26.

[361] Suk Bong Choi, Thi Bich Hanh Tran, Seung-Wan Kang. Inclusive Leadership and Employee Well-Being: The Mediating Role of Person-Job Fit [J]. Journal of Happiness Studies, 2017, 18 (6): 1877 – 1901.

[362] Suping, Z, Xu, Q. A research on the mechanism of leveraging innovation capabilities via entrepreneurs in SMEs [C]. IEEE International Conference on Industrial Engineering & Engineering Management. IEEE, 2010.

[363] Takeuchi, R., Lepak, D. P., Wang H., Takeuchi, K. An Empirical Examination of the Mechanisms Mediating between High-Performance Work Systems and the Performance of Japanese organizations [J]. Journal of Applied Psychology, 2007, 92 (4): 1069 – 1083.

[364] Tang, N., Jiang, Y., Chen, C., et al. Inclusion and inclusion management in the Chinese context: An exploratory study [J]. The International Journal of Human Resource Management, 2015, 26 (6): 856 – 874.

[365] Temple, J. B., Ylitalo, J. Promoting inclusive leadership in higher education institutions [J]. Tertiary Education and Management, 2009, 15 (3): 277 – 289.

[366] Tettegah S. Teachers, identity, psychological capital and electronically mediated representations of cultural consciousness [C]. Proceedings of World Conference on Educational Multimedia, Hypermedia and Telecommunications, 2002: 1946 – 1947.

[367] Theodorakopoulo S, N., Ram, M., Beckinsale, M., et al. Human resource development for inclusive procurement by intermediation: a situated learning theory application [J]. The International Journal of Human Resource Management, 2013, 24 (12): 2321 – 2338.

[368] Theodorakopulos, N., Budhwar, P. Diversity and inclusion in different work settings: Emerging patterns, challenges, implications, and research agenda [J]. Human Resource Management, 2012, 51 (4): 1.

[369] Theurer, Dianne. Employee recognition essential to happy staff [J]. Enterprise, 2014, 43 (21): 4 – 5.

[370] Thompson, C., Gregory, J. B. Managing Millennials: A framework for improving attraction, motivation, and retention. [J]. The Psychologist – Manager Journal, 2012, 15 (4): 237 – 246.

[371] Tierney, P., Farmer, S. M. The Pygmalion Process and Employee Creativity [J]. Journal of Management, 2004, 30 (3): 413 – 432.

[372] Travis, D. J, Mor Barak, Michàlle E. Fight or Flight? Factors Influencing Child Welfare Workers' Propensity to Seek Positive Change or Disengage from Their Jobs [J]. Journal of Social Service Research, 2010, 36 (3): 188 – 205.

[373] Tremblay, M. Humor in teams: Multilevel relationships between humor climate, inclusion, trust, and citizenship behaviors [J]. Journal of Business and Psychology, 2017, 32 (4): 363 – 378.

[374] Twenge, J. M, Campbell, W. K, Freeman, E. C. Generational differences in young adults' life goals, concern for others, and civic orientation, 1966 – 2009 [J]. Journal of Personality and Social Psychology, 2012, 102 (5): 1045 – 1062.

[375] Valcour. Moniquel. Beating Burnout [J]. Harvard Business Review, 2016, 94 (11): 1 – 9.

[376] Vallerand, R. J., Houlfort, N. Passion at work: toward a new conceptualization [M]. Greenwich: Information Age Publishing Inc, 2003: 175 – 204.

[377] Vallerand, R. J., Paquet, Y., Philippe, F. L., et al. On the role of passion for work in burnout: a process model. [J]. Journal of Personality, 2010, 78 (1): 289 – 312.

[378] Vallerand, R. J., Sarah Jeanne S., Genevieve A. M., et al. On the Role of Passion in Performance [J]. Journal of Personality, 2007, 75 (3): 505 – 534.

[379] Vallerand, R. J. From motivation to passion: In search of the motivational processes involved in a meaningful life [J]. Canadian Psychology, 2012, 53 (1): 42 – 52.

[380] Verni, Y. I. The Comparison of Entrepreneurial Competency in Woman Micro-, Small-, and Medium-scale Entrepreneurs [J]. Social and Behavioral Sciences, 2014, 115 (2): 175 – 187.

[381] Volpone, S. D., Avery, D. R., McKay, P. F. Linkages between racioethnicity, appraisal reactions, and employee engagement [J]. Journal of Applied Social Psychology, 2012, 42 (1): 252 – 270.

[382] Walumbwa, F. O., Avolio, B. J., Gardner, W. L., et al. Authentic leadership: Development and validation of a theory-based measure [J]. Journal of

Management, 2008, 34 (1): 89 – 126.

[383] Wang, C., Huei-Ting Tsai, Ming-Tien Tsai. Linking transformational leadership and employee creativity in the hospitality industry: The influences of creative role identity, creative self-efficacy, and job cornplexity [J]. Tourism Management, 2014, 40 (1): 79 – 89.

[384] Wang, H. C., Su, J. Q., Cao, H. L., et al. Entrepreneur role analysis on adoptive management innovation: an exploratory case in China [J]. Journal of Knowledge-based Innovation in China, 2013, 5 (2): 97 – 110.

[385] White, R. W. Motivation reconsidered: The concept of competence. [J]. Psychological Review, 1959, 66 (5): 297 – 333.

[386] Williams, K. Y., O'Reilly, C. A. Demography and diversity in organizations: a review of 40 years of research [J]. Research in Organizational Behavior, 1998, 20: 77 – 140.

[387] Yang, Y. Entrepreneur Ability, Innovation Competence and Enterprise Performance [J]. Academic Exploration, 2014 (10): 138 – 142.

[388] Zhang, X, Bartol, K. M. Linking empowering leadership and employee creativity: the influence of psychological empowerment, intrinsic motivation, and creative process engagement [J]. Academy of Management Journal, 2010, 53 (1): 107 – 128.

[389] Zhou, J., George, J. M. When Job Dissatisfaction Leads to Creativity: Encouraging the Expression of Voice [J]. Academy of Management Journal, 2001, 44 (4): 682 – 696.

[390] Zigarmi, D., Nimon, K., Houson, D., et al. Beyond Engagement: Toward a Framework and Operational Definition for Employee Work Passion [J]. Human Resource Development Review, 2009, 8 (3): 300 – 326.

后　记

2020年春，非同寻常。全国上下众志成城，抗击新冠肺炎疫情。疫情给整个国家和世界带来了很大冲击，在患难中考验了国家治理能力和国民素养，使国民团队包容精神和爱国之心彰显。白衣天使、科研骄子和普通百姓在各条战线上忙碌着，抗疫、生产两不误，学校把线下课程改为线上辅导，孩子们在家里线上学习，大人居家办公。疫情给生活和工作带来了很多改变，带给我许多思考。非常时期，我不能跑到企业调研，就在家办公，整理近年来的科研成果，形成本书。

首先，我非常感谢浙江大学三位尊师——我的硕士导师王重鸣教授、博士生导师姚先国教授、访问学者导师马剑虹教授。他们是管理、经济和心理学名师，能有机会向他们学习，是我一生的荣幸和福分。他们带我走进学术殿堂，不仅给我传授了知识，还给我传授了实事求是、严谨治学、埋头苦干、精益求精、理论联系实践、与人为善、积极进取等治学精神和为人之道。他们对国家和社会的强烈责任感、对学术研究和真善美的无尽追求、对学生的包容挚爱，是我永远学习的榜样。

其次，我要感谢我工作过的单位领导和同事们。感谢东方通信股份有限公司让我在大公司的先进实践中增长了人力资源管理知识和技能，让我在职业生涯初期就体验到了工作的兴趣和获得感，提升了我的心理资本和创新行为，同时让我有机会继续回浙江大学攻读管理学博士学位。感谢东方通信股份有限公司的徐晓莉女士和吕萍女士，这是两位非常有魅力的包容型女性领导者。

感谢浙江工业大学政治与公共管理学院！在这里我开启了大学教师职业之路，有机会指导一批优秀的本科生和硕士生，深刻体会到了教书育人的快乐和成就。感谢邢乐勤老师和胡平老师把我引进浙江工业大学！感谢宣勇教授研究团队的吸纳，让我能把人力资源知识运用到教育经济与管理研究中，在跨学科团队中有了存在感和成长感。

感谢浙江工业大学全球浙商研究院！感谢程惠芳院长，感谢她对我工作一如既往多年的指导和支持。在这里，走访了不少优秀浙江企业，拉近了与企业界的距离，持续关注了浙商发展，这批企业家的创新精神、敢为人先、不断追求卓越的精神让我惊叹。感谢浙商研究院前执行院长金惠红女士给予我工作的大力支持。记得2014年我申报包容人才开发课题时，金院长特意赶来到我家旁边的两岸咖啡，和我一起促膝交流的情景。

感谢浙江工业大学管理学院和工商管理学科！作为工商管理学科的一员，能享受学科的支持政策和学术活动。感谢工商管理学科带头人虞晓芬教授给予我的学科支持和人文关怀！

感谢给予研究调研支持的企业和朋友们。感谢新昌县人力资源和社会保障局郑卫华主任带领我们调研了新昌的一批优秀企业。感谢浙江新安化工集团股份有限公司、华东医药集团公司、亚龙智能装备集团股份有限公司等单位提供调研支持。

感谢我的研究生团队。我的研究生团队是一个互帮互助、团结友爱、积极进取的团队。我一直鼓励、吸纳研究生参与科研项目，每位研究生都有机会参与1~2个项目的研究，同时支持他们参与学术交流和学习机会，在科研项目中边干边学。尽力包容他们成长中的不足，哪怕干得不好也不放弃对他们的锻炼和培养，逐步提高他们的科研能力。结果这批学生经过2~3年的打磨，确实进步挺大的，写出了高质量的毕业论文，同时找到了理想的工作，多数研究生获得国家奖学金、三好学生、优秀毕业生等荣誉。感谢黄太钢、李帮彬、方邵旭辉、贾丹等同学的优异表现为师弟师妹们树立了榜样。感谢贾丹、王美洁、陈超颖、陈洁、雷雅云、张胥崇、陈佳妍、戴欣幸和任艳红等同学积极参与包容型人才管理模式、包容型领导风格、包容氛围、包容型人才发展战略等相关研究。

感谢我的各位朋友、同仁和同事们！感谢他们给我工作和生活的大力支持！感谢余琛、金杨华、陈学军、翁杰、胡凤培、周礼、杨艳东、何铨、王庆喜、周礼、黄鹤等同仁对本书的宝贵建议。

感谢教育部、全国社科规划办、浙江省发展和改革委员会、杭州市决策咨询委员会、浙江省科技厅、浙江省公共政策研究院等单位为本书的相关研究提供支持，感谢浙江工业大学全球浙商发展研究院、社会科学研究院、管理学院工商管理学科和浙江省新型高校智库民营企业开放创新研究中心为本书的出版提供支持，感谢经济科学出版社给我们提供优质的出版服务！

最后，感谢我的家人对我研究的大力支持。感谢我的父亲母亲，他们对子女的包容关爱之心，让我永远难以忘怀。感谢我的先生，他经常是我们课题成果的第一读者，常常能以旁观者清的姿态画龙点睛地及时给我们提出一些新的观点和完善建议，感谢他能包容我"白加黑""5+2"的工作与生活无边界的职业习惯和工作模式。感谢我暖心的女儿圆圆和可爱的儿子鼎鼎，感谢女儿能管理好自己，快乐学习，健康成长。感谢开心的儿子鼎鼎在我开展本书研究的时候来到我的怀抱，孕育一位宝宝和一部作品是同样地让人痛并快乐着，感谢鼎鼎带给我的欣慰和快乐。谨把此书，也特别送给与书同期孕育的宝宝——我的儿子胡方鼎。

方阳春

2020年初春于美丽杭州